AGRARIAN CROSSINGS

Tore C. Olsson

REFORMERS AND THE REMAKING OF
THE US AND MEXICAN COUNTRYSIDE

［瑞典］托雷·C.奥尔松 —— 著
袁梦琪 —— 译

发展的可能性
"二战"前后的美墨农业现代化

中国科学技术出版社
·北京·

AGRARIAN CROSSINGS: Reformers and the Remaking of the US and Mexican Countryside by Tore C. Olsson, ISBN: 9780691165202
Copyright © 2017 by Princeton University Press
All rights reserved. No part of this book may be reproduced or transmitted in any form or by any means, electronic or mechanical, including photocopying, recording or by any information storage and retrieval system, without permission in writing from the Publisher.
Simplified Chinese translation copyright © 2025 by China Science and Technology Press Co., Ltd.
北京市版权局著作权合同登记　图字：01-2024-0391

图书在版编目（CIP）数据

发展的可能性："二战"前后的美墨农业现代化 /（瑞典）托雷·C. 奥尔松 (Tore C. Olsson) 著；袁梦琪译 . -- 北京：中国科学技术出版社，2025.6. -- ISBN 978-7-5236-1196-8

Ⅰ . F371.232；F373.132

中国国家版本馆 CIP 数据核字第 2024XC1437 号

策划编辑	方　理	责任编辑	方　理
封面设计	今亮后声・齐云枫	版式设计	蚂蚁设计
责任校对	张晓莉	责任印制	李晓霖

出　　版	中国科学技术出版社	
发　　行	中国科学技术出版社有限公司	
地　　址	北京市海淀区中关村南大街 16 号	
邮　　编	100081	
发行电话	010-62173865	
传　　真	010-62173081	
网　　址	http://www.cspbooks.com.cn	

开　　本	710mm×1000mm　1/16
字　　数	322 千字
印　　张	15.75
版　　次	2025 年 6 月第 1 版
印　　次	2025 年 6 月第 1 次印刷
印　　刷	北京盛通印刷股份有限公司
书　　号	ISBN 978-7-5236-1196-8/F・1352
定　　价	79.00 元

（凡购买本社图书，如有缺页、倒页、脱页者，本社销售中心负责调换）

推荐序

一部跨国史研究的佳作

在美国史领域，对于罗斯福新政的研究，可谓早已深挖细掘，深入至极了；在拉美史领域，从墨西哥革命到卡德纳斯改革时期的农民运动和土地改革，也是传统的研究课题之一，成果不可谓不汗牛充栋；对于"二战"后美国在第三世界进行的"绿色革命"，虽然研究比不上上述两个主题，但近些年来也出版了大量的成果。在上述三个研究领域，要想做出进一步的创新与突破，看上去似乎不太可能了。但是，《发展的可能性："二战"前后的美墨农业现代化》一书，恰恰是在这三个传统的研究课题中，用一种崭新的跨国史的视角，重新审视与探讨，发现了许多前人未曾注意的问题，提出了一系列崭新的观点，读来令人耳目一新。本书的价值不仅在于对上述研究课题的推进，而且对于我们的历史学研究的创新，具有极大的启发价值。

本书作者托雷·C. 奥尔松是美国年轻一代的历史学家，2013年获得佐治亚大学历史学博士学位，现任田纳西大学历史系教授，主要研究领域是国际史视野下20世纪美国的农业史、环境和食品史，尤其是探讨农村生活的全球性维度。本书是在作者的博士论文基础上修改出版的。

跨国史的研究视角是本书的主要特色。在西方学界，全球化的加速和冷战的结束，促进了历史研究从以民族国家作为叙事单位的传统，向跨越政治边界的国际研究的转向。移民史、外交史在这一转向中发挥了重要的作用。但是，跨国史研究本身也在发生变化。较为传统的跨国史研究主要关注民族国家、政府和官方交流，而较新的跨国史研究则探讨科学机构、社会运动、文化网络、非政府组织，以及许多其他非传统和非精英行为体间跨越边界的关系。本书就属于比较典型的跨国史研究著作。

其实，打破民族国家边界的限制，将早期的美国南部与拉美和加勒比地区作为一个整体进行研究，或者说，把17—19世纪的美国南方地区视为拉丁美洲和加勒比世界向北延伸的地带，曾是美国史和拉美史研究的一大传统，因为"对奴隶制、解放运动和黑人流散群体的研究早已将美国南方的种植园殖民地与古巴、海地和墨西哥的种植园殖民地联系起来"。但是，19世纪末美国南方重建时期结束后，这种跨区域的研究消失了。然而，本书认为，即使在美国南部奴隶制废除之后，由于种植园农业及其社会组织的持续存在，美国南方与墨西哥，乃至整个拉美和加勒比地区仍存在极大的共同性和联系。

从这种跨国的视野出发，本书第一章重新审视了19世纪70年代到20世纪20年代的美国南方和墨西哥的农村社会变革。19世纪末和20世纪初，美国南部和墨西哥分别发生了两场"广泛的农村社会运动"，即美国的民粹主义起义和墨西哥革命。但是，在传统的以民族国家为单位的历史学研究中，"这两个农村起义很少被放在一起讨论……大多数学者认为，19、20世纪之交美国和墨西哥的两场农业起义之间并没有什么共同点"。本书对这种传统观点提出了挑战，认为"美国南部的棉花地带和墨西哥的各种种植园经济地区——在19世纪70年代和20世纪20年代之间经历了平行的社会、政治和经济转型"。因此，本书认为，"美国和墨西哥历史上的关键时刻——'新南方'时期、波菲里奥时期、美国民粹主义起义、墨西哥革命以及它们各自的后果——可以在共同的背景下加以理解"。美国南部和墨西哥两个地区在经历了19世纪中期的政治动乱——美国内战、墨西哥自由派和保守派的战争以及法国的入侵——后，在70年代后进入了政局稳定的时期。在美国，1874—1877年，随着保守党重新掌权，迎来了一个"新南方"时期。在墨西哥，1876年，波菲里奥·迪亚斯上台，进入了"波菲里奥时期"。迪亚斯和美国新南方的民主党一旦取得政权，立刻进行了彻底的、惊人相似的经济改造。公共土地的私有化堵塞了美国南部的白人自耕农和获得解放的黑人,以及墨西哥的村社农民成为独立小生产者的道路,使之成为大地产的廉价劳动力。这些大地产通过引进外资(在美国是来自北方的投资,在墨西哥则是来自英国、法国和美国的投资)来发展面向工业化中心的出口农业,大地产主大发其财,而社会底层的小生产者则丧失土地,流离失所。商品经济的发展、物质财富的增加和"现代化",带来的是社会贫富差距扩大和底层的贫困化,形成了社会不满的火药桶。19世纪晚期美国南部的民粹主义运动和20世纪20年代的墨西哥大革命,就是在这样的背景下发生的。

作者敏锐地注意到,这两场革命表面上看毫无联系,实际上存在着惊人的共同点,本质上都是"试图解决全球资本主义控制下农村的不平等问题"。在美国南方,1878年成立的"农民联盟"逐步激进化,1890年提出了其纲领性的文件《奥卡拉诉求》。在墨西哥,1910年革命爆发后,在萨帕塔的领导下,莫雷洛斯州的农民坚定地提出了对土地权利的要求,其纲领《阿亚拉计划》远比美国的《奥卡拉诉求》更为激进。无论是在美国还是在墨西哥,由于地主阶级的抵抗,也由于农民内部的分歧,两国的农民运动最后都不可避免地走向失败。然而,由于这两场运动大大改变了"农业政治的基调和内容",此后的掌权者"往往会试探性地采纳起义群体的一部分言论,试图解决早先引起社会动荡的最严重的不公平现象"。20世纪30年代资本主义世界经济大危机爆发后,农村的激进主义再度活跃,并为两位新的民粹主义领导人——墨西哥的拉萨罗·卡德纳斯(Lázaro Cárdenas)和美国的富兰克林·罗斯福——铺平了通往权力的道路。

本书的第二章和第三章研究的主题是20世纪30年代大萧条爆发到战后冷战来临这一时期,美国和墨西哥在农业事务方面的交流与对话。作者指出,在此期间,"美墨两国的政府和民间社会以支持农业正义和提高农业文化生产力为由,发动了前所未有的运动来改造农村",其中最为重要的事件是墨西哥卡德纳斯政府的土地改革和美国罗斯福的农业新政。以往的学术研究是局限在民族国家的框架内孤立地进行分析的。本书的创新之处主要在于，打破了将美国和墨西哥，进而将北美和拉丁美洲分开看待的"地理二分法"，着重探讨美、墨两国在农业改革领域的相互交流、借鉴和影响，从这一新的视角出发，提出了一系列的新见解与新观点。1933年富兰克林·罗斯福就任美国总统后，实施"新政"；第二年，拉萨罗·卡德纳斯就任墨西哥总统，推行"六年计划"。随后，两位总统分别在美国和墨西哥展开行动，"试图改变农业、农业文化以及农民与土地的关系"。作者指出，大约从1933年到1943年，即本书所谓"漫长的20世纪30年代"中，美国和墨西哥的农业运动"不仅是平行开展的，而且经常是相互影响的"。美墨两国的政府官员和民间活动家，在推动农业改革的运动中，会跨越边界，从对方的成功和失败中获取经验教训。本书首先讨论了美国学者弗兰克·坦南鲍姆（Frank Tannenbaum）为首的改革力量在1934年和1935年间如何试图将墨西哥的农业改革蓝图转化为美国南方的政治行动，促成了农场安全管理局这样一个"再分配主义机构"的成立。正是该机构的建立，使罗斯福政府的农业新政触及土地分配的领域。接着，本书探讨了南方佃农联盟在墨西哥的拉古纳地区进行的考察和研讨。首先，克拉伦斯·西尼尔（Clarence Senior）在1939年春天在拉古纳地区进行了深入的考察，进而在1939年7月邀请几十名关心美国南方佃农困境的社会活动家，前往墨西哥的棉花产区举行会议。这次考察使得南方佃农联盟将土地改革作为"制定未来政策的可能途径"。

如果说坦南鲍姆和美国佃农联盟的行动来自民间的话，本书继而分析了美国农业部三位有影响的决策者——先后担任农业部副部长和重新安置管理局局长的雷克斯福德·特格韦尔（Rexford Tugwell），曾担任农业部助理部长、部长和内政部宅地司负责人的 M. L. 威尔逊（M. L. Wilson），以及先后担任农业部部长和副总统的亨利·阿加德·华莱士（Henry Agard Wallace）的墨西哥之旅。虽然在20世纪40、50年代后，随着美、墨两国政治都转向保守，美国农业新政的支持者在国内政治中被边缘化,但他们作为"联合国粮食及农业组织和美国国际开发署等机构的雇员",前往非洲、亚洲和拉丁美洲的乡村,"将新政输出到新的土地上"。这些人在墨西哥的经历,影响甚至超出了农业领域。特别是华莱士,1940年的墨西哥之行对他的影响至深。担任副总统之后,他成为"发展美国与拉丁美洲平等关系的最杰出倡导者,以及西半球文化和经济帝国主义的批评者"。

美墨两国在农业改革领域的交流不是单向的,墨西哥卡德纳斯政府在土地改革,特别是农业发展方面,同样重视学习和吸收来自美国的经验。一般认为,卡德纳斯是"现代墨西哥首屈一指的民族主义者"。但是,本书认为,实际情况要复杂得多,一方面,卡德纳斯政府积极抵抗外国资本的控制,另一方面,又积极借鉴国外的改革和发展的经验。从这个角度来看,卡德纳斯主义既是民族性的,同时也是"最具有世界性的"。特别是在农业发展领域,卡德纳斯政府时期,墨西哥土地改革的设计者——大众农民组织、政治家和官僚、农学家和工程师——从美国农业新政中不断寻求指导和灵感。此外,本书重点讨论了美国驻墨西哥大使约瑟夫斯·丹尼尔斯(Josephus Daniels)对墨西哥土地改革的大力支持。历史的复杂性在丹尼尔斯身上再次得到了鲜明的体现。他曾是一名白人至上主义者,对黑人有着根深蒂固的歧视;又是一名扩张主义者,曾作为海军部长监管了1914年美国对墨西哥的维拉克鲁斯的军事入侵。但是,在很大程度上受到坦南鲍姆的影响,作为驻墨西哥大使的丹尼尔斯却成了墨西哥卡德纳斯改革的坚定支持者。当卡德纳斯征收属于美国人的土地时,丹尼尔斯没有站出来捍卫美国农场主的利益,在他看来,"墨西哥的社会正义胜过了美国的财产要求"。甚至在种族问题上,丹尼尔斯的立场也发生了转变,发表了很多对墨西哥的原住民的溢美之词。正是丹尼尔斯的支持,为卡德纳斯的土地改革提供了极为难得的外部环境。丹尼尔斯认为,墨西哥的土地改革与罗斯福的农业新政同时展开,相互推动,成为20世纪30年代美、墨两国政治生活的一大奇观。从美、墨两国社会改革运动的互动，来重新研究罗斯福新政中的农业政策和墨西哥卡德纳斯政府的农业改革，这是本书的一大贡献和特色。

本书第四章到第五章，转向对绿色革命的研究。以往的学术研究中，绿色革命通常被看作冷战时期美国发展援助的一部分，即通过向拉美、亚洲和非洲的农民传授农业科技，提高粮食产量，消除贫困，铲除"共产主义反抗"的土壤，阻止苏联在第三世界的扩张。1943年美国洛克菲勒基金会在墨西哥的农业援助项目，被看作绿色革命的起源。本书对这一传统观点提出了挑战，认为早在1903年，洛克菲勒基金会就成立了针对美国南方的普通教育委员会，1906—1914年，该委员会在南方发动了一场通过推广科学技术，提高玉米和棉花产量，提高黑人和贫穷白人生活水平的运动。这场运动虽然无果而终，但到30年代大萧条时期，基金会又回到南方，实施其新南方计划。这是后来基金会在墨西哥推行的墨西哥农业援助项目的前身。本书详细地描述了洛克菲勒基金会的慈善事业从美国南部转向墨西哥、从公共卫生领域转向农业发展领域的过程，由此得出结论，绿色革命，乃至广义上的发展援助，最初是为了解决工业化进程中美国农村边缘地区的贫困问题，并非源于冷战时期的地缘政治对抗。这样一来，在历史上，美国南方曾经是全球南方的一部分，至少在农业发展方面，与第三世界的农业存在着相似性。

那么，绿色革命又是如何与冷战结合在一起的呢？本书认为，1943—1953年间，洛克菲勒基金会在墨西哥的农业计划经历了一次巨大的转变。计划最初"代表了一个深谙美国农村贫困问题的慈善机构与一个致力于为最近的土地改革受益者提供信贷、教育和适当技术的后革命政府之间的联合"。第二次世界大战结束后，墨西哥面临着粮食产量下降、玉米价格上升的危险。同时，反对土地改革的社会派别借此攻击卡德纳斯政府期间建立的农村村社。在此形势下，在曼努埃尔·阿维拉·卡马乔（Manuel Ávila Camacho）政府担任农业部部长的马尔特·R. 戈麦斯（Marte R. Gómez）对洛克菲勒基金会提出的农业改良计划表示出极大的热情，认为这是证明新生的印第安人村社经济效率的机会。也就是说，在墨西哥支持与反对土地改革的两大政治派别中，洛克菲勒基金会站到了支持者一边。本书强调指出，洛克菲勒基金会推广的墨西哥农业计划深受此前在美国南部经验的影响，计划招募的大部分新员工很多都有在美国南部贫困乡村工作的经历，但是基金会并没有将美国的经验照搬到墨西哥，而是根据墨西哥农业的实际，优先考虑合成玉米品种的培育和分发，而非美国的双杂交玉米。但是，1946年后，随着米格尔·阿莱曼（Miguel Alemán）政府上台和冷战的加剧，为了在墨西哥创造一个"快速的、可复制的提高农业产量的模式"，并推广到第三世界，以抵制共产主义对全世界农村人口的吸引力，基金会的农业计划慢慢放弃了玉米计划，优先考虑培育小麦。这一转变，是绿色革命与冷战结合的起点。

本书的最后一章考察了美、墨两国在水利工程建设方面的交流。罗斯福新政时期开展的田纳西河流域工程深深地吸引了墨西哥。但是，对于通过水利工程改造墨西哥的河谷流域的目标，墨西哥国内存在不同的主张。对于阿维拉·卡马乔、米格尔·阿莱曼总统为代表的保守派而言，通过修建水利工程，解决农村贫困状况，是避免农村分配主义和激进主义，结束土地改革的手段。而对前总统卡德纳斯为代表的左派而言，水利设施将为30年代获得土地的农村村社提高生产创造条件。前者代表是帕帕洛阿潘河水利工程，后者代表是特帕尔卡特佩克盆地工程。但无论哪一项工程，都受到了美国田纳西河流域工程的启发和支持。

跨国史的视角是本书写作的主要特色，而在具体写法上，本书发挥了传统的历史学叙事优势，按照时间顺序，以丰富的事实，探讨了美国和墨西哥农业政治和农村发展相互影响的历史。书中涉及众多的历史人物和历史事件，但作者交代、分析得清晰、透彻，没有任何杂乱之感。在文风上，本书文字生动诙谐，读来兴致盎然，毫不枯燥，显示出历史学著作的魅力。另外值得强调的是，本书参考了丰富的、来自多方面的文献资料，内容极为充实，每一个结论又有充足的事实依据，显示出高度的学术严谨性。

在我国学术界，乃至国际学术界，美国史和拉美史向来是两个不同的研究领域，真正能够将两个领域彻底打通，作为一个整体进行研究的学者寥寥无几。本书是一个例外。它将美国南方地区史和墨西哥历史作为一个整体进行考察，借用跨国史的视角，将这两个传统的研究领域都向前大大推进了一步。从某种意义上说，本书对我们的启发，不仅仅在于丰富了我们对于美国史和墨西哥史、美国和墨西哥乃至第三世界农业农村发展历史的知识，更重要的是，促使我们思考，如何借鉴新的研究范式，来推进我国的世界史研究水平。近年来，我国的世界史研究取得了长足的进步，特别是越来越多的成果使用第一手的文献资料展开研究，但是，在新的史学范式方面尚有进一步改进之处。通过本书，我们发现，借着新的研究范式的运用，不仅可以发掘出许多新的文献资料，而且可以在许多问题上得出新的结论。历史学研究的创新的正确途径，离不开新的研究范式的探索。

董经胜

北京大学历史学系教授，北京大学拉丁美洲研究中心主任

目录
Contents

引言　001

　　关于美墨边境的地理二分法　002

　　农业的融合与互动　005

　　"发展"运动与绿色革命　008

　　本书的结构　012

第一章　平行的农业社会：美国南部和墨西哥，
　　　　19世纪70年代—20世纪20年代　017

　　剥夺　021

　　起义　029

　　余波　040

　　小结　045

第二章　庄园雇工和农民：
　　　　农村新政背景下的墨西哥农业改革　051

　　农业主义和农场安全管理局　057

　　拉古纳地区的美国南方佃农联盟　073

　　在墨西哥的美国新政官员们　078

　　小结　088

第三章　庄园和种植园：
　　　　在墨西哥农业新领域中的发展情况　091

　　农业主义向北看　095

北卡罗来纳州的新政外交官　107
　　　小结　119

第四章　洛克菲勒的农村发展：
　　　　从美国棉花地带到墨西哥　121
　　　洛克菲勒慈善事业与美国南方　126
　　　连接美国南方和全球南方　136
　　　洛克菲勒基金会对墨西哥农业的干预　142
　　　小结　152

第五章　绿色革命：
　　　　美国区域主义和墨西哥农业计划　155
　　　20世纪40年代墨西哥农业生产的政治化　160
　　　美国南部和墨西哥的玉米　167
　　　有益于农民的作物育种的衰落　175
　　　小结　187

第六章　移植田纳西：
　　　　战后墨西哥的新政水利发展　191
　　　田纳西河流域管理局和农村发展　195
　　　通往墨西哥的道路　201
　　　从田纳西河到帕帕洛阿潘河　210
　　　一个卡德纳斯主义的田纳西河流域管理局？　219
　　　小结　226

结语　229

注释　239

Agrarian Crossings

引言

关于美墨边境的地理二分法

国界线很重要。国界线控制着人口的流动,物资和资本的流通,同时还影响着思想的交换。国界线区分了公民和外国人,区分了熟悉的和异域的,区分了属于该国的和不被接受的。在近代历史上,或许没有比美国和墨西哥之间的分界线更具有标志性的国界线了。一个半世纪以前,这条国界线就被绘制于沙漠与河流之间,在视觉上鲜明地反映了两国极不平等的关系。这条国界线已经使得不少家庭同他们的亲属疏远,当人们跨越这条国界线就意味着群体的分离;这条国界线还使得许多试图越过荒芜边境进入美国的人们失去生命,尽管这一做法没有得到法律的支持。美国的本土主义者们在国家动荡时期会将这条国界线当作避雷针,其上排布的安全铁丝围栏冷酷地昭示着这个国家长久存在的种族和阶级等级制度。一位作家曾在二三十年前发现令人难忘的事实:美墨边界就是第三世界同第一世界摩擦对抗中被割开的伤口,鲜血淋漓。[1]

当然国界线的作用不仅仅表现在文化上、物质上和政治上,还包括了智识方面。这条细细的国界线蜿蜒穿过了上、下加利福尼亚的沙漠,沿着格兰德河(美,Rio Grande)/布拉沃河(墨,Bravo),向许多学者展示了"美国"历史的终结和"拉丁美洲"历史的开端。如同地理政治边界将人们分开一样,智识的边界也将人们对共同过去的理解和想法区隔开。北美的历史学者们因此分为两派,每一学派都有着不同的理论传统和学术语言,他们之间很少交流。这条智识的边界使得两大学派的学者都认为,除了将两国联系起来的不平等现象——移民、帝国主义的干预、自由贸易协定和电视集装工厂,美墨两国的国家发展道路完全不同。除了"边疆"历史地理传统学派——尽管这一学派在很大程度上也仅将学术结论局限于对美墨毗邻的几个州的讨论中,历史学者们均将对美墨两国的讨论放在一个纯粹的二分框架下。这些分歧使我们确信,美墨两国中那些想要了解两国的多种现象如国家建构、大众社会运动、经济转型和政策制定的人们,并不会因为跨越了智识的边界线的森严壁垒而能获益许多。

哈里·利兰·米切尔(Harry Leland Mitchell)一定会对以上判断表示不同意。在 1939 年的夏天,他离开美国前往墨西哥的拉古纳地区(La Laguna)取经,那是一片广袤的棉花种植地区,绵延墨西哥北部科尔韦拉州(Coahuila)和杜兰戈州(Durango)。米切尔对拉古纳地区的这些白色纤维作物或存在其间的人们的不满情绪都不陌生;他领导了美国南方佃农联盟(Southern Tenant Farmers Union),这是一个多种族组织,由普通种棉佃农和分成制佃农于 1934 年在阿肯色州成立,之后十年加入的成员有成千上万名。他在夏天前往墨西哥是为了见证一项他长久关注的政治实验。1936 年,拉古纳地区无地种棉农民发起了一场罢工运动,扬名天下。彼时的墨西哥民粹主义总统拉萨罗·卡德纳斯(1934—1940 年在任)为解决罢工问题而前往此地,希望冲突双方能妥协协商。卡德纳斯总统效仿墨西哥革命(1910—1917 年)的做法,征用墨西哥大量最富饶的灌溉土地,分配给实际的耕作者,这一做法震惊墨西哥内外。边境以北的美国南方佃农联盟的成员们都吃惊地大开眼界,兴奋得不能自抑。其中一位称拉古纳地区是"对世界上想要见证一个脱离了奴隶制的新世界的人来说,最令人兴奋的地方之一"。[2] 米切尔在 1939 年参观了该地区后,热切地表示认同这一观点。拉古纳地区的棉花采摘者曾经"像阿肯色州的佃农一样被剥削而生无可望",但是现在他们已经准备好夺回自己的劳动成果。这段旅程促使米切尔开始思索,他所领导的联盟是否也"应该考虑立法将已荒废的土地征用"[3]。

如果说米切尔拒绝相信国界线的区隔意味着政治可能性的界限

与不同，拉蒙·费尔南德斯·依·费尔南德斯（Ramón Fernández y Fernández）也是这样想的。作为一名农业经济学家，费尔南德斯是通过墨西哥革命中的暴力事件，完成了他的政治教育。终其职业生涯，他都致力于对农业社会正义的追求。费尔南德斯曾担任社会主义农业经济学家联盟（Liga de Agrónomos Socialistas）的秘书，也是墨西哥1930年颇具影响力的农业普查工作中的统计学家，他在20世纪30—40年代一直是墨西哥土地改革运动的先锋人物。对于社会科学和革命政治的融合探索，将他带到了美国农村。他长期沉迷于研究美国总统富兰克林·罗斯福的新政措施及其对美国农村贫困问题的化解，在1942年志愿参加了美国农业部开展的为期一年的"在职培训计划"。[4] 面对农业部众多部门，他认为参与农场安全管理局（Farm Security Administration）的工作对他而言是最有益的，这一部门也是新政中最具社会改革色彩的部门，集中于解决美国南方棉花地带中显著存在的不平等问题。于是在1942年和1943年，费尔南德斯跟随农场安全管理局广泛考察美国棉花地带，先是学习佐治亚州和密西西比州的农业合作社经验，然后长期深入阿肯色州东部，潜心学习那些美国东道主认为"同墨西哥的问题更接近的问题"。[5] 在美国农场安全管理局所建立的"革命信念"，引导他回到了墨西哥，他"自然地想要去推动一场属于我们自己的有关农业安全的运动"[6]。

是什么说服了费尔南德斯和米切尔在20世纪脱离国家机器的束缚，用如此自然和大众化的方式来思考？正如本书所展示的，他们生活在一个美墨两国的社会和政治急剧融合的时代，在这个时代，关于农业事务的对话和交流频繁而活跃。在大萧条后和冷战来临前，美墨两国的政府和民间社会以支持农业正义和提高农业文化生产力为由，发动了前所未有的运动来改造乡村。以下各章揭示了这些运动中很少被承认的一些纠葛。本书重新审视了几个关键的历史时刻——墨西哥革命及其在卡德纳斯领导下的高潮、新政中相互矛盾的农业计划，以及在所谓的第三世界中促进科技农业的运动，并将它们从各自的国家分析框架中解脱出来,因为它们经常被这些狭隘的分析框架所束缚。由此,我希望揭示出更多的超乎常人所想象的美国和墨西哥的农业历史。

农业的融合与互动

本书提出了两个主要论点,都是针对映射在美墨边境上人为的但被广泛接受的地理二分法。我将分别阐述这两个论点。首先,我认为,对"美国"和"拉丁美洲"历史的差异性描述,掩盖了美国和墨西哥国家主导的农业改革,以及随之而来的 20 世纪 30 年代的社会动荡之间的融合和互动。在 1933 年的美国和 1934 年的墨西哥,后来以政治实验著称的两位总统——罗斯福和卡德纳斯——在成为总统后,也将农业和工业变革的潮流继续推行下去。两人都承诺要打破 20 世纪 20 年代的政治僵局和经济停滞,分别向农村选民承诺实行"新政"和"六年计划",以纠正农业发展中的错误。尽管双方起初都是试探性的做法,但到了 1935 年,双方都将社会中的农业不平等定义为一个重要问题,并为解决这一问题投入了惊人的资源和政治资本。[7]

在随后的时间里,两位总统分别深入两国的各个角落展开行动,试图改变农业、农业文化以及农民与土地的关系。他们设计了一些项目来重新安置广大民众,以提高农业效率和化解政治异议;他们建造了巨大的水坝,想利用水力开发来实现雄心勃勃的经济发展计划。他们规划了示范性的农村社区,由新的联邦信贷、技术援助和教育计划支持社区的相应服务。他们试图保护岌岌可危的森林、水资源和土地资源。也许最重要的是,他们试图通过划分和分配大型庄园的土地(latifundia,来自拉丁文 latus 和 fundus),来扭转根深蒂固的土地使用权不均的状况,并将小块土地分配给无地农民和无产者。在这最后一点上,卡德纳斯更加积极,开创了西半球有史以来最成功的土地改革计划，涵盖了近 5000 万英亩[①]土地。新政在重塑土地使用权上相对更为温和、谨慎，而且在很大程度上是象征性的，但它仍然是美国历史上的一个分水岭；这是自重建时期提到（给民众分配）"四十英亩和一头骡子"的空洞承诺以来，联邦政府首次认真考虑土地再分配。在这两个国家，民间社会要求改革的狂热情绪和无处不在的变革言论，都使得政府无法忽视这些呼声，领导层则需要作出更大的承诺。

"漫长"的 20 世纪 30 年代的美国和墨西哥的农业运动，大约从 1933 年持续到了 1943 年，两者不仅是平行开展的，而且经常是相互影响的。事实上，这本书不属于比较历史学，但充满了对历史的比较分析，对互动和交流的研究。[8] 当政治家、官僚、农学家、经济学家、佃农组织和农民联盟根据他们对农业中存在的不公平现象做出的诊断而发动了一场多方战争时，他们穿越边界，从同行者的成功和失败的经验中学习。新政的政策制定者们为了瓦解种植园农业在其境内的长期统治，起草了相应的改革计划，主要是受到墨西哥革命性土地改革的启发。在罗斯福掌权的时期，几乎每一位美国农业部的主要领导人都访问过墨西哥，他们都被墨西哥的土地改革所吸引；而农业部也许是 30 年代华盛顿最积极的改革主义机构。墨西哥政治领导层的最高层，包括卡德纳斯本人，都曾前往美国参观田纳西河流域管理局（Tennessee Valley Authority）建造的工程，希望复制其水力农业改造的模式。还有无数不在联邦政府任职的活动家，例如米切尔，也同样越过边界寻求灵感和鼓励。这些"朝圣者"中没有人轻率地将新政和卡德纳斯主义等同起来，作为历史研究者的我们也不能这样做；大多数人都认识到，后者比前者更加激进和革命。正是由于这种意识形态上的不平衡，这十年间大部分的思想交流都是从南方流向北方的。

墨西哥并不是新政所借鉴的唯一国家。罗斯福政府的改革议程是在大萧条时期中形成的，这一全球问题也教会他共同的困难需要共同

---

① 1 英亩约为 4046 平方米。——编者注

的解决方法。正如最近重要的学术研究所揭示的那样，新政的干预政策中涉及的几乎每一个领域的关键立法，都能在全球各地找到相似的例子。平民保育团（Civilian Conservation Corps）令人惊奇地同纳粹德国的志愿劳动服务相似，尽管新政十分谨慎地摒弃其保有的军国主义；公共工程管理局的住房计划公开模仿了英国的类似做法。正如一位当代评论家所认为的那样："国家复兴局著名的'蓝鹰'标志显然是美国对贝尼托·墨索里尼的意大利法团国家的机械化效仿。"但是，在这一全球影响的大杂烩中，墨西哥脱颖而出。作为少数几个在美国政策中留下足迹的非西方、非工业化国家之一，它值得特别关注。[9]

同样奇怪的是，并不是美国的每个地区都同等程度地与墨西哥进行农业对话。正如米切尔和费尔南德斯的"朝圣"之旅所表明的那样，美国南方棉花地带（即美国东南部，也就是传统的美国南方）对墨西哥的农业转型产生了最多的影响和最大的兴趣。事实上，这本书本质上是一部南方史作品，试图将该地区从以国家为单位的历史分析框架中解放出来，描绘美国南方与其南方邻居——墨西哥——很少被承认的关系。[10]对许多读者来说，一个令人惊讶的事实是，美国南方种植园地区很少被涵括在许多学者所说的美国-墨西哥"边境地区"的划分中，而这个地理概念传统上包括墨西哥北部和美国西南部。[11]同样，很少有历史学家认为，20世纪初的美国南方地区具有全球性特征，该地区在当代历史中都被认为是"瘴气丛林"和"浸信会的污水池"，与美国其他地区和世界完全不同。[12]不过，最近的研究正督促人们对这种假设进行修正。[13]毕竟，在大萧条的前夕，南部的棉花地带看起来更像墨西哥、古巴或巴西，而不是马萨诸塞州或艾奥瓦州。如果与美国北部其他地区相比，美国南方地区的一党政治、阶级等级制度、种植园农业、集中的土地使用权和普遍的农村贫困可能看起来是一种反常的现象。然而，如果美国南方地区向南看的话，这些特征根本不会显得特别。

因此，或许可以将美国南方地区视为拉丁美洲和加勒比世界的最北延伸地带？17 至 19 世纪的学者们对此应无异议，因为对奴隶制、解放运动和黑人流散群体的研究早已将美国南方的种植园殖民地与古巴、巴西、海地和墨西哥的种植园殖民地联系起来。[14] 但在关于 19 世纪末重建时期结束后时期的学术研究中，这些跨区域的观点几乎完全消失了，它们的缺失表明美国南方退出了这些早期的社会网络。[15] 本书挑战了这一假设，揭示了即使在奴隶制之后，种植园农业及其社会组织的持续存在，将路易斯安那州和密西西比州与墨西哥及其他地区联系起来。如果说 20 世纪前三十年的美国东北部社会改革者借鉴了西欧的福利资本主义、社会保障和城市规划的实验——正如丹尼尔·罗杰斯（Daniel Rodgers）的《大西洋的跨越》(Atlantic Crossings) 一书中所展示的那样——柏林和伦敦的教训对于关注美国南方种植园社会的农业改革者来说则意义不大。[16] 相反，这些改革者们将目光转向了加勒比海地区，在那里，他们与一群多元的拉美社会运动人士交流思想，后者以截然不同的方式处理农业不平等问题。

"发展"运动与绿色革命

然而，美国和墨西哥之间的边界，不仅将"美国"从"拉丁美洲"的历史中区隔开来，还标志着全球北方与全球南方的交界，或者像曾经流行的说法那样，是第一世界与第三世界的交界。本书的第二个主要论点涉及这种平面地理二分法，以及它如何扭曲了学术界对 20 世纪一场重塑人类社会的巨大运动——发展——的理解。"发展"是一个带有沉重历史包袱的词，与 19 世纪的"文明"并无不同。对于数以百万计的信徒来说，它概括了一种信念，即人类社会的发展是相似的，可以以线性方式进行规划，而"发达"社会对"发展中"社会的援助可以加速后者的进步。鉴于它在 20 世纪初完全没有出现在全球事务的对话中，而在 60 年后却无处不在，人们很可能会问："这一来势汹汹的讨论因何而起？"

学术界通常认为，发展是20世纪40年代的产物（我们之后会讨论这一观点的错误）。发展的成长，伴随着欧洲殖民主义的缓慢衰落，也伴随着冷战升级带来的地缘政治分化。当苏联吸引数以亿计的亚洲人、非洲人和拉丁美洲人摆脱殖民主义或新殖民主义的奴役，使得共产主义阵营逐渐壮大时，美国的知识分子和政策制定者越来越担心苏联会拥有明显的竞争优势，此时"发展"概念的成长到位了。为了阻止共产主义在全球的发展，美国的战略家们将发展援助计划投入新生的第三世界国家中，声称来自第一世界的技术优势可能比在莫斯科起草的任何五年计划能更快地促进经济的增长，让这些发展援助计划成为共产主义选择的替代方案。遵循这一说法路径，哈里·杜鲁门总统在1949年的《第四点计划》演讲中宣布了发展时代的到来，社会科学家沃尔特·罗斯托（Walt Rostow）1960年在《经济增长的阶段》（*The Stages of Economic Growth*）一书中提出了现代化理论，标志着其研究的巅峰。[17]

在冷战时期开展的无数发展项目中，美国向拉丁美洲、亚洲和非洲农民传授农业科技以努力提高全球粮食产量的项目，受到了最广泛的赞誉和最猛烈的批评。这一项目也最大地改变了农业土地和农民生活。由于担心物质匮乏会给共产主义运动提供肥沃的土壤，为了阻止苏联的扩张，美国的决策者和他们的赞助伙伴们希望打着人道主义的旗帜来满足美国地缘政治的需要，他们提出美国将养活一个饥饿的世界。在植物育种、病虫害防治和合成化肥的最新科技武装下，美国的农学家和工程师们带着豪迈的自信去到了全球各地的农村。在1968年的项目运动高潮中，时任美国国际开发署署长威廉·高德（William Gaud）给它起了一个被世人记住的名字——"绿色革命"，这是一场超越狭隘左右政治之争的革命。它是为了全人类对抗饥饿的战争。高德的乐观主义是否有道理已经引起了激烈的争论。尽管进入21世纪后饥饿问题仍然存在，甚至加剧，这无疑使得绿色革命的光辉变得黯淡；但可以肯定的是，这场运动永远改变了地球上的人类社会和生态结构。谷物生产的扩大使世界人口急剧增加，这在几十年前是不敢想象的。

这场运动将数以百万计的"低效"农民从土地中解放出来，让他们在快速城市化道路上发挥了关键作用，这一点在2008年城市居民人数在人类历史上首次超过了农村人口时显得尤为显著。事实上，未来的学者们很可能会把这两个转变看作20世纪最重要的产物，超过他们对冷战和其他战争的讨论。[18]

长期以来，墨西哥在绿色革命的历史中发挥了主导作用，并被普遍认为是这场全球运动的"发源地"。1943年，美国的一个慈善机构洛克菲勒基金会与墨西哥农业部合作，在当地开展了一个最初规模不大的农业技术援助项目，总部设在墨西哥城外不远处。在那些墨西哥土地革命中被征用的土地上，洛克菲勒的科学家们和他们的墨西哥合作者们试图提高国家主要粮食作物的产量，主要是玉米和豆类。几年间，他们对种子收集、植物育种、疾病控制以及化学肥料和杀虫剂的应用进行了实验。到20世纪50年代初，因为取得了生产力上革命性的突破，基金会宣布将墨西哥农业计划作为一个理想蓝图，推行并复制到全球其他地方。1950年，它扩展到哥伦比亚；到1957年，该基金会在印度开展活动；到1962年又在菲律宾开展活动。回顾这条全球扩散之路，学者们长期以来一直在研究墨西哥农业计划，寻找在拉丁美洲其他国家，甚至是在亚洲和非洲能够推行下去的动力。毫不奇怪，许多人在墨西哥发现了成熟的绿色革命的一个缩影：一场由冷战地缘政治驱动的运动，痴迷于战胜饥饿的口号，不顾本土知识的差异，忽视了最贫穷的农民群体。在这一说法中，墨西哥的绿色革命让人联想到第一世界和第三世界之间的明显分歧——一种理想化但危险的短视的冷战发展计划，由前者策划并应用于后者。[19]

本书对绿色革命的起源和动机提出了一个本质上不同的理解。1943年，当洛克菲勒基金会介入墨西哥农村时，其执行官们借鉴了美国之前在国内农村发展方面的深厚经验。洛克菲勒基金会的慈善事业可以追溯到20世纪的最初几年，当时石油大亨约翰·D. 洛克菲勒（John D. Rockefeller）和他那富有改革精神的儿子认为美国南方的贫困和落后使得美国蒙羞。他们的第一项事业，就是在 1903 年成立了名称含糊不清的普通教育委员会（General Education Board），该委员会明确致力于解决地区性的问题。在 1906 年至 1914 年期间，该委员会发动了一场全面的旨在改变南方农业的运动，认为采用科学的种植技术可以解除债务依赖和人身束缚，让数百万黑人和白人农民脱离赤贫。委员会的领导层将目标锁定在两种作物上，即棉花和玉米，并试图大幅提高它们的产量，他们相信生产力的革命将提高普通农民的生活水准，让农民从商人和其他债权人那里获得更大的独立性。

洛克菲勒基金会的墨西哥项目是一场矛盾的运动，因为不平等的地区根源完全不同，所以这一运动几乎不能被认为取得了持久的成功。但恰恰是这种模式激励着基金会的规划者尝试在墨西哥进行复制，因为该国的问题"类似于美国各州内战之后，南方所面临的问题"，这是一位基金会管理者在 1941 年所说的话。[20] 甚至与基金会合作的墨西哥农业部长也清楚地知道这一慈善机构之前为"改善美国南方各州农村人口的生活条件"所做的努力。[21]

那么，为什么美国绿色革命的地区性根源会被长期忽视？正如对墨西哥 20 世纪 30 年代土地改革的研究一样，该国农业转型的历史也被人为的地理二分法和绿色革命是第三世界而非第一世界的现象的传统认知所误导。然而，当我们承认美国南方是墨西哥绿色革命的国内实验田时，对整个"发展"项目的理解突然出现了新的灵感。它看起来不再是 1945 年后地缘政治的自然产物，而是诞生于更早的时期，旨在解决工业化美国发展核心中持续存在的农业边缘地区的贫困。这早期历史揭示了第一世界和第三世界农业改革的相似性而非差异性。它对任何将发展描述为整齐划一的"美国化"项目的理论提出了深刻的问题——因为如果这样的一个概念不承认这个国家内部的地区性差别的重要性，那么它能有什么用？

因此，本书探究了两个地理概念上很少被承认的联系，即美国南方和全球南方，全球南方这个新的时尚术语最近取代了冷战产物"第三世界"。在许多方面，这并不是一个新的说法。早在1953年，历史学家C.范恩·伍德沃德（C. Vann Woodward）就认为，美国南方有着贫穷、军事失败和不发达的混乱历史，并不像许多北方居民所认为的那样是个例外，而是代表了全球人类的正常经历。[22] 然而，尽管有伍德沃德的发现，但是很少有美国历史学家开始在全球范围内探索这些联系。南方地区的历史，与有关美国南方和北方的讨论一样，经常被淹没在国家叙事中。在墨西哥，今天将其与北方邻国隔开的严酷边界线，无论是实际的还是想象的，也阻碍了关于美墨两国历史共同点和生活共同体的开放讨论。

本书的结构

以下各章大体按时间逻辑顺序探讨了墨西哥和美国农业政治和农业发展的纠缠不清的历史。第一章为20世纪30年代和40年代的对话和交流创造了条件，对19世纪70年代至20世纪20年代美国南部和墨西哥农村的社会、政治和经济变化进行了比较分析。之前关注该段历史的学者们在很大程度上看到的是差异，而我认为两国彼时的历史轨迹惊人地相似。在19世纪末，随着铁路、外国资本、银行家和商人重新安排农业生产，每个地区都被猛烈地卷入全球商业网络中。虽然在美墨边界两侧，大规模的土地持有情况尚不清楚，但在那几十年里，以出口为导向的种植园主和大庄园主进一步加强了他们对农村土地的控制。而付出代价的则是以前独立的小农户，他们不情愿地被拉入种植园经济，成为雇佣劳动者、佃户和佃农。这些被剥夺权利的人们酝酿着怨恨，在两次戏剧性的农民起义——墨西哥革命和美国民粹主义运动——中沸腾了起来。每一次起义都挑战了农村的现状，但在每一次起义中，最激进的政策设计师都在政治上或军事上被击败。然而即使失败，这些起义者们也迫使他们的对手勉强接受了他们对社会和经济公正的要求——这些要求最终激励了后来者，在大萧条时代最为明显。

第二章和第三章是互补的，分别详细介绍了在"漫长的"20世纪30年代，美国和墨西哥政府内外的农村改革者如何唤起早期的运动，以解决农村的不平等问题。他们在实施政策时，经常互相寻找灵感、支持和可借鉴的策略。第二章描述了这十余年里南北之间的知识经验交流。它展示了在我所称的"农业"新政范围内的众多美国自由主义改革者——那些关注贫困、不平等和环境问题的人——如何热切地观察墨西哥的政治实验，并试图将其见解纳入自己的政策制定中。本书追溯了一群多元的农业批评家所进行的"朝圣"之旅，从美国农业部的负责人到远在新政之外的社会主义组织者，以及他们在墨西哥的见闻如何迫使人们重新思考美国政治的可能性。在这些交流中，美国南方和对南方感兴趣的人对墨西哥给予了最密切的关注。第三章则从相反的角度来看，研究新政政策如何塑造了卡德纳斯领导的农业计划，并为其成功带来了可能性。一方面，它探讨了墨西哥官僚如何利用罗斯福政府的农业复兴计划。另一方面，它表明驻墨西哥的美国外交官对新政的认同帮助了卡德纳斯征用数百万英亩的美国土地——这些土地是授权大使馆正式保护的土地。如果卡德纳斯主义没有与农民新政同时发生，它的结果可能会大不相同。

第四章和第五章从对美国和墨西哥的国家政策的分析转向了最终被称为绿色革命的农村发展运动。第四章开始讲述洛克菲勒基金会在1906年至1914年期间，在美国棉花地带开展的第一次农业推广和教育活动。作为未来事业的蓝图，它对新农村的设想显然是模糊的。然而，在20世纪30年代动荡的十年里，洛克菲勒基金会支持的第一次运动中的参与者们，又再次提到其未实现的承诺，这给卡德纳斯时期面临着的墨西哥农业困境，带来了潜在的解决方案。因此，本章着重分析了激发洛克菲勒基金会在1943年启动颇具影响力的墨西哥农业计划的跨区域比较。第五章叙述了该计划关键的第一个十年。令人惊讶的是，洛克菲勒基金会在墨西哥的实验中，初期几年的发展模式与成熟阶段的20世纪60年代绿色革命有很大的不同。洛克菲勒基金会的试验重点不是解决饥饿问题,而是强调提高生活水平和增强经济流动性;20世纪40年代的绿色革命计划不是与富有的大地产主合作而忽视农村的大多数,而是明确地寻求与在卡德纳斯时期的再分配运动中获得土地的小农户合作。这一章表明,正是美国南方农业运动中的教训和记忆,激发了人们对农村穷困群体的同情心。但到了20世纪50年代初,随着墨西哥保守主义的不断发展和冷战的不断升级,政治合作的可能性范围不断缩小,洛克菲勒基金会的规划者们放弃了早些年的地区性实验,对全世界数百万农民造成了极大的伤害。

第六章探讨了美墨农业的最后一次重要交流。墨西哥政府在"二战"后热切采取了田纳西河流域管理局的水利发展计划。与其他任何新政机构相比,田纳西河流域管理局利用发展水力进行社会和环境改造的巨大努力对墨西哥农村的影响最为深刻。1947年,墨西哥总统米格尔·阿莱曼到访美国,这是自1910年革命爆发以来的首次墨西哥总统美国之行,参观亚拉巴马州北部和田纳西州东部是他行程中的首要任务。他的"朝圣"之旅在墨西哥决策者中引起广泛的讨论,讨论美国南部和墨西哥热带南部之间的相似性,并在1947年阿莱曼主导成立几个河谷委员会时达到了高潮。阿莱曼期望在墨西哥南部沿海地区复制田纳西河流域管理局的成功。然而,由于这些举措开展的时间较晚,来自20世纪30年代的民众改革政治的激情已经冷却,阿莱曼主导的农业变革行动实施得更为保守,最终效果实际上是加剧了农村的不平等,而不是消除它。

到了20世纪50年代,上一代人的跨越边界的农业发展已悄然结束。在美国和墨西哥,日益严峻的政治氛围确保了精英们能够压制任何有关农村不平等和农业变革的激烈辩论。生产力和效率问题,而不是无地和贫困问题,成为随后几十年的关键词。这本书的后记谈到了20世纪后半叶农业的共同变革。农民们曾经通过政治动员和与国家改革者的联盟来防止和对抗他们的被边缘化;而在冷战时期,他们更多的是放弃他们的小块土地,在城市贫民窟中寻求难以捉摸的可能性,或者在农业综合企业当工人。当他们离开他们的农场时,他们长期与之斗争的种植园经济实现了几乎完全的霸权,用杀虫剂和现代农业机械代替了佃农和农民。美国和墨西哥的农村在冷战期间以意想不到的方式,出现了新的交集。

1939年,当美国南方佃农联盟的米切尔在拉古纳地区的棉花地带待了几周后回到联盟总部时,他坚信美国和墨西哥的贫困农民所追求的东西是完全一样的:"(我)看到土地和所有资源被那些靠汗水谋生的人所拥有。"事实上,这次访问对他来说是再次确认了"我们都是同一个人类大家庭的成员,无论肤色,无论语言"[23]。今天,很少有历史学家会反对这样一个充满希望的结论。然而,当我们把历史仅仅放在以国家为界限的讨论框架中,我们就有可能使这种区别理解成为永远的误导。我希望以下的书本内容能为我们提供一条不同的道路。

Agrarian Crossings

第一章

平行的农业社会：美国南部和墨西哥，19世纪70年代—20世纪20年代

Chapter 1

1890年年底，数千名愤怒的农民聚集在一个远离权力中心的小城市，抗议自己长期被排斥在土地所有权和享有劳动成果之外。参加集会的人各不相同，但他们在起义的过程中团结一致，都认为银行家、大庄园主和铁路公司组成的邪恶联盟试图使土地上的耕种者陷入贫困。在过去的一代人中，这些农民痛苦地看到他们的政治和经济独立性被种植园农业的稳步扩张所侵蚀，许多人不情愿地被拉入该扩张轨道，成为佃户和佃农。大多数人被束缚在单一经济作物的种植中，他们希望依靠这些作物的收成获得回报，但却很少得到兑现，反而被束缚在由商人和市场主导的，远远超出他们理解和控制的网络中。1890年，他们决定不再忍受。在那一周，流离失所的人们和被剥夺权利的人们将他们的不满情绪凝结在"我国贫困人民的要求"清单上。清单试图限制那些牺牲农场自主权的金融机构；他们坚持要求政府采取行动，收回并重新分配"目前由外国人""外国财团""铁路公司"和"其他公司所使用和需要的所有土地"。他们的要求被大肆宣传，引起了广泛的共鸣，并掀起了历史性的农村起义的浪潮。[1]

大约20年后，1911年，另一群农村起义者带着类似的目的聚集起来。几十个被边缘化的农民，从工人到佃农再到小土地拥有者，聚集在他们的领袖——一位安静但有魅力的村议员身边，提出了一个实现农村正义的办法。他们提出了一连串愤怒的反对意见，与20年前的反对意见如出一辙。他们也看到大地产主剥夺了以前人身独立的农民的自由，掠夺他们的土地，并把他们束缚在种植园经济里当佃农和临时工。他们还看到铁路公司和乡村商人的崛起威胁着普通农民的自主权。"由于土地、木材和水资源被垄断在少数人手中"，聚集在一起的起义者拼命地对抗着"贫穷带来的灾难，却无法改善他们的社会状况"。在会议上，起义者们将他们的不满罗列出来，书写成一个改革的"计划"，要求立即归还"小农户"被压迫者们恶意掠夺的地产。该计划一经公布，就像野火一样传遍了农村，吸引了无数人加入这项事业。[2]

1890年的集会发生在美国佛罗里达州的奥卡拉，南方农民联盟在那里召开会议，正式确定其政治纲领。1911年的集会在墨西哥莫雷洛斯州的阿亚拉举行，埃米利亚诺·萨帕塔（Emiliano Zapata）和他的追随者们抗议政府对被剥夺财产的农民漠不关心。上面两集会的变革宣言，即《奥卡拉诉求》(Ocala Demands)和《阿亚拉计划》(Plan de Ayala)，被证明是两场广泛的农村社会运动的基石：美国民粹主义起义和墨西哥革命。然而，尽管它们在时间和空间上相近，但奥卡拉和阿亚拉的并列出现会让许多学者感到惊讶和意外。由于被"美国"和"拉丁美洲"历史的知识边界隔开，这两个农村起义运动很少被放在一起讨论。美国南部的民粹主义通常被认为是一场矛盾的政治运动，最终被吸纳和摧毁；而墨西哥革命则被认为是一场由农民不满情绪推动的血腥社会起义。因此，大多数学者认为，19、20世纪之交美国和墨西哥的两场农业起义之间并没有什么共同点。

本章的观点并非如此。催生《奥卡拉诉求》和《阿亚拉计划》的农村社会——美国南部的棉花地带和墨西哥的各种种植园经济地区——在19世纪70年代和20世纪20年代之间经历了平行的社会、政治和经济转型。尽管在墨西哥，这些转型中存在的暴力和混乱被突出放大，但两者都有一个共同的轨迹。在19世纪中期的战争和不稳定的混乱之后，两个地区都有一个强势的政治精英上台，对稳定和增长做出了诱人的承诺。他们试图让混乱和复杂的农村回归理性和有序化，为全球消费者生产出口作物，并采用大庄园作为基本的生产单位。[3]他们对农村的重新整合既全面又迅速，但这在很大程度上有利于大地产主，同时也侵蚀了农村大多数人最后的自主权和自给自足的能力。为了回击这些侵蚀农民自主权的做法，农民们对新秩序进行了反抗，提出了他们认为稳定和公平的农村社会范式。那些带头对现状进行最尖锐攻击的起义者们，最终在政治上和军事上都被击败了。然而，出乎意料的是，他们早期被扼杀的变革呼声仍然继续存在，并在20世纪激励着后来的土地改革者。

因此，美国和墨西哥历史上的关键时刻——"新南方"时期、波菲里奥时期、美国民粹主义起义、墨西哥革命以及它们各自的后果——可以在共同的背景下加以理解。长期以来，两国的历史学家都在思考相似的关于种植园扩张、圈地运动、人民起义和土地改革的问题，但很少有人跨过知识边界来考虑两者中的相同因素。这样做必然会破坏美国例外主义的叙述，因为在19世纪末和20世纪初，南方棉花地带的历史与加勒比海地区的历史，比与美国其他地区的历史更紧密地交织在一起。在某些方面，这并不是一个新的结论，因为研究种族问题、奴隶制和解放运动的几代学者都曾采用比较或跨国的视角来理解美国南方。[4] 然而，很少有这样的研究把目光投向重建时期以后，而且由于他们强调对黑人流散群体社区的研究，这些学者往往把墨西哥及其隐藏的非洲奴隶制遗产排除在外。[5] 然而，如果历史学家将目光投向白人/黑人二元对立之外的种族，并将他们的分析扩展到农村地区的农业阶级关系，他们可能会意识到，墨西哥与古巴、海地或巴西一样，为美国南方提供了引人注目的对立面。

本书的核心是对美国和墨西哥互联、互通、互动的农业历史的研究。这一章强调了平行但基本独立的转变，因此从定义上来说是一个学术研究的异类。作为一个整体，本书没有考虑到历史角色本身的行为和修辞所提供的比较。换句话说，我并没有论证《阿亚拉计划》是由《奥卡拉诉求》产生的。在这里，比较是我们的方法，而不是我们的主题；这与其说是跨国历史，不如说是比较历史，这种比较方法也带来了相应的缺点。[6] 但这种比较研究方法的回报远超其带来的缺点，因为美国和墨西哥农业历史和历史学在世纪之交被忽视的相似之处值得研究。对剥夺、反抗及其后果的共同历史进行评价和研究，也为后面的章节奠定了基础,揭示了在20世纪30年代和40年代,每个地区的农村改革者如何相互发现,如何互动交流。

剥夺

19世纪中期,美国南方和墨西哥都出现了全面的动乱。虽然两个地区过去也不曾平静,但1846年至1876年的墨西哥和1861年至1877年的美国南方都出现了社会动荡局面和诸多流血事件。两个地区都经历了军事入侵。在墨西哥,19世纪40年代发生了美墨战争,失去了一半以上的国家领土。19世纪60年代迎来了法国武装干涉,以及自由派和保守派之间的恶性斗争,最终驱逐了法国人,但国家也遭到了破坏。在美国南方,1861年至1865年的内战推翻了作为该地区经济和社会基础的奴隶制。与墨西哥一样,美国南方各州遭受了北方的入侵和占领,战争摧毁了该地区的大部分农业和工业基础。当美国南方和墨西哥从19世纪中期的军事动荡中走出来时,它们的城市和乡村都处于废墟之中。

然而,随着战场的硝烟逐渐散去,美国内战和墨西哥19世纪60年代的政治斗争所提出的问题却挥之不去,需要解决。曾经在美国南方种植园中被奴役的数百万人该去向何处,他们对独立和自由的追求将如何与对经济复兴和稳定的要求结合起来?战争结束后的重建计划提出了一个解决方案,但南方白人的抵制使人们对这一重建目标的持久性产生了怀疑。同样,如果说墨西哥自由主义者战胜了保守主义的精英们,那么"民主"和"进步"这些诱人的字眼对全国广大农村群众来说意味着什么?这样的两难问题很少有轻松的答案。[7]

在接下来的一代人中,美国南方和墨西哥的一个新的,或者至少说是重塑的政治统治阶级掌握了权力,试图引导分裂的、饱受战争摧残的土地走向美好的社会和经济进步。事实上,学者们很少将两个历史时期进行并列的比较研究,即1877年至19世纪末的"新南方"时期和 1876 年至 1911 年的波菲里奥·迪亚斯统治时期，其实这两个时期的指导思想、历史进程和结果有很多共同之处。美墨两国在这两个时期都明显排斥农村中大多数人，与此同时商业化、大规模、以出口为导向的农业蓬勃发展，并发展到前所未有的主导地位。

墨西哥和美国南方在经历了几十年的动荡之后，走向稳定的第一步表现在对治理手段和统治规则的调整上，两国的政治过渡时期也表现得惊人的接近。1876 年，波菲里奥·迪亚斯将军推翻了对手塞巴斯蒂安·莱尔多·德·特哈达（Sebastián Lerdo de Tejada）的政权，成为墨西哥的领导人。迪亚斯出生于墨西哥南太平洋海岸附近的瓦哈卡州的一个米斯特克印第安人家庭，在 19 世纪 50 年代和 60 年代为支持民族主义自由派的贝尼托·华雷斯（Benito Juárez）效力，从而崭露头角。迪亚斯坚持认为他的前盟友背叛了他们早先为之奋斗的有效选举权和反对连任的自由主义思想，以此来为他对莱尔多的政变辩护。然而，迪亚斯一上任，就把激发其政变的口号丢到一边。在 1880 年向一个傀儡领导人交出总统职位后，迪亚斯于 1884 年再次当选，从此一直坐在总统的位置上，直到 1911 年被迫下野流亡国外。作为统治者，迪亚斯并不是一个僵化的意识形态主义者，他自由地融合采用各种政治哲学以寻求社会稳定和经济增长。正如迪亚斯反复强调的那样，他漫长的统治岁月（在墨西哥被称为"波菲里奥时期"），追求的是"秩序"和"进步"这两个目标。这是对他的政权还算中正的描述。因为秩序在彼时的确存在，但它是在步枪刺刀的威逼下产生的；同样，波菲里奥时期的"进步"是一个狭隘的、排他的概念，与精英们模仿美国和欧洲社会的渴望紧密相连。[8]

几乎就在迪亚斯使墨西哥国家稳定和平静下来的同一时刻，民主党在美国南方开启的恢复自治的运动达到了高潮。自 19 世纪 70 年代初以来，共和党在重建期间建立的政治控制基石一直在稳步削弱，这在很大程度上是由于白人群体采用深受诟病的私刑暴力造成的。1874 年民主党在众议院获得多数席位，这一政治力量对比变得惊人的明显。

但直到 1877 年，也就是迪亚斯政变后的几个月，民主党对南方的"救赎"才得以完成。在那时，美国联邦军队宣布将不再支持共和党领导的州政府，从而标志着过去十年重塑该地区社会、政治和经济结构的势力历史性地退却了。在整个迪克西地区，一个胜利的民主党精英大声宣称，一个"新南方"已经从旧的灰烬中诞生——一个没有区域性的仇恨，而是公开拥抱北方工业和资本的南方；一个并非如重建时期没有黑人政治参与和流动性的南方，而是更顺从和稳定的南方。最重要的是，新南方的领导层想象了一个多元化、商业化的南方经济，它因奴隶制的结束而得到解放，但却坚定地保留了构建战前社会的阶级和等级制度。[9]

上台后的迪亚斯和新南方民主党人都赞同相当类似的土地改革方案。他们都关注到土地被商业性种植园和主要以安全和生计为根基的自耕农群体分割得七零八落，都努力牺牲后者来扩大前者。在美国的棉花地带，新南方的领导层主要寻求保证种植园区有廉价的黑人劳动力，这一目标往往是通过法外暴力和恐吓手段来实现的。但他们同时也担心存在于棉花经济地带外围的大量白人自耕农群体，后者不顾战争带来的资源匮乏和债务缠身问题，紧紧攥住自己的小块土地。在种植园经济精英眼中，自耕农群体为被解放的奴隶提供了一个选择，但这一选择对他们希望实施的计划却是有害的。事实上，许多被解放的奴隶都曾试图模仿白人小农群体实现土地独立。[10]

在墨西哥，迪亚斯和他的盟友们面临着农村生活的万花筒式的多样性，因为墨西哥过去和现在都是一个区域性对比强烈的国家。北部干旱多山，人口稀少，原住民人数也少得多。中南部为温带，以墨西哥城为中心，具有悠久的本土农业生产和土地利用传统。沿海热带地区和尤卡坦半岛则与北部和中部都有差异。即使在迪亚斯最熟悉的中南部核心地区，1876 年的农村也存在巨大反差。庞大的经济作物庄园与印第安人和梅斯蒂索人（指欧洲人与美洲原住民的混血儿）的小村庄或自治的农村并存，那里的狩猎、捕鱼和公共土地上的农业耕种活动都是服务于当地而非国家需求。这种不为城市精英的梦想和欲望所动的岛屿型社群在中央高原十分普及，在墨西哥的几乎每个地区都可以找到。像美国的新南方民主党人一样，迪亚斯希望将这些农民推入资本主义和民族主义的现代化发展，认为他们的边缘经济会成为经济增长和政治集权的障碍。[11]

这两个政权都开始努力破坏非资本主义农业，完全禁止那些可以使农民在市场经济之外生存的行为。在美国南方和墨西哥，这相当于一场对普通民众的全面战争。内战一结束，获得自由的美国黑人挣扎着逃离种植园，南方的精英白人就开始担忧，获得公共土地可以给刚获得自由的奴隶们提供足够的土地、食物和燃料，会给他们找到在种植园工作之外的生存之道。为了保证精英依旧可以获得廉价和灵活的劳动力，19世纪60年代和70年代南方各州通过了围栏法，将以前的公共土地私有化，并限制未经授权的狩猎、捕鱼和采摘活动，这一做法取得了相当大的成功。对刚获得自由的奴隶们来说，这关闭了一条重要的独立之路。然而，受到这种圈地影响的不仅仅是黑人自由民。公共土地的私有化也对白人自耕农的经济自主权构成了根本威胁，公共土地对他们的生计至关重要。[12]

在墨西哥，对农村公共土地的争夺甚至更加引人注目。在西班牙征服墨西哥后的几个世纪里，大庄园主阶级和原住民村落通过谈判达成了一项心照不宣的协议，只要农民定期向庄园提供劳动力种植和收获经济作物，大庄园主就很少干预农民使用公共土地。在整个墨西哥农村，这种公共空间最常表现为印第安人村社（ejido，源自拉丁文exitus，或"exit"）——这是一个模糊的法律类别，包括森林、牧场或属于普罗大众的田地，并保留给他们共同使用。不过，从19世纪50年代开始，自由主义者在自由放任经济理论的启发下，向这些非正式的农业经济体发起了争夺运动。迪亚斯以更大的力度推进这些运动，认为只有私人土地所有权才能刺激墨西哥的农业增长。在他执政期间，一个土地测量员军团横穿墨西哥农村，将殖民时代法律上模糊不清的印第安人村社所有权签署给私人土地所有者。然而，土地私有化并不仅仅是国家干预的产物。在沿海的韦拉克鲁斯州，香草的出口经济在19世纪末蓬勃发展，富裕的原住民种植者带头将村里的土地分割出来供个人使用。总而言之，在迪亚斯执政的30年间，超过1.27亿英亩公有土地、闲置土地或无人居住的土地，占墨西哥可耕地的一半以上，落入私人手中。[13]

美国南方和墨西哥的精英们希望将新近私有化的土地开辟为集约用地，因此向外部资本求购。在南方地区，内战结束后，富有进取心的北方商人已经大量涌入，新南方民主党人敞开欢迎这些新来者。在新的政治精英的注视下，纽约、波士顿和伦敦的金融家们大量投资于解放后的南方经济。来自美国和欧洲的银行家、商人和投资者将数不清的资金注入新的种植园、棉花厂、林木采伐业以及矿区。外部资本的涌入推动了快速工业化和经济扩张的爆发，使新南方渴求外资的推动者们感到十分兴奋。但是，与世界上其他资源开发型飞地经济一样，随着棉花、布匹、煤炭和木材从该地区流走，留下的财富很少。正如一位历史学家得出的令人难忘的结论，新南方民主党人统治下的迪克西地区提供了"少数人的朱利安酒，让大多数人患上糙皮病"。[14]

外部资本对波菲里奥时期墨西哥的渗透更加全面和明显，主要是美国和英国投资者为新种植园、磨坊、油井、铁路和矿场的建设买单。迪亚斯和他的官员们与这些外国经济利益集团紧密合作，经常试图让英国人、法国人和美国人相互竞争，为墨西哥获取最大好处。但是，尽管努力平衡外来资本和本地投资，到20世纪初，墨西哥的大部分自然资源都落入外国人之手。外国资本之间拥有的农业地产的规模和大小迥异。最大规模的如美国新闻业巨头威廉·伦道夫·赫斯特（William Randolph Hearst），在奇瓦瓦州北部拥有120万英亩的巴比克拉庄园。更有代表性的是来自得克萨斯的寡妇罗莎莉·埃文斯（Rosalie Evans），她在墨西哥中部普埃布拉-特拉斯卡拉山谷拥有相对较小的圣佩德罗·科克斯托坎庄园,包括一个由当地临时工组成的小麦种植园。正如美国南方的情况一样,这些资源开发型组织所创造的财富绝大部分都流向了墨西哥境外,而那些用汗水和鲜血创造财富的人却很少分享成果。那个年代流行一句话:"墨西哥是外国人的母亲和墨西哥人的后妈。"[15]

波菲里奥主义者和新南方的精英们一起崇拜"进步",没有什么技术比铁路更能象征进步的信念了。在美国和墨西哥,铁轨的联结能力将农业社区强行推入资本主义世界体系,将当地的收成与资本市场和遥远的消费者们联系在一起。以前生活在种植园经济外围的男男女女了解到,火车头的尖锐哨声往往带来土地价格的飙升、新的商业压力和互助的社会关系的消亡。美国南部的铁路网在内战中被摧毁,但在随后的几年里迅速发展,到 1890 年,十个南方人中有九个住在有铁轨交错的县里。墨西哥的铁路扩张同样具有爆炸性,在波菲里奥时期铺设了两万多千米的铁路。虽然铁路运输和旅行的出现对小规模的农民来说并不完全是不利的——特别是在美国南部,铁路提供了更大的流动性,同时也为白人和黑人的互动提供了一个新的流动舞台——但铁路的管理和运营却向庄园主精英们严重倾斜。歧视性的费率政策和排他性的政治网络经常确保铁路成为银行和种植园的助手,而不是普通农民的助手。[16]

一旦私有化、商业化和全球化的革命将美国和墨西哥的白人自耕农和农民抛弃,债务和贷款的束缚就将他们困在种植园的经济网络中。在美国南方,战时的破坏和战后现金与资本的稀缺,迫使无数的白人自耕农卖掉他们曾引以为傲的土地财产而沦为佃户。黑人自由民,除了拥有自由,所有其他生存手段都被强行夺走,只能步上白人自耕农群体的后尘,成为不断扩大的种植园经济中的承租农民。这两类人群都要种植棉花,这是一种被解放奴隶所鄙视的作物,因为它与奴隶制有关,而且对许多白人自耕农来说也是不熟悉的作物,因为他们所生产的农产品在前内战时代就已经非常多样化了。即便如此,新兴的土地租用制度本身并不具有剥削性；事实上，对黑人自由民来说，它是一种比雇佣劳动更受欢迎的选择。但是，由于债务人和债权人之间的关系不平衡，它将变得越来越具有剥削性。土地承租人——尤其是佃农，即除了劳动什么都无法提供的最底层承租人——不得不依赖提供食物、衣服、农具和用品的供应商。这些农民往往是文盲，没有接受过会计或合同法的教育，因此很容易被骗，他们常常在收成季结束时才发现白纸黑字的规定已经写明，无法更改。过高的利率只会使事情变得更糟。债务延续到下一年，使承租农民处于半奴役状态。[17]

类似的模式在波菲里奥时期的墨西哥也逐渐出现，租地农民和常驻劳工被迫通过庄园的自营小卖部（tienda de raya）来解决自己的衣食需求。特别是在以生产经济作物为主的墨西哥中南部地区，如莫雷洛斯州的甘蔗种植园、瓦哈卡州国有庄园的烟草种植田或尤卡坦半岛的海纳克地区，劳役债务手段被证明是榨取农民劳动力和限制其流动性的有力工具。与美国一样，墨西哥的农民也基本是文盲，这使得庄园管理者们可以在合同和数字上玩花招耍诈。虽然墨西哥南部的劳役债务的严格性远超美国南部，在美国南部，在收成季结束时农民转投其他地主的做法很普遍，但墨西哥庄园自营小卖部和美国南方农民供应商之间的相似之处仍令人震惊。[18]

在新南方和墨西哥波菲里奥时期，加速农村地区的被剥夺感和大庄园主义崛起的最后一个因素是渗透在两个社会中的令人反感的种族等级制度。两者都是建立在肤色等级制度上，使美国南部的非裔美国人和墨西哥的原住民在工作、公民身份和土地使用权方面处于最低的地位。乍一看，两者有明显的差异。美国在性和公共空间领域严格限制黑人的行为；而在墨西哥，通婚长期被容忍，一种"白化"理论告诉印第安人，采用精英文化习俗和与西班牙血统混合是社会进步的关键。同样，两个地方的政治可能性领域也是截然不同的。在美国的棉花地带，重建时期的政治实验使黑人成为正式公民，尽管因为白人群体的抵制，黑人群体的选举权和公民权范围在 1877 年后大幅缩减了。

墨西哥在多种族民主有效治理方面的经验不足，但军队服务使得本土印第安人的社会地位得到了惊人的提高：迪亚斯和胡亚雷斯总统都有很浓重的印第安人血统，这在19世纪的美国政治精英群体中是不可想象的。然而，尽管有这些对比，每个社会的种族意识形态在迅速变化的农村中都发挥了类似的作用。精英们把南方黑人和墨西哥印第安人贬低为懒惰、散漫、没有自治能力、不关心物质进步、只能被胁迫着进行生产的劳动者。在这两个地方，种族言论起到了化解被剥夺者之间联盟的作用，使以前的白人自耕农群体与黑人自由民相疏远，使混血的佃农与印第安农民相疏远。[19]

因此，在1876年之后的墨西哥和1877年之后的美国南方，一种强大的农业发展转型的混合物——公共土地的关闭、铁路和外部资本的渗透使得农业商业化，以及普通农民的债务加深——从根本上改变了两国的土地和生活。那个共同的时代见证了经济作物种植园的迅速扩张，这些种植园利用本国的肥沃土地和社会资源，服务于遥远的海外市场，并将其收益输送给持有土地的少数人。这些精英们热衷于吹嘘国家和民族的快速进步以及持久稳定。正如新南方最著名的拥护者，亚特兰大记者亨利·格雷迪（Henry Grady）在1886年自信地宣称，重生的新南方"因不断增长的权力和繁荣而激动不已"，"更宏伟的一天的光芒……落在她的脸上"。[20]

然而，这样阳光灿烂的声明并不能驱散各地的不平等和资源匮乏的漫长阴影。无论是在密西西比州还是米却肯州，田纳西州还是塔巴斯科州，农民都没有从亚特兰大市或墨西哥城的推动者所预示的经济奇迹中看到什么具体的好处。1908年访问墨西哥南部的美国新闻记者约翰·肯尼思·特纳（John Kenneth Turner）在看到尤卡坦欠债农民的"可悲的苦难"时很快就认识到了这一点，他们经常被"殴打""吃不饱"和"几乎劳作致死"。他并没有夸大其词。1910年，农业劳动者的实际工资只有一个世纪前的四分之一，全国的人均预期寿命只有可怜的30岁。[21] 虽然美国棉花地带的绝望程度没有那么极端，但在世纪之交,"南方农民"的痛苦是无法否认的,正如一位观察家在 1893 年所提到的农村穷人,以及他们的"仅存在于庄稼地里的权利"。[22] "每年都跌落得更深,每年欠债负担都更重",另一位观察家在 1894 年写到美国南方农场债务时称,而最终都是"深深的皱纹""苍白的脸"和"赤贫状态"。[23]

在 19 世纪 90 年代的美国南方和 20 世纪的墨西哥,白人自耕农、黑人自由民、小农和农民依旧是被剥削的贫困群体,形成了社会不满情绪潜在的火药桶。特别是对于那些能够回忆起早期相对独立和稳定日子的农村穷人来说,种植园里一落千丈的待遇尤其令人痛心。点燃这个火药桶的火星很快就出现了,美国和墨西哥的边缘农村人口将发动大规模的起义,推翻使他们陷入债务危机和贫困现状的体制。

起义

乍一看,托马斯·沃森(Thomas Watson,图 1.1)和埃米利亚诺·萨帕塔(Emiliano Zapata)似乎居住在遥不可及的陌生世界里。前者是来自佐治亚州农村的白人律师,生于 1856 年;后者是来自墨西哥中部的混血儿驯马师和小地主,比沃森小 23 岁。一个人的政治话术和文化环境对另一个人来说无疑是陌生的。然而,不可预料的是,在世纪之交那令人振奋的几十年里,这两人都支持农民群体的大胆起义,反对奴役他们并使他们陷入贫困的顽固势力。虽然沃森和萨帕塔本人的经济条件一般,但他们都看到了他们周遭的卑微民众在过去几年里不断失去土地、独立和尊严。两人将这种苦难带入他们的政治斗争中,要求为土地耕作者伸张正义。1911 年,萨帕塔承诺为"绝大多数墨西哥民众,那些只拥有他们行走在上的土地的人们"而斗争;沃森在 1888 年代表"无权无势的受奴役者"扛起了"起义的大旗"。[24]

不可否认,沃森和萨帕塔分别领导的基层社会运动——19 世纪80 年代至 90 年代美国南方的农业民粹主义运动和 20 世纪第二个十年

图 1.1　托马斯·沃森，美国佐治亚州的农业民粹党人

图片来源： Watson-Brown Foundation.

墨西哥的农业革命——在多方面存在显著差异。前者在很大程度上是非暴力的，往往是改革派而非激进派，在 1896 年的选举高潮中黯然离场。后者被迫用子弹而不是选票来追求革命，并爆发了长达十年的内战，夺去了多达一百万条生命，从根本上改变了墨西哥的历史进程。尽管有这些明显的对比，但惊人的共同点却隐藏其下。从本质上讲，两场运动都试图解决全球资本主义控制下农村的不平等问题，两场运动的特点都是政治愿景的复杂性，最终都是分歧多于团结。尽管两场运动中最激进的领导人都在选举中或战场上被击败，但他们对改造农村的愿景将指导后来的改革者。

学术界关于美国和墨西哥农业动乱的起源、过程和后果的研究，长期以来一直被以国家为分析对象的二分法所隔绝。但奇怪的是，每个国家的历史轨迹都紧密地反映了另一个国家的情况。第一代研究美国民粹主义和墨西哥革命的学者，将这些运动理解为单一的而非多样的：有"一个"墨西哥革命或"一个"民粹主义运动需要单独分析和描述。这些早期的历史学家同情每场运动中最激进和最有远见的主角，认为两者都是朝着民主化和经济正义的理想主义和进步方向行动。[25]在他们之后，不那么乐观的一代修正主义者声称，每场起义最终都是保守的，只不过是美国的一次反现代的反弹，或墨西哥的资本主义领导层的一次小小的、无关紧要的改头换面。然而，这些学者并没有质疑起义的单一性和整体性。[26]后修正主义的一代人面临着双重的艰巨任务：既要恢复每一次起义的激进和解放的愿景，又要努力消化大量涌现的州级和地区性研究，这些研究威胁着早期历史学家得出的广泛的全国性结论。最终，研究墨西哥革命的学者比较成功地同时完成了这两项任务。[27]

在美国和墨西哥农民起义之前，早期的异议声音就已经开始打消波菲里奥和新南方对农村稳定和繁荣的幻想。在墨西哥，安德烈斯·莫利纳·恩里克斯（Andrés Molina Enríquez）1909年出版的《伟大的国家问题》（*Los grandes problemas nacionales*）一书最能概括波菲里奥统治后期的农业不满情绪。19世纪90年代，莫利纳在墨西哥中部州担任乡村律师，他目睹了种植小麦和龙舌兰的庄园吞噬了该地区最富饶的土地，见证了无处不在的公共土地转让给私人所有者。虽然他对原住民部落的动态有一种浪漫和相当简单的理解，但莫利纳越来越相信，当地对村庄公共土地和庄园的分配处置是一种完全的不公平，庄园的兴起还削弱了农村的生产能力。他在1909年的著作中广泛阐述了农场对小农户的背叛，以及对土地重新分配的迫切需要。莫利纳热情洋溢地指出，墨西哥不均衡的土地使用权是殖民时代和后殖民时代的显著特征，也是国家实现社会公正和稳定的主要障碍。[28]

在美国，对新南方种植园精英的早期抵抗首先出现在棉花地带的周边地区。在得克萨斯州东北部，白人自耕农开始组织合作机构，如1878年成立的农民联盟，以促进对供应商和作物留置自主权的制度建设。然而，由于其联盟成员并没有深陷种植园经济网络，早期的农民联盟在很大程度上是温和的，是改革派。其成员最希望的是能更自由地获得贷款，与铁路公司的谈判更透明，以及农民之间能够有更多的合作，以避免在收获季节出现谷贱伤农的现象。但是，随着联盟在 19 世纪 80 年代末向东推进到棉花地带，它最初提出的温和要求面临着一个与其形成之地大相径庭的社会环境。在土地所有和财产配置比得克萨斯中部更为集中的地区，对耕种者、银行家、铁路公司和商人的言论攻击具有潜在的爆炸性。在更为保守的南方腹地，联盟运动更明确地采用了阶级斗争的词语；佐治亚州的一个分会试图召集"美国的农民"。像佐治亚州的沃森这样来自棉花地带的煽动者，用狂热的词语来改造联盟的主张，所带来的紧迫感来自他所理解的同种植园经济的深刻分歧。沃森直言不讳地谴责南方经济的掌权者和剥夺前自耕农土地的外部势力；他声称农民的起义"不是造反"，"这是一场革命"。[29]

在迪克西的中心地带，一些联盟成员谨慎地将基于阶级的合作承诺扩展到非裔美国人。沃森在 1892 年宣称，"现在压迫南方黑人和白人两个种族的沉重负担"，迫使人们必须认识到，"在废除坏法律和制定好法律的工作中，每个人都应该帮助对方"。在后内战时代南方种族分化的历史中，这种说法标志着一个分水岭。然而，这也是例外之言，而且往往受到白人阶层的强烈抵制。与沃森的试探性接触形成鲜明对比的是，其他白人联盟成员强加了一个生硬的种族界限条款，要求将新加入的黑人成员归入一个单独的有色人种农民联盟（Colored Farmers' Alliance），这一做法阻碍了真正的种族之间的合作。同样，尽管阶级对立的言辞很激烈，但被吸引到南方农民联盟的人通常不是最边缘的农民，而是那些拥有一些土地或尚记得种植园以外的独立生活的人群。那些完全被种植园经济体所吞噬的农民——尤其是黑人自由民和最贫穷的白人农民——他们所处的状态太不稳定，无法完全发挥被组织化的潜力。尽管有内部矛盾，但联盟的势头还是很猛烈。到 1890 年，农民联盟在整个南部棉花地区拥有超过 80 万名成员。[30]

在墨西哥，最初的温和抗议也引发了更多激进的不满情绪。1910

年，当 80 岁的迪亚斯宣布他计划再次寻求连任时，一大批被莫利纳等批评家煽动起来的改革者将此当作一个机会。弗朗西斯科·马德罗（Francisco Madero），一个来自北部科阿韦拉州的年轻而富有理想主义的地主，作为迪亚斯的主要竞争对手而被人们熟知。迪亚斯在选举期间短暂地监禁了马德罗并宣布自己是胜利者。11 月，马德罗和他的盟友们策划领导了一场反对独裁者的叛乱。凭借政治民主化和政治开放的承诺，马德罗在墨西哥中产阶级中凝聚了足够的支持，短短几个月内就推翻了迪亚斯的政权，迫使其流亡。在独裁者离开时，马德罗的支持者们欣喜若狂；他们似乎在一夜之间煽动了一场革命，却没有发生什么流血事件。[31]

然而，随着马德罗关于自由民主的言论渗透到在波菲里奥时期受苦最深的农民身上，它点燃了一场完全不同的起义。最明显的例子是在中南部的莫雷洛斯州，马德罗的夺权为成千上万被剥夺权利和财产的农村居民提供了解决当地土地问题的动力。领导莫雷洛斯起义的是萨帕塔，他代表着被剥夺权利的农民。他出身于中下层社会，是一名驯马师和商人，而不是临时工或雇农。与最边缘化和依赖性最强的农村贫民不同，萨帕塔受过一些教育，并在种植园经济体中有一定的相对自主性。莫雷洛斯的产糖地区应该是最容易产生农村起义的地方了。而如在尤卡坦的龙舌兰种植园，庄园主拥有最绝对的权力，劳动者则有着最低下的地位，农业起义的表现要慢得多，因为那里的佃农是南方最贫穷的。但在莫雷洛斯，农村居民最近失去了土地和独立，或者感受到了种植园精英的威胁，他们认为公开抵抗的潜在收益超过风险。[32]

萨帕塔希望马德罗支持莫雷洛斯州农民对土地的要求，于是在 1911 年起义中支持北方民众反对迪亚斯的呼声。但是，马德罗担任总统后无视土地所有权和土地改革问题，于是萨帕塔拒绝遣散他的部队。当一切水落石出，马德罗的革命仅是为了城市中产阶级，而不是为了受骗的农民时，萨帕塔打破了他与马德罗的联盟，并发誓他的起义将继续下去，直到政府解决农民对土地的要求。不久之后，许多对马德罗的妥协和温和做法同样不满的人和其他社会派别也加入了萨帕塔的起义行列中，比如来自边境奇瓦瓦州的北方人帕斯卡尔·奥罗斯科（Pascual Orozco）。随着起义的思潮从莫雷洛斯州向外蔓延扩散，马德罗的叛乱并不是墨西哥革命的终结，这一点变得非常明显。相反，在接下来的几年里，随着众多地区领导人为填补迪亚斯留下的权力真空而相互争斗，农村地区形势恶化，进入一场恶性内战。[33]

萨帕塔对土地所有权的坚定强调，在1911年11月的《阿亚拉计划》中被永久地写入文本中，该计划是萨帕塔在莫雷洛斯州同名村庄与农民盟友们合作书写的。该计划提供了墨西哥农业主义（agrarismo）的奠基文件，从字面意义上来说是"农业主义"，但更准确的含义其实是土地再分配运动，它将决定墨西哥未来几十年的政治发展方向。该计划要求地主们立即归还在波菲里奥时期从农村社会非法骗取的任何土地，还要求"不惜一切代价用手中的武器维护"这些土地，这些做法驳斥了迪亚斯、马德罗和"地主……以及奴役农民的老板们"的选择。此外，萨帕塔要求征用"有权势的土地所有主"所拥有的三分之一的土地，以便使"墨西哥公民可以获得印第安人村社、生活领地（colonies）和国家基金会"。该计划同时是激进的和保守的。一方面，它呼吁立即进行土地再分配，威胁了私有财产法，而美国民粹党人则小心翼翼地绕过了这一点。然而，《阿亚拉计划》并没有要求立即解散大庄园，而是寻求在大规模和小规模的土地所有权之间重建平衡。萨帕塔和他的盟友们把前波菲里奥时期形成的印第安人村社视为未来农村稳定的关键之处，这背叛了他们的保守主义观点——在他们看来，真正具有革命性意义的不是他们，而是铁路和种植园。[34]

如果说《阿亚拉计划》是墨西哥种植园时期农村起义的缩影，那么在美国南方，1890年起义农民也提出了类似的奠基文件。南方农民联盟和有色人种农民联盟于12月在佛罗里达州的奥卡拉召开会议，形成了《奥卡拉诉求》，清楚地反映了该联盟自早期形成于得克萨斯州以来的激进化。它的撰写者们要求废除国家银行，因为国家银行往往是农作物留置权制度的实施者，该制度使农民陷入困境，并将他们的地位降为佃农和雇工。《奥卡拉诉求》的第四条写道"通过法律，禁止外国人拥有土地"，说明该联盟对种植园经济体的批判在于土地分配不均；铁路公司和外资公司拥有的土地"如果超过它们实际使用和需要的部分，则由政府收回，只留给实际需要的定居者"，但最终如何执行这一要求却没有写出来。全面的考虑下，《奥卡拉诉求》和《阿亚拉计划》有很深的共同点，但前者对侵犯私人财产的行为明显保持沉默，因此要保守得多。[35]

虽然《阿亚拉计划》和《奥卡拉诉求》的撰写者希望它们标志着一个开始而不是一个结束，但这两份文件都代表了激进主义的高峰，随后出现的是历史退潮。在 1911 年和 1890 年之后几年的墨西哥和美国南方，那些寻求立即撼动农村政治经济结构的人，只收获了一连串政治上和军事上的失败、幻灭和被收编。由于无法克服地主阶级的顽强抵抗，也无法弥合自身队伍中的内部分歧，美国和墨西哥的农村起义者，基本在有生之年没能看到他们的核心诉求得到实现。

在美国棉花地带，农村起义者不仅面临着高度组织化的资本的坚决反对，而且还面临着正式参与政治后的两难情况。在联盟运动的早期，其领导层选择避开共和党和民主党的政治二元对立，《奥卡拉诉求》就反映了这一点。但是，随着成员数量的迅速增加，充满希望的组织者开始想象在全国范围内进行全面的政治改革，正式参与政治的诱惑变得无法忽视。党派的两难处境引发了激烈的内部辩论，分裂了联盟，并使得联盟走向了垮台。1892 年，当第三个政党——民粹党（又译平民党），也称人民党出现时，农民联盟的成员已经在持续流失了。民粹党人在强调他们想要的国家纲领的内容上存在分歧，但少数大胆的人成功地将无限制地铸造发行银币变为该党的主要纲领，这一决策就意味着扩大货币供应量和放松信贷，并最终增加了农民获得财富的机会。当党的领导人在国家舞台上开始将这一要求放在首位，该党就失去了许多早期的支持者。与此同时，民主党也采纳了民粹党的几个比较温和的决议，进一步分裂了联盟。[36]

同样，美国南方农民普遍信奉根深蒂固的个人主义，拥护自力更生的文化，这使得萨帕塔在墨西哥倡导的那种合作性的、基于阶级的联盟无法推行。在美国大部分地区的农业精神中，私有财产是神圣不可侵犯的，即使分歧最激烈的地区也不会挑战这一观点。同样，最边缘化的农民基本上没有参与南方的土地革命运动，这也限制了他们对种植园经济中社会和经济联结的攻击。但是，对于在奥卡拉和其他地方提出的政治议题来说，最大绊脚石是白人的种族主义和对非裔美国自由民的排斥。尽管像沃森这样的领导人曾发表了超越种族的试探性言论，但大多数参加农民联盟和民粹党的南方白人都不信任黑人邻居，将他们视为经济和政治威胁。因此，当南方民主党人采用种族诱导战术来分化农业起义者时，种族区隔使得他们很容易被分化。[37]

萨帕塔和他的农业主义者盟友在墨西哥面临的障碍甚至更大。在起义的动荡中，地主们经常组织雇佣军来抵抗起义农民对他们土地的占据，包括韦拉克鲁斯的一个团体，在世界主义兴盛的可怕时刻自称"3K党"。[38]萨帕塔主义者对土地再分配的坚定诉求也使他们与新生的领导人之间产生了间隙，这些领导人曾在1914—1916年政治内战中取得军事胜利，并试图借助社会动荡建立一个新的革命型国家。这些领导人，特别是科阿韦拉州的韦努斯蒂亚诺·卡兰萨（Venustiano Carranza）和索诺拉州的阿尔瓦罗·奥布雷贡（Álvaro Obregón），都是来自墨西哥北部的大地主，不愿意进行全面的农业结构调整。虽然他们比马德罗更致力于社会改革，但他们的主要目标是建立一个现代的、城市化的和世俗的国家，而不是去安抚农民。在他们眼中，萨帕塔和北方叛军弗朗西斯科·维拉（Francisco Villa，绰号 Pancho Villa）对墨西哥的政治和经济稳定构成了最严重的威胁。因此，在1915年后的几年，新生的革命领导人竭力将这两个对手边缘化。萨帕塔继续在莫雷洛斯州的山区进行抵抗，但在1919年4月，卡兰萨的部队诱使他参加谈判，并借机将他射杀。维拉则先是被收买要求其退出政治舞台，然后在 1923 年被总统下令暗杀。[39]

然而，尽管遭到了军事上的失败和背叛，萨帕塔对跨时代农村的设想在墨西哥的农村群众中引起了强烈的共鸣，"土地和自由"的口号在莫雷洛斯州以外的地区得到了广泛的呼应。即使新的革命领导层坚持不懈地试图压制农业主义者提出的要求，也无济于事。1916 年末，当卡兰萨和他的盟友在墨西哥中部的克雷塔罗州召开会议撰写革命宪法时，他对实施全面的社会改革兴趣不大，随意地将萨帕塔和维拉的支持者排除在起草过程之外。但卡兰萨的盟友担心，如果忽视农村那些被剥夺权利的人们的渴求，墨西哥的和平与稳定就难以实现。在克雷塔罗州的几周里，制宪代表们基本上忽视了卡兰萨的改革主义、自由主义建议，起草了一份引人注目的激进文件。1917 年初出现的墨西哥国家建设蓝图，是一个在社会和经济正义问题上比西半球任何其他国家——当然也包括美国——都更加激进的蓝图。在各种条款中，1917 年宪法赋予了劳工群体组织集会和集体谈判的权利；原住民被认为是国家过去和现在的主要贡献者；天主教会作为教育者和地主的角色受到严格限制；国家被赋予通过监管和限制垄断来确保经济平衡的职责。[40]

不过，对农业主义者来说，有一个条款让所有其他条款都黯然失色：第 27 条，涉及土地使用权的问题。第 27 条在很大程度上是由波菲里奥时期的批评家莫利纳起草的，他是最早提出批评土地剥夺现象存在的人，这一条款既是对墨西哥农民不满情绪的回应，也是对症下药治愈农民愤懑的药方。宪法的起草者们设想了一个浪漫的前波菲里奥时期农村的景象，即人民都满足地在公共土地上生活，他们认为 19 世纪末对私有产权的滥用已经打破了农村社会的和平生活。作为一项修正条款，第 27 条规定，国家，而不是个人，是墨西哥的所有土地、水源和地下资源的最终所有者，而且政府有权在符合公共利益的情况下予以征用。作为未来土地改革实践的蓝图，1917 年宪法的起草者恢复了"印第安人村社"的设立,这是一个自殖民时期以来由农村管理的公共土地类别。但是,如果说革命前的印第安人村社的定义是极其模糊的,更多的是指进行放牧、狩猎和采摘活动的土地,而不是指耕地,那么,莫利纳和他的盟友们则试图在新的时代重新定义这一早期概念。新的印第安人村社将会是由国家授予土地,不可任意剥夺的,农民可以在土地上合作或单独耕种。它并不是私有财产,使用人不能抵押或出售土地。它主要是农业用地,在其上的居住者被称为印第安人村社者(ejidatarios),他们将接受来自国家的指导和信贷。在革命领导人群体中,关于"印第安人村社"是治理手段还是治理目的的问题,引起了很大的争论。对莫利纳来说,它只是实现小规模的个人私有制的暂时过渡手段,与美国的白人自耕农的理想需求没有区别。然而,另一些人则借鉴墨西哥中部的原住民公社主义文化,将印第安人村社视为一个永久性机构,作为合作耕作的基础。[41]

1917年墨西哥宪法对印第安人村社的援引故意含糊其词,这在很大程度上是因为许多宪法起草人从未指望它能真的代表什么实质的东西,而仅仅需要一个纸上谈兵的东西。卡兰萨也许是首要的对土地改革持怀疑态度的人,他认为第27条是一个他不想要,但为了追求社会稳定又必须要的承诺。他希望,印第安人村社改革的承诺可以安抚那些危险躁动的农民群体。在20世纪20年代相继担任总统的阿尔瓦罗·奥布雷贡和普鲁塔科·埃利亚斯·卡列斯(Plutarco Elías Calles)并没有明显地偏离这一基本结论。因此,在十年半的时间里,新生的革命国家墨西哥对第27条口惠而实不至,并没有为实现其目标而做好任何准备。在宪法批准之后,政府征用土地和赠予印第安人村社土地的情况很少,仅仅在压制更广泛的抗议时,作为政治作秀而出现。但是,纸面上的文字可以比预期的更有分量,特别是被写入宪法中的文字。在1929年大萧条之后,被遗忘的1917年的承诺将困扰着早先将其扫入地毯之下视而不见的领导们。因此,即使在军事上失败了,墨西哥的农业起义运动也迫使领导层将其议题纳入革命后政权的最重要政治文件中。

在美国，民粹党人起义的政治失败也播下了种子，这些种子后来意外地结出了果实。在全国范围内，农村起义向公众灌输了一种信念，即政府有确保小农的稳定和独立的基本义务，这改变了政治可能性的界限。在接下来的一代人中，民粹党中的改革派要求，联邦需对不受约束的资本主义进行监督，以及对银行和铁路进行监管，这些要求都将被纳入法律中。但在棉花地带的腹地，那里的土地剥夺现象最猖獗，不平等现象最严重，农民联盟和民粹党的提议严重威胁和挑战着阶级等级的基础，19世纪90年代的失败表明未来的变革前景并不太乐观。事实上，在民粹党的垂死挣扎后不久，新南方民主党人就迅速采取措施调整政治制度，收紧政治风口，以防止未来会出现自下而上的运动。19世纪90年代末和20世纪初在整个南方实行的人头税和识字测试，结束了早期政治中的不稳定性和不可预测性。在19世纪的最后几年，吉姆·克罗（Jim Crow）提出的隔离制度正式确立黑人和白人的物理和法律区隔要求，以永久防止类似民粹主义时期跨越种族的联盟的出现，这也化解了精英们的担心。由于被禁止参与政治和被种族偏见所分裂，美国南方贫困农村的农民们陷入更深重的贫困状态，表现出更脆弱的独立性。土地租赁率在新世纪不断攀升，从1890年的38.5%跃升至1910年的49.6%，而棉花价格的下跌更是加剧了农民的痛苦。[42]

当墨西哥和美国南方的农业起义的火焰被扑灭时，大庄园体系继续统治着农村。对许多观察家来说，似乎这两场起义都没有改变现状。无地可用和剥夺农民权益的幽灵一直在这片土地上徘徊，原有的状况几乎没有得到缓解。然而，墨西哥乡村农民，接着是美国南方农民通过动员抗争，从吝啬的精英那里获得了他们的妥协承诺，这也永久改变了下一代的农村政治的表现和要素。农民起义的后果在美国和墨西哥农村之间产生了趋同和分歧，为它们在富兰克林·罗斯福和拉萨罗·卡德纳斯时期的农村改革复兴中的最终相遇提供了条件。

余波

对于成千上万在墨西哥和美国南部曾加入农业起义队伍的人来说,失败的感受让他们痛不欲生。萨帕塔所遭受的背叛和谋杀,被写进歌曲和诗歌中予以纪念,激发了农业主义者的奋进,并使许多人相信新生的革命国家违背了大家的意愿。同样,1896年民粹党-民主党联盟的总统候选人的惨败也动摇了美国农业运动的基础,使许多参与者相信直接采取政治行动是愚蠢的做法。但是,即使无法控制的起义之火被扑灭,农村广泛存在的不满情绪余烬还会继续猛烈地燃烧,必须采取直接行动才能避免它们再次爆发。因此,在每次起义结束后的几十年里,政治主流群体往往会试探性地采纳起义群体的一部分言论,试图解决早先引起社会动荡的最严重的不公平现象。这些解决方案中有许多是针对农村动乱的症状,而并没有解决根本问题,治标不治本。然而,在将关于农业贫困和不平等的辩论带入新时代的过程中——即使是在一个重新塑造的、非政治化的幌子下——那些平息了世纪末起义的人们无意中促进了它们在大萧条的动荡十年里的复兴。

1920年,在墨西哥革命最后一次成功的政变中,既策划了刺杀萨帕塔又平定了墨西哥政治流血事件的卡兰萨总统,被他的对手推翻并杀害。在他死后,新生的革命国家的领导权落入了索诺拉人手中,这一时期也经常被历史学家称之为"索诺拉王朝"。在1920年至1934年的十五年间,来自西北部索诺拉州的政治家占据了其中十一年的总统任期。特别是其中两位领导人成为国家政治的主宰:奥布雷贡(1920—1924年)和卡列斯(1924—1928年)。虽然两人在出身背景和政治风格上有所不同,但他们对墨西哥的未来发展有着相似的看法。1929年,索诺拉人正式成立并巩固了国民革命党(Partido Nacional Revolucionario),该党之后以不同的名称继续执政70多年。奥布雷贡和卡列斯无疑比马德罗更激进,他们率先扩大了农村学校规模,向乡村居民灌输民族主义的现代性思想,这对天主教会和民众的宗教信仰造成了激烈的冲击，并且他们支持那些倡导墨西哥原住民历史的文化产业。[43]

然而，在土地问题上，奥布雷贡和卡列斯并不是热切的农业主义者。他们更熟悉和适应墨西哥西北部干旱地区的充满个人主义和商业化的农业文化，而对墨西哥中部的原住民社区主义和合作传统持谨慎态度。两人都对任何形式的印第安人村社可能有助于建设更繁荣的墨西哥农村的观点深表怀疑。他们认为，农村的问题不会通过分割庄园土地以创造自给自足的土地得到解决，而是需要通过熟练的农学家和高效的生产者合作来实现增产，需要通过降低食品价格和增加对外出口来促进经济增长。然而，由于全国农业主义者仍跃跃欲试地酝酿起义，两位总统不能坦然地忽视他们对于农业变革的要求。例如，卡列斯选择在莫雷洛斯州的夸特拉正式开始他1924年的总统竞选活动，而5年前萨帕塔正是在那里被卡兰萨的军队杀害的。但是，向农业主义者烈士致敬是一回事，积极征用高产的种植园土地则是另一回事。尽管卡列斯加快了奥布雷贡再分配运动的缓慢步伐，将近800万英亩土地分给了农村，并成立了联邦机构为小农提供贷款和灌溉辅助，但这些土地大多数是条件较差的。可以预见的是，索诺兰王朝的土地改革象征意义大于实际意义，是为了维护社会平稳，而不是重塑农村的政治经济格局。[44]

随着20世纪20年代墨西哥政治气候趋于缓和，农业主义的公众形象也同样发生了变化。在少数几个州，曾参与最血腥革命的热切的农民激进分子继续领导着土地再分配的运动。但更多的时候，受过教育的专业人士——学校教师、工程师、测量师，特别是农学家，取代了这些革命者。事实上，在度过了革命的暴力阶段后，农学和水利工程领域进入快速发展期，吸引了希望将追求农村社会正义与职业相结合的理想主义中产阶级青年。墨西哥市国立农业学校和墨西哥国立自治大学的毕业生们经常任职于负责管理土地改革的新生官僚机构，如国家农业委员会（Comisión Nacional Agraria，成立于1917年）。他们带着测量师的三角架和农学家的教科书，这些新的农业改革者通常是执行国家宪法规定的农村再分配政策的先锋队。但是，即使他们许多人都坚定不移地致力于农业项目工作，很少有人本身就是农民，并且其中许多人对各自所负责管理提升的乡村居民抱有浪漫主义的、往往是居高临下的态度。[45]

在美国，起义群体提出的农业议题被接纳这一点更为明显。1896年后，美国关于农村生活和农业辩论中的措辞、语气和领导群体都发生了巨大的变化。在民粹党失败后，公众对农村困境和不满情绪的关注并未消失。事实上，20世纪初美国社会对农村"危机"的评论无处不在。但是，如果说19世纪80年代和90年代的农业起义者将危机归结为土地剥夺、债务劳役和垄断势力，那么，20世纪思考农村生活困境的改革者则得出了明显不同的结论。这些最新加入农业辩论的人，大多是城市居民、中产阶级，并被实证主义社会改革的进步愿景所吸引。最具影响力的莫过于20世纪前二十年的所谓农村生活运动的讨论。与民粹党人一样，农村生活者对城市消费者和农村生产者之间的不平等关系感到忧虑，但他们并非是为解决农村的土地剥夺情况而绞尽脑汁。相反，他们担心农村不能成功地跟上城市现代化的步伐，农民拖累了国家的发展和进步。这些知识分子担心，如果农村生活不能提供赢利机会，那么农村人就会逃往城市的贫民窟，加剧城市社会问题。这些改革者希望重塑农村生活，使其更具吸引力，尽管他们在这个过程中很少停下来考虑农村居民的意见。[46]

在关于农村生活运动的讨论中，进步主义者对民粹主义的议题进行了重塑，并在很大程度上将其非政治化，将不流血的农村改革愿景转化为法律条文。在20世纪的前十五年里，大量的法律出台，扩大了联邦政府对农业部门的援助。反托拉斯法对铁路公司和最大企业的密谋进行了管制，大规模发展的赠地学院试图为农村人提供负担得起的教育，而阶梯所得税制度则确保了为这些昂贵项目提供充足资金。美国农业部在进步主义者管理下急剧扩大，尤其是通过合作推广服务

（Cooperative Extension Service），这是一个庞大的项目，在全国数千个县中的每一个县都有一个代理人，向农民教授农业科学方面的创新知识。这些立法成就证明，民粹党的继承人并没有完全忽视他们的前辈。然而，从进步主义时代的计划中受益最多的农民往往是那些中等收入的人，他们是改革派而不是革命派，如堪萨斯州的小麦种植者和加利福尼亚的水果种植者。数百万没有土地、深陷种植园经济的农民，尤其是南方棉花种植地带的农民，在20世纪初的农村改革中几乎没有得到什么好处。[47]

事实上，南方进步主义的地区特殊性使得民粹主义之后的改革热潮把贫穷的黑人和白人农民抛在一边。20世纪头十年，地区改革的民主党设计师，如南卡罗来纳州的本·蒂尔曼（Ben Tillman）和密西西比州的詹姆斯·瓦尔达曼（James Vardaman）这样的蛊惑人心的人物，对社会稳定的关注远远多于对社会正义的关注，他们宁愿让农业批评者闭嘴，也不愿面对其不满。19世纪末用于平息社会动荡的种族隔离和剥夺公民权的做法，被宣传为合理、现代和开明的措施。同样，南方进步主义者在他们的农业政策中，小心翼翼地避免了土地和贷款问题，一心一意致力于提高农业生产效率和产量。政府之外的农场倡导者在为越来越多的佃农和雇工争取补救措施方面也并未做得更好。1902年组织的农民工会，到1910年底在南方各州拥有成千上万的成员，但其组织议题仅限于供应控制和农产品销售等问题，对那些缺乏土地和资本的人来说，并无大用。[48]

棉花地带最贫穷的农民被该地区的政治机构和公民社会所抛弃，只能由南方以外的改革者们来进行干预和代表。事实上，新世纪的到来是因为北方工业化大都市和南方贫穷的农村之间的鸿沟越来越大，北方慈善家对南方穷人群体的兴趣也逐渐增加。在20世纪最初十几年里，北方工业界的巨头们投入了惊人的资金到地区提升项目中，他们将南方农村的大多数人无望的贫困视为国家的耻辱。西尔斯和罗巴克零售帝国的朱利叶斯·罗森瓦尔德（Julius Rosenwald）监管了数千所农村学校的建设，特别是在黑人占多数的县城。石油大亨约翰·洛克菲勒和他的普通教育委员会开展了一场浩大的运动，以改变南方农业的做法，正如第四章将详细说明的那样，这将在20世纪40年代对墨西哥产生深远影响。但是，如果说北方的慈善家从民粹主义对农村贫困和剥夺的批判中获得了灵感，那么他们提出的解决方案是有意识的去政治化的，而且不出所料地没有效果。南方白人对外部干预十分反感，北方慈善家对此极为谨慎，避免了与经济和种族等级制度的公开对抗。[49]

然而，北方企业家的慈善事业确实增强了南方黑人的影响力，使贫穷的农民从债务中解放出来并获得独立性。随着暴力问题凸显和种族冲突发生，民粹主义曾鼓吹的超越黑白的双种族主义逐渐失去信众，许多南方黑人领导人在20世纪放弃了基于阶级而联合的政治愿景，向内寻求拯救。布克·T. 华盛顿（Booker T. Washington）是在棉花地带寻求黑人经济自主和独立的先锋，他是出生于亚拉巴马州的一名奴隶，是其家乡著名的塔斯基吉研究所的策划者。布克深信，与有组织的白人至上主义者进行公开政治对抗将是灾难性的，他认为非裔美国人要想获得经济独立和最终的政治平等，就只能依靠持续努力的工作和完成工业培训。在北方企业家们的稳定支持下，布克在塔斯基吉建立了一个农村示范社区，供黑人农民效仿，而他的副手和农学家乔治·华盛顿·卡弗（George Washington Carver）则向佃农传授农业生态逻辑的知识，以减少他们对地主和商人的依赖性。塔斯基吉对黑人农村进步的设想比许多学者所承认的要乐观得多，但它也面临着无法超越的障碍。由于棉花价格不断下跌，南方经济现金匮乏，由此产生的债务网络，以及坚定不移的白人反对群体，使得布克对农村变革的希望落空。[50]

因此，民粹主义失败后，南方黑人农民的困境也许是无与伦比的暗淡。20世纪初被称为美国黑人历史上的最低潮，滥用私刑、租赁黑人劳工和剥夺公民权的现象达到了顶峰。与此同时，没有土地的白人农民的处境也不怎么好，虽然他们没有面临法外暴力的持续威胁。由于政治声音被压制,两个种族的小农群体都只能继续眼睁睁看着自己被不断增长的棉花种植园王国持续剥夺。年轻的纽约记者弗兰克·坦南鲍姆在1923年巡视了棉花地带,写下了对该地区弊病的严厉控诉,没有人比他更好地记录了南方农村的赤贫状况。坦南鲍姆谴责:"美丽的阳光明媚的南方被一场瘟疫折磨着,一场白色的瘟疫,即棉花。"棉花"不仅是国王,而且是暴君",在它的控制下,农民"不拥有他耕种的土地""不为自己工作""被当地商人'管理'"。然而,坦南鲍姆从他所熟悉的另一个角度来理解美国的农村。他在同一篇文章中警告说:"在墨西哥,莫雷洛斯和尤卡坦这两个单一的作物区,有最大的奴隶制和最痛苦的革命,现在却是最激进的。"他暗示,美国南方的大庄园主们需要明白他们不知不觉中坐在了火药桶上,他们很可能面对类似的爆发性革命。没过多久,坦南鲍姆的警告就应验了。[51]

小结

19世纪70年代末,美国南方和墨西哥摆脱了混乱的战争和社会动荡,由一个倡导社会稳定和经济增长高于一切的新政治精英群体领导。在随后的一代人中,该领导群体发动了一场积极的运动,想让农村社会回归理性,将农村居民及其周遭都纳入全球资本主义的网络中。他们在这方面取得了惊人的成功,在他们的管理下,以出口为导向的种植园经济和大庄园经济开花结果。但是,如果银行家、种植园主、运动倡导者和官僚群体都需要从新的经济体制中获益,留给农村大多数人分享的利润就所剩无几,反而农民们原本残存的一点点独立性和自治能力最后都被掠走了。

作为回应,一无所有的农村居民起来反抗这两个政权。在美国,农民联盟和后来的民粹党挑战了新南方民主党的精英及其与外国资本、银行家和铁路公司的联盟。然而,由于选择了议会选举途径而不是暴力反抗,他们最终没能在19世纪80年代和90年代推翻这些对手。在墨西哥，一群多元的反叛者，来自墨西哥北部、中部和南部的农村和城市，包括中产阶级和下层阶级，在 1910 年联合起来驱逐了年迈的独裁者波菲里奥·迪亚斯。但是，当这些不同的力量无法就取代迪亚斯的人选达成一致时，起义恶化为一场漫长而惊人残暴的内战。当硝烟散去，最能代表被边缘化的农民的派别——萨帕塔的农业主义者——在军事上被打败了。不过，凭借残存的民众支持的力量，他们还是能够将他们的农业愿景强行加入 1917 年具有革命意义的宪法中。

虽然这两场农村起义都没有逆转早先由精英领导们塑造的社会和经济变革，但都大大改变了 1896 年和 1917 年之后几年农业政治的基调和内容。在墨西哥，对社会动荡的严酷记忆和土地改革对民众的持久吸引力，使得 20 世纪 20 年代来自索诺拉地区的总统们开始将革命制度化时，不得不采用了农业主义者的措辞，并对萨帕塔这样的烈士英雄进行褒奖，甚至积极地将他们想推行的政治议程放在一边，而首先确保农民群体的诉求。因此，对农村社会正义的诉求，即便是由较新的一代人提出的，也在萨帕塔主义者消亡后长期存在。在美国，民粹主义的农业起义者成功地宣传了城乡之间的不平等关系，但他们的失败之处在于他们没有在随后的讨论中强加其议程的政治动力。那些将接过农村改革火炬的中产阶级进步主义者，如推动农村生活运动的人，对农村危机的理解与他们的前辈完全不同，他们的立法成功只针对向上流动的土地所有者。在南方的种植棉花地带，种植园经济对农民群体的剥夺最为严重，农业起义表现出最为激进的样式，这没什么可值得庆祝的。贫穷的黑人和白人农民在民粹主义消亡后，在被剥夺权利的狂潮中失去了政治上的话语权，而法律上的种族隔离使他们进一步分离。虽然 20 世纪进步主义的煽动家们急于为白人小农群体辩护，但他们很少质疑使其长期处于租佃、债务和被剥夺状况的经济体系。

在 20 世纪 20 年代的保守主义时期，美国南部和墨西哥的贫困农村居民面临着政治和经济的双重停滞。全球商品价格在第一次世界大战后稳步下滑，截断了农村经济流动的可能性，加速了债务的年度周期性。在这十年中，墨西哥农民一再听到说，新的革命型国家是他们最忠实的拥护者，但他们目之所见，不平等现象并没有比1900年时减少，原本就微不足道的土地重新分配政策在20年代末几乎就没有了。1930年，政治强人卡列斯公开宣布，墨西哥的土地改革计划是失败的，"土地问题已经走到了尽头"[52]。在美国，尽管整个十年间美国农村出现了长期的大萧条，但白宫里的共和党人同样拒绝承认土地问题。在最南方的几个州，这一危机最为明显。不管全球竞争、价格下跌还是棉铃虫对生态环境的破坏，棉花种植园经济对该地区的控制只会越来越紧，而其他被忽视的问题，如劳役债务、农民破产和水土流失，也逐渐在扩散。但是，贫穷的南方农村居民在被剥夺公民权之后，没有什么政治出路，也没有什么领袖可以依靠，除了用脚来抵抗，几乎没有什么反抗的能力，就像第一次世界大战之后成千上万的人开始从该地区涌出一样。[53]

在整个20世纪20年代，墨西哥和美国南方的领导层都没有注意到农村地区酝酿着的不满情绪，他们认为农民既没有动力也没有能力对剥削行为提出异议。1929年全球市场的崩溃和它所预示的经济灾难，突然将政治精英们从这种志得意满中唤醒。诚然，很少有佃农或雇工会去关注那年10月的纽约股票市场崩溃问题。但在短短的几年内，全球的经济"大萧条"就发生了，也摧毁了过去十年内为农村贫困人口提供的最低限度的安全网络。20世纪30年代初，已经很低的农作物价格和农业收入依旧在直线下降，越来越多的农村居民开始相信资本主义已经彻底失败了。大地产主们的财富依赖于全球商业市场，他们的权力和影响力在危机年代也随之减弱。在20世纪20年代指导政策制定的正统经济理论，也随着金融业同步崩溃失效了。[54]

在墨西哥湾两岸，这场不断加深的经济危机鼓励了在20世纪20年代的僵局中被压制的农业激进分子，并为他们壮胆。事实上，经济大萧条极大地扩展了政治可能性的范围，开辟了几年前无法想象的机会之路。在墨西哥，村庄里的农业主义者长期以来对漠不关心民众或大家公开反对的强人省长和地方酋长感到失望,他们要求兑现 1917 年宪法中被忽视的承诺。20 世纪 20 年代初,大量农民入侵和占领大庄园的土地,这些行为的数量急剧上升。革命型的执政党在几年前曾公开否定了土地改革计划,现在则争先恐后地想要回应平息社会动荡,于是在经济大萧条初期,政府就宣布了一项新的激进的土地法。在美国的棉花地带,20 世纪 20 年代几乎完全没有爆发游行斗争,30 年代初激进的农业主义的出现也比墨西哥要少得多,但对土地精英来说依然很可怕。30 年代早期,共产党出人意料地深入亚拉巴马州,主要是把黑人农民群体组织到佃农联盟(Share Croppers' Union)中,该联盟在全盛时期拥有几千名成员。1934 年在阿肯色州东部,南方佃农联盟对农村现状提出了也许是最大胆的挑战,邀请黑人和白人无地农民一起罢工,争取更高的工资和属于自己的土地。[55]

但也许最重要的是,伴随着全球经济危机产生的社会不满情绪发酵,为两位民粹主义领导人——墨西哥的卡德纳斯和美国的罗斯福铺平了通往权力的道路,他们担任总统时期的作为将从根本上改变自己国家未来的政治版图。两人都曾在经济大萧条初期担任本国的州长,卡德纳斯于 1928 年至 1932 年在墨西哥中西部的米却肯州担任州长,罗斯福于 1929 年至 1932 年在纽约州担任州长,并在各自的家乡都曾尝试过用非正统的解决方案来处理危机。尽管他们的出身背景大相径庭——卡德纳斯出生于普通的家庭,在革命中加入军队而在政治上崭露头角,而罗斯福则是纽约贵族的后裔——两人都对那些被剥夺权利和深陷贫困的农村人民抱有深切的同情,这些人存在于各自国家大多数地区。卡德纳斯 14 岁就参加了推翻迪亚斯的斗争,在 20 世纪第二个十年的革命暴力中长大,并热忱地接受了农业主义者对"土地和自由"的诉求。罗斯福尽管有舒适的成长环境,但在 30 多岁时因小儿麻痹症而致残,随着时间的推移,他学会了同情那些受压迫的"被遗忘的人"。为了治疗疾病,他还曾前去佐治亚州中西部的温泉浴场疗养,在 20 世纪 20 年代频繁的汽车旅行中,这位纽约人目睹了南方佃农和雇工的底层边缘生活,这些经历长期指导着他在白宫的工作。[56]

卡德纳斯和罗斯福都开展了一种史无前例的竞选活动，被称为"乡间小镇巡回竞选活动"。他们在各自国家的土地上纵横穿行，向充满希望的人群承诺为产业工人和苦难农民开创一个新时代。罗斯福谈到了"新政"，而卡德纳斯则谈到了"六年计划"，承诺恢复社会革命的活力。然而，当罗斯福和卡德纳斯两人分别于 1933 年 3 月和 1934 年 12 月上任后，他们在履行援助农村穷人的承诺方面只迈出了谨小慎微的步子。在担任总统的第一年，卡德纳斯小心翼翼地绕开卡列斯的阴影，后者自 1928 年以来亲自挑选了每一位继任者，并一直是实际上的掌权者。因此，想要开展对墨西哥农业政策的重大改革，卡德纳斯必须等到能够摆脱卡列斯的控制之后才能实现。罗斯福在执政之初也不愿意解决土地匮乏和农村贫困问题。新政的第一项援助农民的措施是成立农业调整管理局（Agricultural Adjustment Administration），该机构负责制订作物减产和商品价格支持计划，它明确地面向中西部的中等和富裕农民，对棉花地带的佃农和雇工没有什么优待。

但到了 1935 年，当卡德纳斯流放卡列斯并宣布他的政治主张，罗斯福在致力于通过实验解决农村贫困问题方面变得更加坚定时，墨西哥和美国政府的改革主义愿景以令人震惊的和意想不到的方式对接。六年计划和新政与渴望变革的公民社会一起，推翻了几十年来的忽视和否定，关注之前的农业起义者们的长久被延迟的愿望。正是在这一时刻，平行的历史相遇，碰撞在一起，交织在一起。正是在彼时，长期在孤独中挣扎的佃农和雇工的捍卫者们发现了各自邻国的同行者。正是在彼时，墨西哥和美国历史之间的区别开始变得模糊直至消失。接下来的两章将会重现这一交流的重大意义。

Agrarian Crossings

第二章

庄园雇工和农民：
农村新政背景下的墨西哥
农业改革

Chapter 2

1934—1935年冬天，位于华盛顿特区宾夕法尼亚大道的墨西哥驻美大使馆异常繁忙。电报声不绝于耳，电话铃声此起彼伏，打字机有节奏地发出嗒嗒的声音，使馆职员和大使随员们在办事大厅里急匆匆地穿梭奔走和忙碌着，甚至表现得比平时更慌乱。随着拉萨罗·卡德纳斯总统于1934年12月上任，墨西哥城开始政权更迭和官僚机构重组，这种混乱是可以预见的。但是，那年冬天，领事官员也发现自己把超乎意料的时间投入一项新的任务：回复越来越多的美国公民关于卡德纳斯政府在墨西哥的计划的好奇询问。在美国20世纪30年代激进时期的政治热潮中，墨西哥革命正迅速成为人们关注的焦点。负责分发出版物的使馆职员巴勃罗·坎波斯·奥尔蒂斯（Pablo Campos Ortiz）对其办公室新近受到的关注感到压力倍增。1935年1月，他紧急致函墨西哥城国民革命党总部，恳求该党立即送来新印刷的《六年计划》——这是卡德纳斯政府的目标宣言——"以满足美国民众好奇的需求"。如果《六年计划》被翻译成英文，坎波斯敦促应加倍发货。[1]

美国社会突然爆发出对墨西哥革命性的改革计划的兴趣并不是偶然的，而是诞生于一个特殊的十年。在20世纪30年代前半期，美国和墨西哥政府都公布了重建其国家政治经济的大胆计划，主要强调纠正农村的弊病。1934年春夏之交，卡德纳斯在竞选总统时，发誓要实现墨西哥革命长期未竟的事业，即有关"土地和自由"的承诺。在随后的六年里，他监管了西半球历史上最全面的土地改革运动，最终重新分配了近5000万英亩以前由大庄园主持有的土地。在美国，富兰克林·罗斯福总统和他在美国农业部的雄心勃勃的改革者们做出了类似的前所未有的努力，以拯救美国农村的萧条和贫困。虽然最终没有像卡德纳斯主义那样激进，而且在最初几年确实还表现得相当保守，但到 20 世纪 30 年代末，农民新政的施行挑战了当时的现状，同时也与墨西哥的做法惊人的相似。

尽管这两场农村改革运动的动机和结果截然不同，但两者是可以频繁对话的，这种对话对双方都有深刻的影响。从 1933 年到 1943 年的墨西哥和美国的农业改革运动，不能完全从国家角度来理解，两者是紧密地交织在一起的。这种相互牵连扩充了他们各自对农村社会正义和经济民主的看法。它催生出了新政中最积极的再分配主义机构之一——农场安全管理局，并激励华盛顿最高层的农村政策制定者到墨西哥参观学习。本章将研究这十年间从南到北的政治交流，以及墨西哥的革命性的农业主义如何使美国新政中的农村愿景变得激进；下一章将描绘相反方向的政治交流。

在看待 20 世纪 30 年代超越国界的研究时，就不得不重新思考美国和墨西哥的关系以及农村新政的激进性潜力。虽然学者们都认为 1929 年的经济崩溃导致了全球民族主义情绪的激增，但直到最近他们才开始认识到国家改革计划的真正世界性。[2] 罗斯福的新政和卡德纳斯的六年计划确实向内看，强调国内问题，但两国政府从未忽视在经济危机时代将活跃政府联系起来的全球网络。对一些人来说，国际民族主义可能是一个矛盾的说法，但这样的概念对当时的行为者来说是有意义的。同样，对于那些研究美国和墨西哥之间不平等关系的人来说，20 世纪 30 年代值得特别关注，这是一个传统的影响力和知识传递模式被颠覆的时刻。以前，墨西哥主要是为美国提供廉价劳动力和原材料（就像它之后的作用一样），而 20 世纪 30 年代则代表了一种重大的转变。在那些年里，除了农业劳动力和西红柿贸易的流动，政治战略信息也在南北两个邻国之间流动转移。尽管许多人对这十年的记忆主要集中在胡佛时代对墨西哥工人和墨西哥裔美国工人的大规模驱逐，但这种痛苦的交流并不代表着它的全部。[3]

20 世纪 30 年代并不是美国改革者第一次向墨西哥寻求灵感，也不是唯一一次墨西哥国内政治在边境以北产生反响。19 世纪中叶，墨西哥曾是逃跑的奴隶和废奴主义者的灯塔。[4] 1910—1917 年的革命吸引了无数渴望在国内实现全面社会变革的美国激进分子，从无政府主义者到墨西哥裔美国人和非裔美国人。[5] 然后，在 20 世纪 20 年代，美国的社会科学家们、女权主义者们、工会成员们、游击队员们和艺术收藏家们以前所未有的规模进入墨西哥，他们陶醉地享受革命的暴力阶段之后的社会转型和文化争鸣时期。[6] 在激进的 30 年代，农业问题并没有垄断南北相互影响的交流。在罗斯福大肆宣传的"睦邻"政策的鼓动下，美国社会对墨西哥的兴趣激增。[7] 在大萧条时期，对城市工业现代化持怀疑态度的艺术家和作家，转而接受了所谓的前资本主义墨西哥的浪漫图景。美国教育家密切关注革命的扫盲计划，关注美国原住民同化问题的人类学家和官员们研究起了墨西哥政府对印第安原住民文化的复兴，而新兴的国家赞助的旅游业吸引了成千上万的美国游客来欣赏墨西哥的自然和人文奇观。[8] 这些同时发生的交流，以及 30 年代之前的对话，都为彼时的跨越边境的农业对话提供了重要的背景和先例。然而，这些跨国网络，无论是之前的还是此时同时进行的，都没有像 20 世纪 30 年代的农业对话那样，吸引具有较高政治地位的参与者，或对美国的政策制定产生深刻的影响。虽然是出于类似的本能，但两国关于农业和农村生活的对话在其显著性、重要性和后果方面都远远超过了其他类型的跨国交流。

美国农村改革者对墨西哥农业主义的兴趣，集中在分割大地产、大庄园的革命运动上，这在南方的种植园地带表现得最为突出，新政也将土地问题诊断为"国家的头号经济问题"，并作为首先需要解决的目标。[9] 诚然，尤其是那些关心南方地区贫困问题的人，最能理解他们的农村与墨西哥农村之间的联系。在他们眼里，墨西哥和美国南方都有种植园，或称大庄园，都遭受着土地所有权高度集中、社会和种族区隔，以及环境恶化等问题的影响。但是，对 20 世纪 30 年代的美国观察家来说，他们可以不言自明地从墨西哥的农村经验中借鉴学习，而如果农业历史学家要去重新发现属于这个时代的跨国交流就慢了很多。关于农村新政的主要学术著作采用了严格的以国家为单位的分析框架，如果它们需要着眼于外部的经验分析，主要也还是会去看西欧和苏联的经验。[10] 同样，研究这一时期美墨关系的历史学家强调的是外交人员的正式外交行为，而没有研究非国家行为者或每个国家的国内政治是如何影响其邻国的。[11] 不过学者们在分析农村改革时出现了令人鼓舞的迹象，他们开始考虑到国家行为体以外的因素。有几篇文章曾从比较的角度，探讨了墨西哥和美国在 20 世纪 30 年代消除农村贫困的方法，是如何设立相同的目标，在具体措施上又是如何相异的，尽管这些文章没有揭示运动中一方是如何影响另一方的。[12] 同样，最近有关美国历史的研究也强调了新政带来的全球性后果，追溯了农业专家们在美国国内被边缘化后，如何将其想要做的议题带入新兴的第三世界。[13] 然而，这些作品都没有突出显示出这些计划出台时所处的跨国环境。

新政是一个异常矛盾的政治事件，因其本身设立的冲突愿景和在社会、经济政策方面的矛盾而闻名。农村新政的要素并不都是向墨西哥看齐的，反过来也是，墨西哥的观察家也不急于借鉴每一个农业新政项目。其实，对新政的农村政策应一分为二地看待。一方面是农业新政，起源于罗斯福执政的头一百天，主要是为了帮助那些较大规模的商业化耕种者提高农产品价格和农业收入。农业新政的主要成果是农业调整管理局推行的控制价格的农产品补贴计划。这是新政中沿用最久的措施之一，但绝不是新政的全部。事实上，当改革派官员们发现这些早期计划忽视或伤害了数百万人时，他们发起了一场全面救济运动，主要针对美国南方日益凸显的底层农民的困境，由此催生出农民新政：包罗万象，有针对文化、环境、贫困、土地资源和促进农村民主的各种项目。正是这些机构的领导层展现出对墨西哥最强的好奇心，包括自耕农安居处（Subsistence Homesteads Division）、重新安置管理局（Resettlement Administration）、农场安全管理局、农业经济局（Bureau of Agricultural Economics）和早期的田纳西河流域管理局等。

同样，农村新政中最吸引墨西哥人的是农民政策，而不是农业政策。[14]

　　本章将卡德纳斯和罗斯福的政治世界联系起来，探讨了这十年来的南北交流。首先，本章研究了以自由学者弗兰克·坦南鲍姆为首的美国左翼改革者中坚力量，在 1934 年和 1935 年如何试图将墨西哥农业改革的蓝图转化为美国南方的政治行动。这场运动在建立农场安全管理局中发挥了重要作用，这也是新政中最雄心勃勃的联邦机构之一。虽然新政的大部分农村政策是相当保守的，旨在安抚商业农民，但自 20 世纪 30 年代以来，学者们一直在努力理解，像农场安全管理局这样公开设立的再分配主义机构是如何在同样的新政政治环境中形成，并设法在几年内蓬勃发展的。虽然农场安全管理局是一个矛盾的机构，起源于美国国内和跨国的双重推动，但其被遗忘的墨西哥根源为描绘其成功和失败提供了一块缺失的拼图。

　　其次，本章会着眼于在卡德纳斯时期，许多有影响力的美国农村改革者进行的无数次墨西哥"朝圣"之旅。在华盛顿之外，可能没有哪个团体比多种族的南方佃农联盟更出名，或者说更令人害怕，这得益于它的农业激进主义（其政治遗产已被深入研究过）。然而，很少有学者研究过它的世界主义。1939 年，该联盟在墨西哥北部的拉古纳棉花区组织并主持了一个研讨会，旨在向成员揭示墨西哥经验所蕴含的政治可能性。拉古纳地区是卡德纳斯最引人注目的土地征用运动的所在地。然而，人们对墨西哥农业主义的兴趣并不仅仅局限于激进的领域；在美国新政官僚机构更为庄严的殿堂里，它的影响甚至更为广泛。本章的最后一部分研究了三位美国农业部有影响力的决策者的墨西哥之旅：雷克斯福德·特格韦尔、M.L. 威尔逊和亨利·阿加德·华莱士。观察墨西哥农业实验令他们大开眼界，最终重塑了他们对新政的理解，不论是对内的承诺还是对外的承诺。

农业主义和农场安全管理局

在 19 世纪末统治墨西哥和美国南方的资本主义政权，把以前独立的农村人口都拉进了种植园经济的关系网中。在墨西哥，波菲里奥·迪亚斯政权及其资本家盟友把农民从自给自足的土地上赶走，并把他们变成经济作物庄园的佃农和雇佣工人。在美国南方，债务和信贷将白人自耕农群体和非裔美国自由民变为分成农和佃农，拴在棉花种植园里。墨西哥革命动摇了农业现状的基础，并提出了替代的解决方案；但美国南方的民粹主义运动没有取得这样的胜利。因此，在 20 世纪初，随着棉花价格的快速波动，无地农民的数量只增不减，反复出现破产和被剥夺土地的现象。私刑暴力的持续威胁使非裔美国自由民的无地状态和依赖性长期存在，但大多数白人农民也并没有享有更大的经济流动性或自主权。到 1930 年，超过 55% 的美国南部农民，包括黑人和白人，都在替别人耕种土地，而在 1890 年这一数值只有 38.5%。[15]

不过，在 20 世纪初的大部分时间里，美国南方的佃农制和土地租赁制反映了墨西哥农村的格言：艰难但稳定。社区援助网络作为一个松散的社会安全网为农村家庭服务。美国南方地区的地主虽然有很强烈的家长式作风，但他们形成了一种难能可贵的义务感，要对耕种他们土地的人承担社会责任。这种地主和佃户之间不平衡的道德经济关系，在白人对黑人的持续暴力威胁的背景下，使美国南方农村生活在 20 世纪初达到了一种不稳定的平衡。但这种平衡并不持久。第一次世界大战后，北方工业提供的工作机会越来越多，农村开始了长期的人口流出。随着数十万非裔美国自由民逃离该地区，南方棉花种植园经济的基础感受到了变化带来的第一次冲击。[16]

如果说南方黑人的北上大迁徙是对种植园经济存续的第一次打击，那么在新政的最初几年，该地区的任何农业平衡感都永远消失了。1933 年罗斯福一上任，农民们就大声疾呼，要求总统解决农产品价格和农业收入暴跌的问题。这种呼声的来源相当多样化。诸如南方佃农联盟这样的激进团体要求为无地农民提供援助,并为他们提供购买土地的机会;但政治上更重要的中西部谷物种植农民群体和从事畜牧业的农民群体则只是希望政府帮助提高农产品价格。罗斯福最初倾向于后一个群体,1933 年的农业立法就反映了这种联盟。

新政在解决农产品价格下降方面的第一个尝试是建立农业调整管理局,颁布《农业调整法》。自 20 世纪 20 年代中期以来,美国的农业经济学家一直在推动限制生产规模,以应对农产品价格的下跌,但他们在那十年的共和党政府中几乎没有取得任何成功。事实证明,罗斯福的接受度更高,在他执政的头一百天里就启动了《农业调整法》。它基于一个简单的想法:如果农民让他们的一部分土地不用于农业生产,农产品供应量就会下降,价格自然会上升。因此,农业调整管理局要求农民将主要作物的种植面积减少大约三分之一,然后对他们的利润损失进行补偿。尽管《农业调整法》的颁布和实行标志着国家权力在农业部门的巨大扩张,但它并不是一个社会平等的计划;因此,它是农业新政的核心,而不是后来的农民新政的核心。它旨在作为一种权宜之计,提高商业农民的收入,在中西部地区很受欢迎,而且相当成功。[17]

然而,在美国南方,该计划产生了未曾预料到的重大后果。在联邦层面和地方层面,对《农业调整法》计划中棉花种植的控制权完全掌握在南方种植者和他们的同伙手中。当政府管理者发现土地所有者将联邦的补贴收入囊中,并驱逐土地被剥夺的佃户时,他们并不担心。事实上,南方种植园主将农业调整计划视为一个期待已久的机会,以削弱他们对令人讨厌的佃农制的妥协,在 1933 年和 1934 年期间,驱逐无地家庭的行为越来越猖獗。因此,对于无数黑人和白人佃农来说,《农业调整法》的到来几乎是世界末日。一些人收拾行李,离开该地区前往北部和西部;而另一些人则组织起来,加入了激进的组织,如南方佃农联盟。在几个月内,成千上万的黑人和白人农民在南方游荡,与种植园经济背道而驰。南方农村社会的结构似乎正在迅速瓦解。[18]

随着驱逐行动的升级，背井离乡的佃农的困境开始引起人们的注意，有一个团体特别注意到《农业调整法》在棉花地带所造成的混乱，它就是芝加哥的朱利叶斯·罗森沃尔德基金会（Julius Rosenwald Fund of Chicago）。罗森沃尔德基金会由西尔斯和罗巴克公司（Sears and Roebuck）同名的首席执行官于1917年创立，他在战后花费了大量资金，建造数以千计的所谓罗森沃尔德学校——专门用于对非洲裔美国人进行教育的单间校舍，来改善南方黑人的状况。1933年秋天，罗森沃尔德基金会举办了一系列会议，讨论农业调整管理局对南方黑人造成的破坏。之后，基金会主席埃德温·恩布里（Edwin Embree）与设在亚特兰大的跨种族合作委员会（Commission on Interracial Cooperation）的领导人威尔·亚历山大（Will Alexander）合作，起草了《改善农村黑人生活的长期计划》。[19] 1934年初，他们成功地从洛克菲勒基金会获得了5万美元的资助，以"启动或加强可能会对美国南方农业危机产生一些影响的运动"。[20]

恩布里和亚历山大都是日益壮大的跨种族的自由主义者网络的成员，他们挑战南方种族关系、政治和经济的现状。像他们的盟友克拉克·福尔曼（Clark Foreman）、查尔斯·S. 约翰（Charles S. John）、霍华德·W. 奥杜姆（Howard W. Odum）等人一样，他们受到罗斯福对经济民主的一贯承诺的鼓舞，试图利用大萧条的危机来推动20世纪30年代"稳固的南方"的变革。他们是争取黑人权利的一个重要团体，是改革派而不是激进派，受过良好的教育，与学术界也有着密切的联系，虽然新政政府往往表现得不情愿，但他们依旧施压来达到目的。恩布里是来自中西部地区的一位富裕的白人，他在第一次世界大战期间首次涉足慈善事业。有趣的是，当恩布里于1928年加入罗森沃尔德基金会时，他立即计划对墨西哥革命式的学校进行研究，以作为美国南部农村教育的范例。亚历山大是一位出生在南方的白人神学家，他在1919年成立的跨种族合作委员会中担任领导。在该组织位于亚特兰大的总部,亚历山大推动了反私刑法,结束了全白人的民主党初选,并推翻了吉姆·克罗提出的种族隔离制度。[21]

1934年初,恩布里和亚历山大开始制定战略,就如何最好地减少不断升级的驱逐南方佃农行为想办法。乍一看,他们的任务似乎是不太可能实现的。亚历山大向他年长的导师乔治·福斯特·皮博迪(George Foster Peabody)寻求指导。皮博迪是20世纪30年代南方自由主义思想网络中的一个重要人物。他于1852年出生于佐治亚州哥伦布市,内战后移居到纽约市,并在波菲里奥时期投资墨西哥银行业和铁路,赚取了数百万美元。到墨西哥革命爆发时,皮博迪已经从商界抽身,投入美国南方慈善事业,特别是作为普通教育委员会的财务主管,同时也是汉普顿和塔斯基吉学院等黑人机构的独立捐赠人。在1910—1930年间,他是该地区一个温和的、内部的批评者,他真正关心黑人和贫穷白人的福利,但他的解决方案总是循序渐进的。皮博迪还有一个通往白宫的独特后门:在20世纪20年代,他曾说服年轻的小儿麻痹症患者富兰克林·罗斯福相信佐治亚州西南部温泉的治疗效果,并一直担任这位纽约人的非正式亲密顾问。[22]

1934年3月,皮博迪与亚历山大在佐治亚州温泉镇的冬季度假屋中进行了长时间的讨论,皮博迪决定,为南方农村制订行动方案的最佳方式是组织一次主要改革者的会议,讨论"过去这些年经济崩溃的广泛影响在该地区造成的非常绝望的状况"[23]。他提出于1934年夏天在他位于纽约州北部乔治湖的风景优美的夏季庄园里举办这样一次会议。皮博迪与恩布里、亚历山大及一众学术社会学家一起,邀请南方主要大学的校长们参加为期一周的务虚会。然后,可能是出于事后考虑,皮博迪还决定邀请弗兰克·坦南鲍姆参会,后者当时是一位年轻的墨西哥学者,他的出席将被证明是非常重要的。[24]

坦南鲍姆于1893年出生在奥地利的一个犹太家庭,在世纪之交与他的父母一起移民到马萨诸塞州的农村,并于1906年在纽约市最终定居。在接下来的十年里,坦南鲍姆卷入了劳工斗争,并逐渐成为著名的无政府主义者艾玛·戈德曼（Emma Goldman）的亲密支持者。第一次世界大战期间，他应征入伍，驻扎在南卡罗来纳州。坦南鲍姆对美国南方越来越着迷，将其视为一个封建社会，似乎与他在纽约认识的城市和工业世界完全不一样。他对美国南方的社会和经济困境的恐惧使他在 1924 年写下了《南方更黑暗的时期》(Darker Phases of the South)，这是一本门肯式写作风格的书，揭露了棉花单一种植、三 K 党和纺织厂城镇之间的故事。正是在撰写这本书的过程中，他遇到了皮博迪，一个对该地区社会问题持同情态度的批评家。然而，坦南鲍姆对美国南方的兴趣很快就被他对墨西哥的热情所掩盖，他于 1922 年首次访问了墨西哥。同年，他申请了马萨诸塞州阿默斯特学院的研究生奖学金，对美国南方和墨西哥进行比较研究，他认为两者有着等级社会和土地使用权不均的共同问题。目前还不清楚阿默斯特学院是否曾决定资助坦南鲍姆；他后来于 1924 年进入华盛顿的罗伯特·布鲁金斯研究所（Robert Brookings Institution）开始研究生学习。[25]

在研究所，坦南鲍姆接受了历史、政治经济学和社会学方向的全面教育。他最终选择了写关于墨西哥革命的博士论文，重点是土地改革。出于研究需要，他在 20 世纪 20 年代中期骑着骡子穿越墨西哥农村，进入州、联邦和地区档案馆，并与革命国家的政治精英们亲密接触。在整个写作和修改过程中，坦南鲍姆将论文的各个章节寄给了他的朋友皮博迪，后者与他一样对墨西哥感兴趣。1929 年，坦南鲍姆的论文以《墨西哥农业革命》（The Mexican Agrarian Revolution）为题出版，这是首次针对反迪亚斯叛乱的学术研究。在书中展示的无数图表之中，有一个相当简单的论点：墨西哥革命是受压迫的农民为社会正义而进行的斗争，它是"民主的和大众的"，它"把大约一半的农村人口从农奴制中解放出来"。坦南鲍姆坚持认为，农村穷人获得土地是革命的基本要求，也是墨西哥社会和平的必要条件。[26]

因此，在 1934 年 7 月，当坦南鲍姆与恩布里、亚历山大及其他南方自由主义者一起参加皮博迪的乔治湖会议时，他为农业政治带来了鲜明的墨西哥视角。在几天的时间里，这十几位改革者讨论了美国南方农村日益加深的危机，并提出了可能的行动方案。在众多杰出的参与者中，恩布里和亚历山大对坦南鲍姆最感兴趣。恩布里长期以来一直对墨西哥革命着迷，1928 年在墨西哥待了三周后更是如此。[27] 亚历山大也被坦南鲍姆的学识所吸引，后者提出"另一种农业问题，与美国南方的问题并非完全不相干"。不久之后，两人告诉坦南鲍姆："我们想雇用你，你可以以自己的方式去美国南方。如果你考察过墨西哥、土地改革和农村贫困的情况，我们希望你去（美国南方），带着你在其他国家考察这类事情的经验背景，告诉我们你看到了什么。"[28] 他们给坦南鲍姆提供了 500 美元，让他在美国南方的棉花地带考察，然后写成一本面向大众读者的小册子来介绍他的观察，要描写得非常"戏剧性且吸引人"。其次，也是最重要的一点，他们要求他写一份政策建议，希望能提交给美国农业部。坦南鲍姆都完完全全地接受了。[29]

那年冬天，坦南鲍姆开着他的汽车穿越美国东南部。从华盛顿开始，他开车到纳什维尔，然后到密西西比三角洲、阿肯色州东南部、孟菲斯，最后到亚特兰大，一路上考察了公立学校、种植园和大学。当坦南鲍姆来到两周考察旅程中的最后一站亚特兰大时，他见到了亚历山大，亚历山大记得这位年轻的研究者被他所看到的东西惊呆了。旧的农业租佃系统已经"崩溃"，坦南鲍姆宣布，"这需要长期的英勇治疗。你必须做点什么，这个新政必须为此做点什么"[30]。

在思考解决美国南方农村危机的方案时，坦南鲍姆首先决定借鉴他以前在墨西哥农业方面的经验，尤其是墨西哥 1917 年宪法，该宪法为国家土地改革计划提供了革命可行性的授权。宪法中关于土地使用权的第 27 条，规定政府有权征用私人土地，并以共同耕种的形式将其转让给村民，它是国有土地，可供个人或合作经营，但不得出租或出售给他人。耕种地块的农民也可以从政府贷款、灌溉和农业教育中受益。宪法第 27 条是墨西哥革命中激进的萨帕塔派的成果，作为一个农村社会正义的蓝图，它在西半球的历史上有着无与伦比的地位。在 20

世纪 20 年代看到宪法在墨西哥的谨慎应用后,坦南鲍姆对宪法有了深刻的浪漫理解。在他的博士论文中,他将墨西哥宪法第 27 条描述为"过去 20 年中出现的伟大政治文件之一"。[31]

因此,坦南鲍姆向美国南方自由主义者提出的建议回荡着墨西哥宪法第 27 条的声音,并不奇怪。在 1934 年底写给亚历山大的信中,坦南鲍姆认为,为了应对"突如其来的洪水冲走了(南方佃农)好不容易才努力获得的狭窄立足点",改革者必须推行适度的最基础土地改革计划。从一个示范县开始,他们将"把(大约)300 个家庭安置在一个社区里,每个房子周围可能有半英亩的土地",然后向他们提供"牧场、森林和可耕地"。他建议,"农业用地可以转给社区"或"单独给每个家庭"。对定居点来说,同样重要的是需要有一所小型学校,作为"社区中心,社区的所有活动和公共功能都可以在这里进行"。[32] 为了解释关于坦南鲍姆的灵感来自何处的任何疑问,他同时邀请恩布里与他在墨西哥旅行。虽然恩布里发现这个邀请"很有吸引力",但我们尚不确定他在那一年是否去了墨西哥。[33]

在说服他的美国南方盟友相信土地改革的必要性后,1934 年 12 月,坦南鲍姆将他的设想提炼成一份正式提案,提交给罗斯福政府。这份名为《发展新农村土地所有权制度提案》的十二页文件,建议对美国政府管理农村的方式进行深刻的改变。为了解决美国南方"土地占有制的不正常和非社会方面",联邦政府将建立一个独立的机构,专门负责土地改革。该机构每年有 3 亿美元的资金,除了购买"私人地主持有的土地,特别是地主没有适当地为社会目的服务的土地",还将购买保险公司和联邦土地银行持有的土地。提案提到,当这些土地被分配给符合条件的租户时,将"确保那些愿意工作和储蓄的农民的合理稳定的土地占有率"。然而,也许最有力的是坦南鲍姆在提案第一页的声明:"世界上大多数文明国家早已制定了影响深远的措施来改善土地使用权的条件。最近,我们的南方邻居已经将其农民转变为土地拥有者。美国却什么也没做。"[34]

亚历山大和恩布里决定，凭借坦南鲍姆在罗伯特·布鲁金斯研究所的基础，他是与农业部合作并推动国会立法的最佳人选。他们增加了他的工资，又雇用了坦南鲍姆 8 个月的时间来"与政府官员开会"，这位年轻学者与农民新政之间的长期关系就此建立起来。[35] 1934 年圣诞节前，坦南鲍姆与农业部部长亨利·华莱士的助理保罗·H. 阿普尔比（Paul H. Appleby）以及美国农业部的行政长官切斯特·C. 戴维斯（Chester C. Davis）进行了第一次会面，讨论坦南鲍姆的《发展新农村土地所有权制度提案》。坦南鲍姆声称，这两个人都对他的计划充满热情；但戴维斯作为一个坚定的保守派，如果知道了坦南鲍姆的全部设想，他不太可能批准。[36] 尽管如此，两人都鼓励坦南鲍姆为他的提案准备一份精简版，以便在部门内分发。坦南鲍姆照做了，在几天内对他的提案稍作修改。可能是预料到会有来自激进主义分子的指控，他删去了任何直接提及墨西哥或购买私人土地的计划，但保留了所有其他内容。为了确保"佃农、分成农以及最近失去土地的农民转变为独立的小土地拥有者"，政府应出售以前由保险公司和政府土地银行持有的联邦土地。如同墨西哥宪法的第 27 条，坦南鲍姆模式的暗含要求是，这些土地不能被转卖、抵押或留置给"除了为执行这一计划而成立的联邦公司以外的任何人"[37]。

随着压力的增加，恩布里与坦南鲍姆一起来到华盛顿。1935 年 1 月 8 日，他们第一次会见了华莱士部长和他的工作人员。部长建议恩布里和坦南鲍姆找一个参议院提案人，将他们的提案作为法案提交给国会。1 月 9 日下午，坦南鲍姆会见了亚拉巴马州的参议员小约翰·H. 班克海德（John H. Bankhead Jr）。班克海德是一位温和的民主党人，他一直积极支持新政立法，但也是反私刑法案和其他民权措施的坚定反对者。然而，到了 20 世纪 30 年代，班克海德逐渐意识到，大多数佃农和租户都是白人，而不是黑人，对这位参议员来说，基于阶级的行动与通常的种族攻击相比，是合理的。[38] 于是坦南鲍姆、亚历山大、恩布里和费斯克大学的黑人社会学家查尔斯·S. 约翰逊（Charles S.

Johnson）为班克海德撰写了下周需要提交的法案，题为《小型农场的再利用》，其中保留了坦南鲍姆的土地改革框架，以政府分配未充分利用的土地为基础。[39] 2 月 11 日，班克海德提出参议院法案 S.1800，即《农场租户住宅法》，主张建立一个由美国农业部控制的联邦机构来购买和转售土地。该法案反映了坦南鲍姆团队的建议，并试图促进"土地所有权的民主制度……与其他许多文明国家的经验相一致"。[40]

随着法案提交给国会，坦南鲍姆证明了自己是一个异常精明的政治谈判家。除了在 1935 年冬末和初春与农业部领导层不断会面，坦南鲍姆还进入了公共领域，作为他所撰写的法案的支持者。[41] 在写给《新共和国》(New Republic)编辑的一封信中，坦南鲍姆大胆宣称，班克海德法案将"使南方的种植园系统瓦解成为可能"。[42] 他还开始为该法案组建一个个人的法案支持者网络。借着他在二十年前与纽约劳工运动的密切关系，坦南鲍姆在美国劳工联合会（American Federation of Labor）中为该法案赢得了支持者。[43] 然而，他承认当时美国对墨西哥革命的看法是激进的或混乱的，他避免直接提及该国作为灵感的来源。当坦南鲍姆公开进行全球比较时，他依靠的是丹麦和爱尔兰等相对安全的例子，但这种参考纯粹是一种政治策略。他对西欧没有什么兴趣或了解，最令他着迷的还是墨西哥的情况。[44]

由于坦南鲍姆专注于通过班克海德法案的具体事务，恩布里、亚历山大和约翰逊决定自己撰写坦南鲍姆最初承诺的那本小册子。根据坦南鲍姆准备的大纲，这三位改革者深入分析了美国南方当前的危机和可能的解决方案。他们的研究报告于 1935 年出版，名为《棉花租约的崩溃》(The Collapse of Cotton Tenancy)，这是一项具有分水岭意义的研究，详细描述了《农业调整法》在棉花地带所造成的损害。他们提出的解决方案同班克海德法案一致，"数以百万计的佃户的迫切需要"只能通过"在不同社区进行统一的精心指导，以及在社区中进行普遍的大规模土地分配"来满足。与坦南鲍姆一样，这几位改革者将危机放在全球视野下来看。在报告的最后一段，三人宣称："世界上大多数文明国家很久以前就面临着土地租赁问题……丹麦系统地全部废除了土地租赁制度，爱尔兰、德国和墨西哥都进行了大刀阔斧的改革。"与更安全的西欧国家比较研究相比，墨西哥作为一个非西方的革命式的国家无疑是突出的。[45]

在华盛顿和其他地方，这本书引起了巨大的轰动。约翰逊送给总统夫人埃莉诺·罗斯福（Eleanor Roosevelt）一本，后者将书放在她丈夫的床头柜上，并坚持要他阅读。总统被这本薄薄的书打动了，他对农业部部长华莱士说："这些家伙写了关于南方农业的最好的书。"《棉花租约的崩溃》一书销售了数千册，并引发了一场热烈的辩论，它产生了亚历山大在项目开始时希望达到的宣传效果。[46] 再加上坦南鲍姆在华盛顿的政治成功，这本书的显著地位大大地助推了班克海德法案于 1935 年 6 月 24 日在参议院通过。[47] 恩布里立即祝贺坦南鲍姆的"卓越领导"和他们的"伟大胜利"。[48] 坦南鲍姆对他们的成功感到欣喜，他夸耀说，该法案"肯定会通过，特别是如果我们能保持它在白宫的影响力"。[49]

然而，尽管罗斯福总统发表了富有同情心的演讲，但他还没有实质上致力于为贫穷的白人和黑人佃农承担任何政治风险——他们在华盛顿确实没有什么政治影响力。当时，总统对农村事务的关注主要放在他最近创建的重新安置管理局，这是一个独立的机构，是他的农业顾问雷克斯福德·特格韦尔的创意。因此，在 8 月 26 日国会休会之前，班克海德法案甚至没有在众议院提出来辩论，因为上面的支持很少，而保守派的反对声音也很多。[50] 亚历山大和坦南鲍姆同意，在他们等待这个法案被直接采纳并实施时，特格韦尔的机构将作为一个临时媒介来实现同样的效果。亚历山大恳求坦南鲍姆加入他的重新安置管理局。他在给这位年轻学者的信中说："我不知道没有你，我将如何生活下去。"[51] 然而，坦南鲍姆不确定他是否想妥协加入一个政府机构，而不是自己创建一个机构。在重新获得了古根海姆基金会（Guggenheim Foundation）的奖学金后，他决定在那个夏天回到墨西哥进行一次长期的旅行。[52]

在整个 1936 年，这些改革者从他们不同的角度出发，继续为拯救班克海德法案而努力，该法案仍然被埋没在众议院的农业委员会中。在重新安置管理局内部，亚历山大对特格韦尔的美国农村设想感到不满，因为特格韦尔对小型农业发展的同情少得可怜。[53] 坦南鲍姆 1936 年开始在哥伦比亚大学任教，但他向亚历山大保证："（你）可以相信我为班克海德法案竭尽全力。"[54] 但由于缺乏来自罗斯福、班克海德和得克萨斯州众议员马文·琼斯（Marvin Jones）的支持，坦南鲍姆深感沮丧，马文·琼斯负责该法案在众议院的未来走向。1936 年 2 月，坦南鲍姆写给班克海德一封异常愤怒的信，表示，如果罗斯福政府不努力通过他们的法案，总统将"会被指责，新政忽略了我们中最贫穷的人，没有为他们做任何事情"。[55]

在坦南鲍姆看来，美国未能解决土地使用权的不公平问题，与 1936 年正在经历激进复兴的墨西哥相比，显得特别令人痛心。1934 年，拉萨罗·卡德纳斯以其谦逊的魅力和致力于实现 1917 年宪法中长期推迟的社会改革的承诺，赢得了总统职位。在 1935 年宣布独立于政党前领袖后，卡德纳斯将他所有的政治资本投入到实现这一承诺中。接下来的三年他采取了一系列雷厉风行的立法行动，在墨西哥历史上没有先例。借鉴罗斯福政府在 1935 年推出的《瓦格纳法案》，卡德纳斯以类似的方式扩大了有组织的劳工的权利；墨西哥这一革命式国家极大地扩大了其农村教育和学校建设计划。但最关键的是，政府征用了近 5000 万英亩的土地供印第安人村社使用，包括一些全国最肥沃的灌溉地。为了配合政府的土地分配，总统制订了庞大的联邦基础设施计划，以保障印第安人村社种植者的未来收获。尽管卡德纳斯的动机并不纯粹是利他主义的，因为他主要是想巩固自己一党的地位，化解更激进的替代方案，但他的改革是墨西哥革命中的一个里程碑。在 20 世纪 20 年代的最后几年里，在许多卑微的墨西哥人心中，卡德纳斯获得了政治上的不朽地位。[56]

尽管在 1936 年初坦南鲍姆难以预料到，但其实新政也正处于重大政治调整的风口浪尖。那年秋天，在罗斯福的言论中，他大幅向左派倾斜，以对抗像休伊·朗（Huey Long）和查尔斯·考夫林（Charles Coughlin）神父这样的政治对手，而在那年 11 月的总统选举中，他的政治形象的重塑加速了。在取得美国选举历史上最大规模的压倒性胜利后，罗斯福把他的受欢迎程度解释为人民授权他继续进行新政，并大胆地推动扩大其影响。早先因政治敏感性而被推迟或取消的项目现在又回到了桌面上。[57] 在美国农业部，人们敏锐地感受到了 1936 年 11 月的政治复兴。选举结束后不久，农业部部长华莱士宣布，美国农业部正在进入一个"农业发展的新阶段"，该阶段针对"我们农业人口中，那些在过去一直深陷贫困并且不断增加的弱势人群"。[58] 农业租赁和土地改革这些在早些年被边缘化的有争议话题，现在被给予高度重视。

在华盛顿之外，有关土地改革的学术和政治氛围也变得更加友好。如果说 1934 年坦南鲍姆、恩布里、亚历山大和班克海德开始的对土地租赁的讨伐还势孤力单，那么到了 1937 年，已经有许多要求采取类似行动的和声加入他们的合唱。美国南方佃农联盟的工会化运动，以及他们公布的广为人知的暴力镇压，为这个事业赢得了新的盟友。同样，知识分子公开参与的压力，也促进了对南方农村现状的更广泛的批判。在 20 世纪 30 年代中期，一批有影响力的社会学家和地理学家，主要集中在北卡罗来纳大学，撰书对种植园制度进行了严厉控诉，如鲁珀特·B. 万斯（Rupert B. Vance）1936 年出版的《另一半人是如何居住的》(*How the Other Half Is Housed*)，亚瑟·F. 雷柏（Arthur F. Raper）1936 年出版的《农民前言》(*Preface to Peasantry*)，查尔斯·S. 约翰逊 1934 年出版的《种植园的阴影》(*Shadow of the Plantation*)，以及霍华德·奥杜姆（Howard Odum）1936 年出版的特别有影响力的《美国南部地区》(*Southern Regions of the United States*)。这些书被广泛阅读和引用，将土地租赁制度及其弊端置于地区和国家讨论的中心。[59]

在当时的政治和学术氛围的鼓励下，罗斯福总统本人开始协助民众对农场租赁问题采取行动。首先，在他的监督下，特格韦尔掌管的独立而日益不受欢迎的重新安置管理局转移到美国农业部，受到华莱士的监督。特格韦尔辞职后，罗斯福任命威尔·亚历山大（Will Alexander）为重新安置管理局局长。[60]1936年11月，他成立了负责农场租赁的总统委员会，并命令其成员在1937年2月1日之前提交一份报告，内容是关于"缓解我们农场租赁制度缺点的长期行动方案"。[61]新政学者杰斯·吉尔伯特（Jess Gilbert）将这份报告描述为"美国政府有史以来最激进的官方文件之一"。[62]该报告将关于土地租赁和急剧增加的农户被驱逐事件的统计数据，与对联邦行动的情感诉求相结合。与早先的《棉花租约的崩溃》一样，该委员会也对其他国家如何处理农村不平等问题进行了广泛讨论，除了提及西欧国家的情况，还分析了"墨西哥最近的土地改革"，详细介绍了这个革命式国家如何通过宪法第27条将土地再分配正式化。[63]

对于多年来一直在推动土地改革的坦南鲍姆和他的盟友来说，这种来自联邦政府的突然承诺令人振奋。1937年3月初，亚历山大给坦南鲍姆寄去了一份总统委员会的报告，他高兴地说："真正的计划的前景比任何时候都要好。"[64]他说得没错。在华盛顿新盟友的推动下，1937年班克海德–琼斯《农场租赁法》于6月29日以较大优势在众议院通过。7月22日，罗斯福总统签署了该法案，成立了农场安全管理局，它兼并了重新安置管理局，但保留了亚历山大作为其负责人。[65]虽然农场安全管理局的最终结构比坦南鲍姆在1935年初提交给农业部的原始提案更加温和，但它保留了很多东西。法律授权农场安全管理局可以购买私人银行、保险公司和联邦土地银行持有的土地，并以低廉的价格和适度的利率将其转售给符合条件的租户。正如坦南鲍姆所希望的那样，在获得土地的同时，联邦政府还对如何种植和种植什么农作物进行了指导，目的是结束长期以来佃农制度所导致的土壤过度开发的恶性循环。[66]

亚历山大、恩布里、约翰逊和坦南鲍姆在听到法案通过的消息时，意料之中地感到开心。亚历山大高兴地对坦南鲍姆说："为促成这项立法，我们走了很长的路。我想它的萌芽是从你的头脑中开始的，当它最终通过，我希望你在这里，以便我们可以喝一杯并讨论下一场斗争。"然而，为了使更广泛的政治受众可以接受这一法案，他们作出许多妥协，因此他们看到该法案通过而获得的满足感也受到了一定程度的影响。"这个法案并不是我认为我们应该拥有的全部"，亚历山大向坦南鲍姆承认，但它仍然超过了他们"在亚特兰大我的房子里写最初的备忘录时"的预期。[67]

在该法案的灵感来源地墨西哥，好奇的记者和官僚们观察着美国政府对土地改革的试探性步骤。在罗斯福成立农场安全管理局两天后，墨西哥城的新闻报纸《国家报》(*El Nacional*) 刊登了一篇题为《北美农民的状况》("The Situation of the North American Campesino")的文章。在简要介绍了"在过去几十年里，佃农已经成为社会的顽疾"之后，文章向读者指出了美国联邦政府最近为克服这种"无望的局面"所做的努力。[68]然而，其他墨西哥观察家，特别是卡德纳斯政府内部的观察家，认为美国联邦对土地问题的调整是一种空洞的姿态。墨西哥驻华盛顿大使弗朗西斯科·卡斯蒂略·纳赫拉(Francisco Castillo Nájera)私下指出，新政的农村改革计划只是为了"扩大农村小资产阶级的队伍"。卡斯蒂略·纳赫拉承认"这是美国总统第一次具体关注美国农业状况的这一问题"，但他也悲观地指出，1937年1月的总统委员会报告中没有提到"任何形式的农业集体化行动"。[69]

在美国国内，许多曾经参与过佃农立法和农村改革斗争的人也同样感到失望。在他们眼里，该计划规模太小，太温和了。尽管暂时退出了公共事务，但特格韦尔这位重新安置管理局的设计师、罗斯福的亲密顾问，也认为农场安全管理局的建立与其说是胜利，不如说是一种妥协。他在法案通过后立即写信给罗斯福说："刚通过的《农场租赁法》不允许开展任何社区的和合作的行动，这真的是太糟糕了。"然而，特格韦尔的判断与他密切关注的另一项计划有直接关系。他在同一封信中声称:"如果我想看到重新安置管理局的目标得以实现,我就必须去墨西哥。你看到卡德纳斯是如何对待那些反对没收他们财产的大农场主了吗?"[70]

正如特格韦尔和卡斯蒂略·纳赫拉所正确指出的那样,与当时卡德纳斯总统在墨西哥强行推行的农业运动相比,农场安全管理局的雄心壮志明显不足。然而,在美国的政治背景下,它依旧标志着一种戏剧性的变化。农场安全管理局的成立代表了美国对农村贫困,特别是美国南部农村贫困问题的一种语言上和行为上的冲击。在亚历山大和卡尔文·鲍德温的领导下,农场安全管理局将成千上万的佃户和佃农转变为小土地所有者,并向他们提供信贷和基础技术支持。与农业调整管理局不同的是,农场安全管理局也向南方黑人作出了承诺,尽管它在履行承诺方面的节奏非常缓慢。上一代的许多学者重新发现了这些成就,并赞扬农场安全管理局代表了一个更激进的新政。杰斯·吉尔伯特描述了农场安全管理局的"激进的改革主义"冲动,而克利福德·库恩(Clifford Kuhn)则证明了农场安全管理局在佐治亚州一个县的行动是如何"挑战当地的种族礼仪",并为贫困农民带来"饮食和生活水平的真正的、清晰的改善"。[71]

同样吸引人的是,在 1937 年至 1943 年期间,当农场安全管理局取得最大成功时,其领导层继续密切关注墨西哥的农业试验。1942 年,该机构委托一名顾问访问墨西哥北部的印第安人村社,"在那里,(与农场安全管理局)类似的机构在为低收入农民的利益而工作"[72]。农场安全管理局的负责人鲍德温,也是亚历山大的继任者,在 1942 年春访问了墨西哥,在那里他参观了几个合作农业示范点。虽然他批判性地观察到——带着一些种族主义色彩的不屑——"印第安人显然没有得到足够的信贷或指导就被放任自流了,"但他确实承认,"我们也可以从印第安人村社的经验中学到很多东西。"[73]

尽管如此,农场安全管理局还是偏离了墨西哥的努力方向和其起草者的最初期望。坦南鲍姆和他的盟友们开始了他们反对租佃制的征程，寻求将土地授予真正的耕作者，邯郸学步地跟随墨西哥的农业主义。然而，当农场安全管理局在20世纪40年代初产生最大影响时，该机构原有的对土地和独立的重视，已经被甩到了一边。同样，有越来越多的证据表明，农场安全管理局远没有最近的一些学者所认为的那么成功。正如一位历史学家所证明的那样，该机构的大部分资源都用于监督信贷项目，这些项目既促成了农业的独立性，也促成了农业的依赖性，并且主要惠及白人租户。在另一位历史学家的描述中，农场安全管理局对土地或信贷的关注要少得多，相反，它的动机是试图重塑美国农村的"贫困文化"，规划者认为文化因素是贫困的主要障碍，而结构和经济限制只是次要原因。更令人震惊的是，有证据表明，农场安全管理局经常驱逐黑人租户，以建立全白人租户的农业飞地。同样，只有几千个家庭农场从农场安全管理局的信贷和土地计划中受益，这对最需要援助的数百万家庭来说是杯水车薪。根据这些不光彩的证据，我们很容易得出结论，农场安全管理局在改变现状方面没有什么作为。[74]

然而，如果这完全是事实，就很难解释美国南方种植园主阶层对农场安全管理局的恶意反对。全国棉花委员会的奥斯卡·约翰斯顿（Oscar Johnston）严厉谴责农场安全管理局是一个追求"国家土地社会主义哲学"的"庞大官僚机构"，而他并不是唯一一个这么说的人。[75] 事实上，约翰斯顿和他的盟友们竭力想消除和瓦解农场安全管理局的作用，最终在1943年成功做到了。事实证明，联邦政府的言辞很重要。但是，如果说农场安全管理局未能在棉花地带建立安定满意的农民群体，它确实带来了其他深远的影响。农场安全管理局在说服贫穷的白人和黑人南方农民相信罗斯福的政党是他们的盟友方面发挥了重要作用，帮助构建了一个政治联盟，该联盟决定性地影响了20世纪大部分时间的美国。农场安全管理局对经济民主和种族合作的空洞承诺，虽然终其存在没有实现，但在林登·约翰逊总统提出的"伟大社会"

构想中被重新提起和更新。越来越多的证据表明，从农场安全管理局项目中获得土地的非裔美国家庭，后来成为 20 世纪 50 年代和 60 年代推动黑人民权运动的先锋。[76] 只要这些难题没有得到解决，历史学家就会回到农场安全管理局的辉煌时代，以及它对种植园经济发起的挑战。而如果不把目光投向墨西哥，就不可能了解其起源和意识形态。

不过，不仅仅是新政的官僚们从墨西哥寻找灵感。政府以外的团体和对农业变革有更激进愿望的改革者也同样关注边境以南的政治潮流。接下来，我将研究这些观察如何影响了一个又一个特别有影响力的农村社会正义的倡导者。

拉古纳地区的美国南方佃农联盟

1934 年夏天在坦南鲍姆自驾穿越南方棉花地带前不久，阿肯色州泰伦扎的黑人和白人无地农民聚集起来，成立了美国南方佃农联盟。阿肯色州的租户和佃农们因被排除在联邦援助之外，而对种植园主和与其勾结的官僚感到愤怒，他们团结起来，为争取新政救济的公平份额和"给予无地者的土地"而斗争，这也是他们的统一口号。两名长期活跃在美国社会主义党内的白人男子，米切尔和霍华德·凯斯特（Howard Kester）成为该组织的领导，尽管他们的激进信仰并不总是能反映出该组织成员的心声。在接下来的几年里，美国南方佃农联盟组织罢工以提高采棉工人的工资，因此在整个南部棉花地带建立了极高的声誉。当种植园主试图用暴力无情地镇压联盟时，该组织的领导能力也获得了全国性的认可。在许多富有同情心的观察家看来，这个跨种族联盟对南方的农业权力结构提出了空前的挑战。然而，在现实中，它的问题也是多方面的。除了需要面对强大的敌人带来的外部挑战，联盟内部存在的种族偏见和低效的组织能力也使联盟分裂，其早期的许多胜利往往更具有象征意义，而不是实在的斗争成果。[77]

然而，联盟获得的公众支持极大可能促使白宫在 1936 年选举后重新审视农业问题。但具有讽刺意味的是，美国南方佃农联盟的领导层并不认为罗斯福的连任值得庆祝，因为许多人都支持社会党候选人诺曼·托马斯（Norman Thomas）。尤其沮丧的是克拉伦斯·西尼尔，他是美国南方佃农联盟的长期合作者，曾担任托马斯的竞选团队经理。西尼尔是一名年轻的密苏里州白人，他在20世纪30年代看到了美国政治革命的切实机会。罗斯福以压倒性优势连任，加上近期美国南方佃农联盟的一连串受挫行为，都让西尼尔感到痛苦。在1936年选举后的一个月，他给联盟主席米切尔写信表达了他的沮丧。他告诉米切尔："我要去墨西哥，至少去几个月，因为我需要真正地换个环境，喘口气。"[78] 像十年前的坦南鲍姆一样，西尼尔在墨西哥看到了社会改革的机会，他可以见证这些在美国不可能的事情。

长期以来，米切尔一直在关注墨西哥不断发展的土地改革试验，他热切地接受了西尼尔计划的旅行。他特别鼓励西尼尔访问墨西哥北部的拉古纳棉花种植区，那里"约有150万英亩的棉花地被卡德纳斯政府接管，转交给棉花工人们"。拉古纳地区横跨科阿韦拉州和杜兰戈州，可能是卡德纳斯农业试验在全国最重要的示范地。1936年9月，就在西尼尔考虑出访前不久，采棉工人的一次成功罢工使得墨西哥总统来到该地区，化解了一场潜在的流血冲突。卡德纳斯史无前例的应对震惊了墨西哥的土地精英们。1936年之前重新分配的土地大多没有什么经济价值，而在拉古纳地区，卡德纳斯果断地征用了数千英亩墨西哥最有价值的灌溉耕地。他还进一步打破了先例，宣布拉古纳地区的棉花地将由集体耕种，而不是由个别的印第安人村社耕种。可以预见，美国南方佃农联盟的领导层对该地区的进步越来越着迷了。米切尔在给西尼尔的信中说："如果你能拿到关于这个计划的事实，并让我们得到第一手的报告，我们将非常感激。"[79]

米切尔的鼓励助长了西尼尔的热情。他告诉米切尔："就我目前所看到的,（墨西哥土地改革计划）看起来更像班克海德法案，而不是其他什么。"他将彼时正在众议院进行审议的班克海德法案，同卡德纳斯的农业试验联系起来。事实上，像坦南鲍姆一样，西尼尔和米切尔将墨西哥发生的事情视为他们的一个潜在工具，可以促进他们在美国南部的政治利益。因此，西尼尔欣然接受了米切尔的邀请，作为美国南方佃农联盟的代表前往拉古纳。他提议，如果他发现这个项目像他预期的那样吸引人，他将撰写并出版"（美国）佃农状况与拉古纳地区棉花工人状况的比较研究"。[80] 米切尔欣然同意。米切尔告诉西尼尔，"当然，一个关于墨西哥棉花工人与我们人民对比的故事应该是具有时效性的"，同时他给在拉古纳地区的联络人写信，告诉他们西尼尔即将开始的旅行。[81]

1939年春天，西尼尔乘坐火车抵达科阿韦拉州的托雷翁（Torreón），这是拉古纳地区最大的城市中心，距离得克萨斯州边境300英里[①]。在火车车窗外，他看到巨大的棉花种植园在纳萨斯河和阿瓜瓦尔河之间延伸，这些河流为复杂的灌溉渠系统提供水源，为干旱的山谷带来生机。自19世纪末以来，一直有墨西哥国内外的大量资本进入拉古纳地区，试图建立一个与墨西哥湾南部类似的棉田王国。19世纪90年代，一家美国公司甚至试图引进大量的非洲裔美国劳动力，但一场天花的爆发使幸存者逃回了亚拉巴马州。在农业革命初期，该地区的大地主成功地躲避了土地重新分配的威胁。但随着卡德纳斯的上台和该地区采棉工人的军事化，拉古纳地区的庄园主面临严峻的挑战，其高潮是1936年对该地区种植园的分割并重新分配给常驻劳工。伴随着土地赠予的是一个庞大的、由政府指导的合作和集体种植计划，以及国家村社信贷银行提供的低息贷款。然而，卡德纳斯关于拉古纳地区的土地重新分配设想并不是为了支持自给自足的农业，而是为了将小农户联合起来进行商业生产——正如人们常说的那样，创造"没有庄园主的庄园"。[82]

可以预见的是，当西尼尔到达拉古纳地区时，他感到非常震惊。

---

① 1英里约为1.6千米。——译者注

他很快就成了托雷翁的常客，整天与政府官员和员工们交谈，参观该地区的棉花农场，并访问学校。他在那里待的时间从几周变成了几个月，在拉古纳地区和墨西哥城的一个新公寓之间来回奔波。他对美国南方佃农联盟组织者 J. R. 巴特勒（J. R. Butler）说："对于任何想看到一个建立在摆脱奴隶制基础上的新世界的人来说，拉古纳地区是世界上最激动人心的地方之一。"[83] 西尼尔甚至觉得有必要给卡德纳斯写封信，讲述拉古纳地区所激发的团结精神。在 1938 年夏天，他对墨西哥总统说："在美国，我们正在为解决与墨西哥非常相似的土地问题而肩并肩地战斗。我们的佃农就是你们的常驻雇佣劳动者（peones acasillados）。"[84] 在简化了两个地区之间的阶级身份问题后，西尼尔在墨西哥的农村斗争中看到了深刻的共同点。

最重要的是，西尼尔希望他的美国南方同事们能亲眼看到拉古纳地区。因此，在 1939 年春天，他邀请了几十个关心美国南方佃农困境的社会活动家，参加在墨西哥主要棉花地区举行的会议。西尼尔提议："我们可以利用当前人们对南方事务和墨西哥革命的兴趣，来思考如何解决与棉花经济相关的人为问题。"按照他的设想，在一周的时间里，这些美国访问者将参观拉古纳地区，并思考"针对美国南方和新政试图解决的问题，墨西哥棉花集体种植地区做了什么"。他首先邀请的是米切尔和美国南方佃农联盟的领导层，但西尼尔也接触了美国南方的学者、农场领导人，甚至包括美国农场安全管理局的行政人员。在墨西哥国家村社信贷银行的合作下，西尼尔计划在 1939 年 7 月的第一周举行会议。会议被他故意起了一个具有讽刺意味的标题，"四十英亩和一头骡子：合作–集体农业"。[85]

美国南方佃农联盟负责人米切尔尤其热衷于参加这个活动。1939 年 6 月，米切尔与联盟的副主席——非裔美国人法里什·贝顿（Farish Betton）一起，从孟菲斯（Memphis）乘火车前往托雷翁。到达后，他们发现自己身处这样一片土地，这片土地"让人想起密西西比河沿岸肥沃的低地。棉花生长得与东阿肯色州的棉花一样高"。他们指出，拉古纳地区的不再存在的地主曾经在那里拥有土地,"就像他们拥有东阿肯色州的棉花种植园一样",而且那里的耕种者曾经"像阿肯色州的佃农一样被剥削,没有希望"。7月1日到5日,米切尔、贝顿、西尼尔和其他二十多位与会者一起,参观了印第安人村社,与农工见面,并视察了棉花田。他们听取了关于革命历史和墨西哥宪法第27条的重要性的演讲。在最后一天,他们帮助圣托马斯印第安人村社的新校舍奠基,并与群众一起唱起了《农民之歌》("Corrido del Agrarista")。[86] 托雷翁的墨西哥官员带着敬意与好奇心看待来自美国的访客们。一位国民革命党地区专员误以为美国南方佃农联盟是美国政府的代表,他翻译了该联盟的报告并发送给了卡德纳斯,认为这次访问揭示了"美国政府一直对该地区革命运动感兴趣并跟踪其进展"。[87]

米切尔和贝顿被这一经历深深打动,在返回孟菲斯的路上思考了他们这次访问的意义。两人都认为,"美国政府没有像墨西哥政府处理墨西哥农民问题那样,对美国佃农的困境作出回应"。同样,"美国的农场安全管理局应该从墨西哥的国家村社信贷银行吸取一些教训"。虽然米切尔和贝顿"不相信我们能像墨西哥农民那样解决我们自己的问题",但土地改革项目向他们提供了制定未来政策的可能途径。他们也表示:"应该考虑一项立法计划,通过对个人持有的大量土地征税来消除在外地主。当我们的联盟建立得足够强大时,我们这些拥有大量肥沃的土地,不需与沙漠抗争的人,就可以向墨西哥的农民展示一些东西。"[88]

不过,他们的联盟永远不会"建设得足够强大",从而使这种示范效应成为可能。越来越多的人看到他们的政治力量被新政解决农村不平等问题的意识所侵蚀,美国南方佃农联盟将永远无法恢复其以前在全国的影响地位。在冷战中,保守派将美国南方佃农联盟从国家记忆中抹去。然而,西尼尔仍在墨西哥待了几年,并在1940年、1941年和1942年的夏天又举办了三次拉古纳会议。在米切尔和贝顿到访托雷翁的第二年,西尼尔出版了一本关于该地区的书《民主来到棉花王国:

墨西哥拉古纳地区的故事》(*Democracy Comes to a Cotton Kingdom: The Story of Mexico's La Laguna*)。他在书中大胆宣称,拉古纳地区的成功"不仅为所有拉丁美洲国家的数百万无地农民高举火炬,而且还将为美国的佃农和租户问题带来启示"。[89]

然而,拉古纳地区农业实验的成功是值得怀疑的。虽然该地区在之后一段时间里继续生产棉花,并突出展示了将灌溉、机械化技术同具有社会责任感的土地利用规划相适应的可能性,但其成功的秘诀最终是不可持续的。历史学家米卡埃尔·沃尔夫(Mikael Wolfe)指出,墨西哥政府决定将农村社会正义与拉古纳地区的水坝建设和廉价灌溉联系起来,是对更深层次的经济和环境问题的一种短视的解决方案。国家规划者发现,重新分配水资源甚至比重新分配土地更困难,而且自然生态系统并不按照国家的控制愿景来反应。事实上,20世纪40年代建成的大坝破坏了该地区的脆弱生态,而正是这一生态系统才使得该地区富饶起来。由于地下水的过度灌溉迅速增加了土壤的盐度,拉古纳地区村社的农民们就像20世纪50年代和60年代墨西哥各地的数百万人一样,最终放弃了他们曾经寄予厚望的土地。[90]

虽然展示了泛美左翼力量团结的一个引人注目的时刻,但美国南方佃农联盟在1939年与拉古纳地区的接触并没有对这两个国家的政策产生重大影响。米切尔、贝顿和西尼尔只是在20世纪30年代末和40年代初前往墨西哥的农业知识分子中的一小部分人。其他越过边境的美国公民在新政的政治机器中的地位要高得多,这种旅行将重塑他们对农业和土地改革的思考。

在墨西哥的美国新政官员们

1933年,当罗斯福入主白宫时,他带来了一群多元的顾问,这些顾问将成为新政的智慧建筑师。这些"智囊团"——像弗朗西斯·珀金斯(Frances Perkins)、阿道夫·伯尔(Adolf Berle)、哈里·霍普金斯（Harry Hopkins）和哈罗德·艾克斯（Harold Ickes），以及其他几十个不太知名的官员——代表了一种与以往政府截然不同的政策制定方法。他们对无节制的自由放任经济持批评态度，试图将国家监管与社会和经济科学的原则结合起来，打造更加公平和平衡的资本主义。[91]

在美国农业部内部，社会规划的冲动尤其强烈。华莱士、特格韦尔和威尔逊等行政官员都体现了智囊团想要将农业和农场生活的混乱现实变得科学合理化的本能，尽管他们并不是单纯的技术官僚。自由派关于农村生活和小规模农业社会效益的浪漫化想象在程度上有所不同，但几乎所有的智囊团成员都致力于沿着更公平的路线重建美国农业经济。这些农业知识分子的意识形态已经被研究得很充分了，但很少有作品研究他们持续的国际主义倾向。[92]美国农业部的许多政策规划者都关注国外的农村改革试验，经常出国亲自考察这些成果。他们的地理想象力和好奇心非常广泛，足迹遍布世界各地，但特别值得注意的是他们对墨西哥的迷恋，这是最为主要的非欧洲国家的灵感来源。

美国农业部第一位前往墨西哥的"朝圣者"是特格韦尔，他是来自哥伦比亚大学的一名经济学家，在1933年至1935年期间担任农业部副部长，然后在1935年至1936年期间担任重新安置管理局局长。20世纪30年代初，特格韦尔着重批评了无节制的资本主义，同时支持国家对农业部门的干预，从而赢得了声誉。[93]就在被授予重新安置管理局局长一职的几个月后，特格韦尔宣布他将在美国农业部科学家小组的陪同下前往墨西哥城，名义上的目的是观察墨西哥果蝇和粉红棉铃虫的控制情况。[94]鉴于特格韦尔作为一个政治大腕的声誉，以及他缺乏任何昆虫学方面的培训，这次旅行的宣言引起人们的注意。接到访问通知的美国驻墨西哥大使约瑟夫斯·丹尼尔斯向特格韦尔询问他此行的真正目的，因为"在美国担任公职的人不能来这里，除非他有某种特殊的动机"。[95]墨西哥驻美大使弗朗西斯科·卡斯蒂略·纳赫拉（Francisco Castillo Nájera）也同样意识到特格韦尔此行的政治目的。卡斯蒂略·纳赫拉在特格韦尔访问的前一周写道："我怀疑他是想利用此行来考虑农业问题。"[96]

当然，丹尼尔斯大使和卡斯蒂略·纳赫拉大使都是正确的。特格韦尔在离开前向丹尼尔斯承认："我期待着这是一段可以休息的时期，也是一段有价值的受教育时期。"[97] 在墨西哥城的两周，特格韦尔会见了执政党的主要人物，并与他们一起视察了墨西哥城外的农村社区。特格韦尔显然乐于在两国的农村改革中"详细谈论共同的目标"。[98] 丹尼尔斯给农业部部长华莱士写道："我希望你昨晚能看到他，他与农业部部长萨图尔尼诺·塞迪略（Saturnino Cedillo）将军和国民革命党主席埃米利奥·波特斯·吉尔（Emilio Portes Gil）交换意见……他们通过翻译相处得很好，我想他们得出的结论是，我们的新政和墨西哥的六年计划有很多共同之处。"[99]

特格韦尔1935年对墨西哥的访问培养了他对该国土地改革试验的浓厚兴趣，他在美国农业部工作期间及之后都继续倡导关注墨西哥模式。当卡德纳斯在1936年和1937年加大土地再分配的力度时，特格韦尔推动他的新政同事将目光转向南方。他在1937年8月写给美国农业部部长华莱士的信中写道："卡德纳斯解决墨西哥土地问题的方式给我留下了深刻印象，我认为我们应该密切关注这一进程，以吸取教训。"[100] 同月，他向罗斯福总统邮寄了一份国民革命党关于墨西哥尤卡坦州土地改革的通讯文章，作为规划新成立的农场安全管理局战略方针的建议。[101] 但是，特格韦尔对墨西哥的观察，最重要的也许是1941年到1946年担任波多黎各最后一位被任命的联合总督时期。在圣胡安，特格韦尔与他的殖民主义前辈们彻底决裂，设计了向独立政府和自由选举的过渡。他还在波多黎各推行了一项土地改革和农业多样化计划，该计划借鉴了农村新政和墨西哥的努力。因此，特格韦尔在20世纪30年代受到的教育，将在以后的岁月里在整个加勒比海地区产生影响。[102]

特格韦尔只是美国农业部领导层中对墨西哥保持稳定关注的众多人士之一。1938年12月，威尔逊开始了他的南下之行。威尔逊在威斯康奈尔大学接受过农业经济学的学术训练,是合作农业模式的杰出倡导者,并成为新政在农村经济民主的最重要拥护者之一。在 20 世纪 30 年代,威尔逊曾担任农业部助理部长、农业部副部长和内政部宅地司的负责人,负责帮助城市失业者"回归土地"。[103] 在起草班克海德法案时,他也是坦南鲍姆最主要的美国农业部盟友。威尔逊计划了他的墨西哥之行,同时筹备第二届美洲农业会议,他的官方任务是"改善和扩大两国有关人员之间交流的设施"。[104] 到达墨西哥城后,威尔逊在一个公开仪式上会见了卡德纳斯总统及其农业工作人员,正如一家墨西哥报纸对这一事件的描述,卡德纳斯政府向美国访客展示了"墨西哥试图建立集体耕作的土地"。[105] 在几天的时间里,威尔逊和墨西哥农业部部长何塞·帕雷斯(José Parrés)讨论了墨西哥农业的未来,权衡了印第安人村社模式与私人大农场主模式的优劣。[106]

也许比起特格韦尔,威尔逊被墨西哥及其农业革命所吸引的程度更深。[107] 此后不久,他写信给美国农业部的一位同事说:"我迫不及待地想再回去做一次更远的旅行。"威尔逊在给另一位朋友的信中说:"我比以前更清楚地认识到墨西哥是一个多么美好的国家,拥有多么美好的文明……(我们)生活在美国的人应该如何理解它(以及)最近正在发生的社会和经济运动。"[108] 然而,这些观察并不只是浪漫的遐想,而是促使威尔逊在美国农业部和墨西哥的同行之间建立起了正式联系。回到华盛顿后,威尔逊提议进行持续的交流,"(美国)农业部的政策制定者……(在墨西哥)花上一周或十天时间,主要研究他们的历史、文化和农业。"这样美国访问者将"努力了解墨西哥,并帮助墨西哥表达自己,而不是假设我们必须把我们的意识形态、我们的想法和制度强加给他们"。[109] 他毫不费力地说服了已经很有同情心的农业部部长华莱士,他们一起游说,开始了一项美墨农业交流的正式计划。然而,保守的国务院官员不愿意在卡德纳斯卸任前开始任何此类合作。[110]

最终,威尔逊在协调与墨西哥的正式合作交流方面没有取得什么进展。然而,他将继续积极推进美国的农业改革,而他在墨西哥的观察很可能是一种启发。1939 年至 1942 年期间,威尔逊在美国农业部内以前所未有的努力,发起了一场积极的土地利用规划、成人教育和参与性农业研究的运动,以实现新政承诺的公正和公平的农村。科学家杰斯·吉尔伯特(Jess Gilbert)最近评价说,威尔逊在那些年里的征战是"首屈一指的,它承诺将美国农村改造成一个更加平等的社会,转向针对普通人的更广泛的权力和资源分配"。[111] 在这些年里,威尔逊继续密切关注墨西哥。1942 年,他和弗兰克·坦南鲍姆试图将墨西哥前总统卡德纳斯带到美国参观新政项目,但未获成功。[112] 在国内日益增长的保守主义使像威尔逊这样的美国农业部改革派被边缘化之后,他就与其他新政主义者一起,在"二战"后的几年里把他们的农业意识形态带到国外。20 世纪 40 年代末,威尔逊离开美国,在印度和巴基斯坦从事类似项目。他在 20 世纪 30 年代从农村贫困中吸取的教训激发了他的坚定信念,即科学的计划与平衡的社会政治相结合可以改善最"落后"的社会。[113]

然而,美国农业部对墨西哥最重要的"朝圣"之旅是在卡德纳斯时期的最后几天,1933 年至 1940 年的美国农业部部长亨利·阿加德·华莱士于 1940 年 12 月前往墨西哥中部。华莱士是一个神秘的人物,在很大程度上被美国民众的记忆所遗忘,但他的生活中却缠绕着 20 世纪农村变革的巨大矛盾。华莱士 1888 年出生于艾奥瓦州,是一个农业领袖家族的后代。他的祖父创办了广受欢迎的《华莱士农民报》(*Wallaces' Farmer Newspaper*),他的父亲亨利·C. 华莱士曾在 20 世纪 20 年代初担任美国农业部部长。作为一个内向的年轻人,亨利·阿加德·华莱士将他的时间和热情投入玉米育种中,并在 1926 年成立了 Hi-Bred 玉米公司,这是第一家开发和销售杂交玉米种子的商业性种子公司。不过,华莱士并不只是农业综合企业的一颗小螺丝钉,他相信新技术和产量的提高可以拯救他所倡导的小规模农业,而不是破坏它。[114]

当华莱士在 1933 年加入罗斯福内阁时,他最初对围绕在他身边的政治思想家，特别是特格韦尔持谨慎态度。毕竟他来自一个共和党家庭，一生中的大部分时间里都投了共和党的票。农业调整管理局最初的保守主义反映了这一点。1935 年，农业调整管理局内部因佃农的命运而发生政治冲突，使美国农业部的城市自由主义者与南方的保守主义者对立起来，华莱士选择避免与根深蒂固的利益集团发生对抗，并解雇了年轻的左派成员。但是，1935 年的"清洗"并不标志着华莱士改革主义的结束，而只是一个短暂的低谷。在新政的后期，华莱士经历了一次政治上的觉醒，因为他面对的是与他童年时代的艾奥瓦州乡村大相径庭的农村贫困。1936 年和 1937 年期间，华莱士在特格韦尔的带领下在南方种植园展开了变革之旅，这对他的思想激进化发挥了决定性的作用。他对农场安全管理局等活动机构的管理证明了他的转变。在他担任农业部部长的最后几年，华莱士对技术变革的社会影响有了深刻的认识；他在 1940 年夏天写道，农业发展应该"以人为首要关注点，以机器和土地分别为第二和第三关注点"。[115]

多年来，华莱士还培养了对拉丁美洲的浓厚兴趣。这种好奇心最初来自他对墨西哥本地特有的植物——玉米的迷恋，以及驯化玉米的原住民。但墨西哥的革命式的农业计划也引起了华莱士的兴趣；1937 年，华莱士建议新成立的农场安全管理局在开展美国的计划之前，先研究"墨西哥在做什么"。[116] 在 20 世纪 30 年代的最后几年里，这些早期的兴趣发展成了对所有西班牙事物的近乎狂热的痴迷。1939 年，华莱士为美国农业部工作人员组织了一系列定期的西班牙语午餐会，讨论拉丁美洲的问题。一年之内，他就能自信地说西班牙语，虽然说得很慢。[117]

华莱士 1940 年对墨西哥的访问是在两国的政治转型时期进行的。到 1938 年底，卡德纳斯开始从他最积极的社会政策中缓慢而稳定地撤出。土地再分配在 1938 年达到顶峰后，在其总统任期的最后两年开始放缓。卡德纳斯知道他在总统任期内树敌甚多，因此开始倾向于稳定和节制。当这一革命性的执政党在 1940 年初召开会议选择其

7月选举的候选人时，这一点变得尤为明显。令许多人惊讶的是，卡德纳斯放弃了他预想中的继任者——激进主义的弗朗西斯科·穆吉卡（Francisco Múgica），而选择了一个不太出名的中间派候选人：卡德纳斯的国防部长曼努埃尔·阿维拉·卡马乔（Manuel Ávila Camacho）。然而，保守派仍不满意。胡安·安德鲁·阿尔马赞（Juan Andreu Almazán），一个在商人和中产阶级中享有广泛支持的北方人，作为反对派候选人向阿维拉·卡马乔发起挑战。7月，阿维拉·卡马乔在一次无疑是非民主的选举中声称获胜，阿尔马赞对这一裁决提出异议，并表示如果政府不在1940年12月1日总统就职典礼前承认他的合法权利，他就将发动武装起义。[118]

1940年，随着墨西哥的政治精英们向右倾斜，美国出现向左倾斜。罗斯福着眼于欧洲如火如荼的战争，史无前例地宣布第三次参加竞选。民主党人团结在罗斯福身后，但在1940年7月，当党的领导人在芝加哥召开会议选择罗斯福的副总统候选人时，冲突爆发了。罗斯福的健康已经显示出恶化的迹象，而民主党领导人意识到这个职位的重要性。南方保守派坚决要求将他们的一个盟友列入候选人名单，因为他们近年来与新政的左转倾向越来越不一致。但是，罗斯福和他的盟友对南方势力阻挠新政的行为耿耿于怀，推动了对华莱士的提名，他是新政的农业部部长和农业计划的主要规划者之一。这一选择代表了新政激进主义的高潮，可想而知地激怒了保守的民主党人。[119]

1940年9月，华莱士卸下农业部部长的职务，与罗斯福一起参加11月的选举，最终他们以较大的优势赢得了选举，之后就是等待1941年1月的就职典礼。其间，他有三个月的时间可以随意支配。华莱士几乎没有犹豫就选择了实现他长期以来的拉美之行的梦想。但当华莱士将他的计划通知罗斯福时，总统决定一石二鸟。由于担心墨西哥围绕总统继任产生的政治不稳定问题，罗斯福通知兴高采烈的华莱士，他将代表美国出席1940年12月阿维拉·卡马乔在墨西哥城举行的就职典礼。罗斯福希望，华莱士的出席将表明美国对卡德纳斯的政党及其候选人的支持,并对泛美国家团结作出姿态。这将是 1910 年墨西哥革命爆发以来,美国主要官员对墨西哥的首次访问。美国媒体将此行誉为左派团结的历史性展示。《华盛顿邮报》写道,墨西哥的革命式政府"幸运地碰巧"欢迎了华莱士,"美国社会实验的使徒"。[120]

华莱士没有乘坐飞机或带上大型外交车队,而是选择自己开车从华盛顿到墨西哥城,以便更好地了解墨西哥的乡村情况(图 2.1)。在边境,阿维拉·卡马乔内阁中即将上任的农业部部长、前萨帕塔组织成员马尔特·R. 戈麦斯加入了华莱士的行程,并担任他的导游。当他们向南行驶时,两个人经常停下来与农民交谈,参观村社的学校,并视察玉米地,这常常让那些注重日程计划安排的国务院协调员感到困扰。戈麦斯坚持让华莱士参观塔毛利帕斯州的集体制糖村社 El Mante,这给华莱士留下了深刻印象。[121]

12 月 1 日,在墨西哥城国家宫举行的总统就职典礼聚集了不同的人群,这些人代表着过去十年美墨农业交流的缩影。华莱士和美国大

图 2.1 1940 年 11 月,华莱士与圣路易斯波托西州塔玛孙查莱的农民会面

图片来源: Getty Images.

使约瑟夫斯·丹尼尔斯与卡德纳斯、阿维拉·卡马乔和戈麦斯探讨了农业政策。其他来自美国政府的正式受邀者包括马文·琼斯，他是得克萨斯州的代表，早些时候曾在众议院支持班克海德法案。[122] 出现在国家宫的还有无处不在的坦南鲍姆，他被卡德纳斯邀请参加就职典礼，当时他还是墨西哥总统的亲密朋友。[123] 在阿维拉·卡马乔的就职演说之后，美国和墨西哥的客人们走进美丽的艺术宫，观看托马斯·埃斯科贝多（Tomás Escobedo）的戏剧《村社之歌》，该剧将土地再分配誉为墨西哥革命的最高成就。[124]

就职典礼后，华莱士以个人度假的理由在墨西哥停留了一个多月，与他的妻子去了中部的米却肯州、哈利斯科州和普埃布拉州。在这几周里，华莱士从根本上相信，美国那些希望努力解决农村和农业问题的人必须学习墨西哥的进步经验。回国后，他决定在《华莱士农民》杂志上撰写一系列关于这次访问的专题报道，这是他自 1933 年以来的第一次尝试。华莱士向成千上万的读者介绍了墨西哥，"在很长一段时间里，98% 的耕作者没有自己的土地"。但最近的农业试验扭转了这一局面，华莱士描述了卡德纳斯如何"打破了大庄园或大地产制度，将土地置于农民或小农的控制之下"。他认为，这些努力有点类似新政，因为印第安人村社"有点像自给自足的农场项目"。然而，华莱士印象最深的也许是"在过去六年中建立的数以百计的村社学校"，"这些学校在决定墨西哥五十年后的农业生产力和生活质量方面，可能比任何其他事情都更有用"。[125]

如果说华莱士坚信美国更多人需要了解墨西哥的农业改革，他同样相信新政可以给墨西哥带来很多回馈。华莱士在写给美国国务卿科德尔·赫尔（Cordell Hull）的信中坚持认为，对于"80% 的墨西哥人民来说……最需要的是一个头脑灵活、心地善良的农场安全管理局"，以向农民提供负担得起的信贷。华莱士相信："村社制度下的农作物产量最终会比大庄园制度下的产量高，但在 1940 年，以目前印第安人村社的劳作者的技术，平均每个人的产量还达不到美国南方普通佃农的产量。"华莱士认为，"美国的技术援助可能是解决这一困境的关键。"他对赫尔说："美国某个优秀基金会可以提供很好的服务，建立一个比较小的实验站，发现和展示更有效的玉米和豆类的种植方法。"[126] 正如第四章将说明的那样，这正是洛克菲勒基金会在1943年所做的工作。

华莱士1940年的墨西哥之行展示了一个正在崛起的自由主义者，他的地位在随后的几年里只会越来越高。虽然他没有回到美国农业部担任农业政策制定者，但作为副总统，华莱士成为发展美国与拉丁美洲平等关系的最杰出倡导者，以及西半球文化和经济帝国主义的批评者。他曾宣称，第二次世界大战不是为了迎来一个"美国世纪"，而是为了迎来一个"普通人的世纪"。在1943年对中美洲和南美洲进行的史无前例的五周外交访问中，他经常重复这一句话。作为一名美国官员，华莱士在拉丁美洲获得了20世纪中期无可比拟的尊重和钦佩。最终，他对经济民主和全球和平的承诺使他与民主党疏远，1948年他与民主党决裂，将反对不断升级的冷战作为竞选纲领。然而，在描绘华莱士颠沛流离的职业生涯时，我们必须承认1940年墨西哥之行的重要性，正如他经常声称的那样，这是他在拉丁美洲的"初恋"，是他国内和国际自由主义的桥梁。[127]

特格韦尔、威尔逊和华莱士虽然不是在新政的热潮中美国政府里仅有的前往墨西哥的"朝圣者"，但是其中最突出的角色。美国农业部和其他农业权威机构中不太知名的官僚，如莫迪凯·埃塞克尔（Mordecai Ezekiel）、克劳德·威卡德（Claude Wickard）、保罗·阿普尔比（Paul Appleby）、诺曼·利特尔（Norman Littell）、休·贝内特（Hugh Bennett）和约翰·科利尔（John Collier），以及许多其他人，在卡德纳斯时期也参与了对墨西哥的这种政治参观。[128] 不论是向前推十年，还是往后推十年，这样的旅行都是极为罕见的。但在新政和六年计划的十字路口，政治可能性的范围似乎比以前更广泛。

小结

  20世纪30年代是墨西哥以前所未有的方式俘获美国人想象力的十年。在国家危机和自我怀疑的时刻，许多美国人把目光投向南方，寻找一种可感知的真实性和工业现代化的替代方案。在大萧条的十年里，墨西哥的民间艺术家、音乐家和画家在所谓的北方巨人中找到了众多的新观众。壁画家迭戈·里维拉（Diego Rivera）和何塞·克莱门特·奥罗斯科（José Clemente Orozco）的作品唤起了墨西哥革命的激进承诺，他们在密歇根州的底特律和新罕布什尔州的汉诺威创作了一些最具影响力的作品。在那个动荡的十年里，用《纽约时报》1933年的话来说，美国对"墨西哥事物的巨大魅力"赞不绝口。[129]

  比这十年的文化交流更鲜为人知的是农业政治战略方面的南来北往。随着美国和墨西哥政府各自展开非凡的农业实验，以重塑其农村地区的社会、政治和经济结构形态，美国越来越多的充满希望的改革者将目光投向国家边界之外，以寻找蓝图和灵感。他们所做的比较，以及他们所走过的旅程，将深刻地重塑美国政府内部和外部的农村社会正义运动。美国的任何地方都不会比南方棉花地带受到更多的震撼，因为在遵从世界主义的改革者眼中，该地区与墨西哥的农村困境最为相似，并将从其解决方案中获益最多。

  美国的农业"朝圣者"们在将墨西哥经验化为己用方面取得了不同程度的成功。美国南方佃农联盟的领导层，也许是被剥夺权利的佃农群体最有名的拥护者，转向墨西哥寻求能重振其运动队伍的办法，但由于联盟的影响力下降，未能吸取墨西哥的经验教训。然而，在新政官僚中，对墨西哥的关注将具有更大的分量。在罗斯福的农业部，一批农业自由主义者努力扭转该部门强调帮助较富裕的商业农民的做法。在寻找国外的灵感时，这些自由主义者转向了墨西哥革命式农业主义的言论和行动，1934年后，墨西哥正在经历一场自身农业主义的复兴。被历史学家遗忘的是，这种与墨西哥革命的接触在农村新政的激进过程中起到了关键作用。美国农业部的许多主要政策制定者在这十年间前往墨西哥,根据他们观察到的情况来衡量自己的工作。但农业交流最具体的成果是农场安全管理局的设立,它被广泛认为是农村新政中最积极的改革机构,其构想源于坦南鲍姆对美国南方和墨西哥革命的对比研究。

美国和墨西哥关于农村改革的对话持续了不到十年,对一些人来说,这可能证明了这是一个短暂的时段,一个最终被两国日益增长的保守主义关闭的机会之窗。难以否认的是,20世纪40年代和50年代的美国和墨西哥的政治家们都背弃了农场安全管理局和村社制度,置之不理。1946年,在农场安全管理局被废除并改名为农民之家管理局的同一年,即将上任的墨西哥总统米格尔·阿莱曼表明他会明显偏离其前任的农业政策,并开始推翻卡德纳斯在土地改革方面的成就。

但由于时机问题,在美国战后向新生的第三世界扩张之际,墨西哥和美国农民之间的对话在全球产生了共鸣。尽管到20世纪40年代中期,在农场安全管理局等机构任职的农村新政支持者在美国政治中越来越被边缘化,但在战后的几十年里,他们作为"发展"的突击队,以联合国粮食及农业组织和美国国际开发署等机构雇员的身份,在全球范围内四处奔走。最近的学术研究表明,即使农村新政中最具社会责任感和再分配性质的农村项目在冷战中在国内消亡,它们在国外仍然存在。在冷战期间,当那些目光炯炯的理想主义农业规划者离开阿肯色州、亚拉巴马州和佐治亚州,前往非洲、亚洲和拉丁美洲的乡村时,他们无疑将自己想象成20世纪30年代美国自由主义的骄傲火炬手,将新政输出到新的土地上。虽然他们中的许多人不可能意识到他们所携带的改革模式本身就是进口产品,但历史学家肯定能认识到其中的讽刺意味。[130]

然而,罗斯福时期的美国和卡德纳斯时期的墨西哥之间的对话,其特点是对话而不是独白。每一方都在说话和倾听。墨西哥改革者被国内的政治变化所鼓舞，对罗斯福政府不断发展的农业改革计划感到好奇，急切地记录下其影响和成就。这些观察家往往特别关注美国南方，那里的改革风险最大。因此，下一章将研究新政的农业社会改革如何在墨西哥的土地上扎根。

Agrarian Crossings

第三章

庄园和种植园：
在墨西哥农业新领域中的发展情况

Chapter 3

> 格兰德河不宽,两个国家的优秀事物都能顺利越过边界进行交流。
> ——美国驻墨西哥大使约瑟夫·丹尼尔斯,1937 年

1938 年夏天,美国农民新政的改革主义愿景和墨西哥六年计划以戏剧性的方式结合在了一起。富兰克林·罗斯福领导下的美国农业部当时正进入最激进的农村社会改革阶段,而拉萨罗·卡德纳斯已经完成了数百万英亩土地的征用和分配。不足为奇的是,在这个时代,关于两个国家的领导人和两国政治之间的比较越来越频繁。也许没有人比阿道夫·鲁伊斯·科蒂内斯(Adolfo Ruiz Cortines)更清楚地认识到两国共同面临的争斗局面,他是墨西哥城的一名联邦议员,也是卡德纳斯执政党的一颗新星,后来在 20 世纪 50 年代成为墨西哥的国家总统。在 1938 年 7 月的一篇《环球报》社论中,鲁伊斯·科蒂内斯认为:"几乎没有(墨西哥)人不知道,在美国,一位社会正义的斗士已经顽强地对抗了财阀的巨大九头蛇,后者用无情的美元货币控制了那里的一切。"但是,如果说"罗斯福因其伟大的政治成就而值得世界钦佩",鲁伊斯·科蒂内斯坚持认为,"在我们国家,还存在着另一位代表社会正义分配的勇士"。这位勇士被类似的"社会变革的目的"所激励,他"塑造了一个我们从未拥有过的强大的民族身份"。因此,卡德纳斯总统应该被认为是"墨西哥新政的书写者"。[1]

鲁伊斯·科蒂内斯认为,至少对墨西哥听众而言,应该以美国政治为参照物来衡量卡德纳斯的成就,这说明在 20 世纪 30 年代激进改革时期,国外的案例对墨西哥的改革氛围有非常大的影响。这一章和上一章一样,将探讨这种比较和政治模式的转移,尤其是对美墨边境的农村。但是,如果说本书前两章研究了墨西哥的农业革命对美国农

村新政运动的影响,本章将分析这一政治交流高速公路另一侧的情况。本章将探讨卡德纳斯土地改革的设计师如何密切关注罗斯福在美国农村的试验,尤其是美国南方的棉花地带。虽然卡德纳斯被广泛认为是现代墨西哥首屈一指的民族主义者,他积极抵抗外国资本的统治,但他的政府对美国农村新政的借鉴推翻了这种简单的定性区分。

过去的几代人对卡德纳斯总统的改革动机、影响和后果,特别是对其农业改革计划进行了激烈辩论,也产生了不少分歧。学者们对20世纪30年代的政治变革得出了截然不同的结论,对卡德纳斯改革的描述,从一场革命性民粹主义梦想的救赎,到法团主义官僚的联合和背叛。[2] 然而,即使关于这个时代的学术研究仍然存在分歧,几乎所有观点都认为卡德纳斯是一个民族主义者,他的议程仅限于民族国家。直到最近,研究这个时期的学者才开始承认,卡德纳斯的政治改革是在全球范围内进行的,通过对国际马克思主义网络的研究,他们考察了墨西哥如何应对世界经济萧条,如何寻求将其改革作为一种模式向其他拉丁美洲国家宣传。[3] 不过,具体考察墨西哥土地改革——可以说是卡德纳斯时期最重要的运动——人们对影响墨西哥20世纪30年代土地再分配的外国因素仍知之甚少。[4]

为什么卡德纳斯的农业改革计划长期以来一直被严格地局限在墨西哥背景下看待?这种对土地改革判断的直觉在很大程度上直接源于1910—1917年墨西哥革命中的民众诉求,这些诉求植根于地方冲突,诞生于迪亚斯独裁时期的国内变革。正如历史学家阿兰·耐特(Alan Knight)在最近一篇关于20世纪30年代对墨西哥的重新思考的文章中所说,卡德纳斯的农业改革项目"显然是革命性的,因此是墨西哥特有的"[5]。事实上,卡德纳斯也经常宣称,他的改革议程是对墨西哥特殊革命时期的回应,在拉丁美洲乃至全世界都是独一无二的。然而,仅仅从土地征用和再分配的角度来理解卡德纳斯的农业改革项目,掩盖了该运动的多方面复杂性。卡德纳斯对墨西哥的食物需求有深刻的认识,他确实认为,土地的重新分配对建立一个令人满意的、有生产力的墨西哥农村至关重要。但在他看来，仅拥有土地是不够的，紧接着要做的是土地保护、灌溉、土地使用规划、合作信贷制度建设以及越来越科学的耕作方式。这些计划决定了卡德纳斯总统任期最后几年的发展，以及他的继任者阿维拉·卡马乔的任期中的发展，这也是近来一些研究的重点。[6] 正是在卡马乔时期改革项目的后一阶段，卡德纳斯主义是最具有世界性的。也正是在这一时期，墨西哥规划者寻求美国农民新政的经验和建议，产生了意想不到的后果。

早在20世纪30年代之前，美国改造农业和农村生活的理论和实践模式就已经影响了墨西哥。20世纪的第二个和第三个十年，罗伯特·雷德菲尔德（Robert Redfield）、鲁思·本尼迪克特（Ruth Benedict）、约翰·杜威（John Dewey）和弗朗茨·博厄斯（Franz Boas）等社会科学家对墨西哥的原住民文化、农村教育和农民未来等的理论产生了深远影响。[7] 同样，自波菲里奥时期以来，墨西哥的政治家和技术人员也热衷于借鉴美国的农业科学，当时墨西哥的农学从其传统的法国根源转向对美国农业部提倡的"现代化"农业的推崇。[8] 然而，这些早期的观察大多是非政治性和技术性的，只涉及增加农业生产而没有其他内容。但是，随着农民新政对美国农村的文化、社会和政治问题进行了大规模的变革，美国早期与墨西哥交流的内容和态度发生了巨大的变化。我们必须承认的是，具有社会意识的左派人士启发了20世纪30年代的美国农业部，墨西哥的广大改革者——其中许多人是纯正忠诚的民族主义者——利用了美国和墨西哥农业实验的政治融合。

本章遵循两条交叉的交流途径，试图说明农村新政在20世纪30年代农业主义中留下的不为人知的印记。首先，它探讨了墨西哥土地改革的设计者——大众农民组织、政治家和官僚，以及农学家和工程师——如何在新政不断发展的农村社会转型计划中寻求指导和灵感。这种交流既是正式的又是非正式的，既是实质性的又是象征性的。它体现在墨西哥官僚机构对新政相关出版物、通知和公告的无数要求中，也体现在直接邀请美国工作人员为卡德纳斯主义的关键项目提供服务中。它浮现在对新政的进步主义领导的崇拜仪式中,也浮现在农业主义者对主要位于美国南部的社会转型实验田的政治朝拜中。

其次,我认为,在墨西哥的"新政介绍者"——1933年至1942年的美国驻墨西哥大使约瑟夫·丹尼尔斯的同情和声援对卡德纳斯主义改革项目的成功贡献最大。丹尼尔斯是一个自相矛盾的人物:他是北卡罗来纳州的农业民粹党人,同时又是著名的白人至上主义者;他是美国帝国主义的强烈反对者,但又在1914年作为美国海军部部长,监督占领韦拉克鲁斯军事行动。在卡德纳斯的征地运动中,丹尼尔斯负责维护美国的土地在墨西哥的拥有权,他对土地改革的进展拥有惊人的影响力。实际上,通过一封电报或一通电话,丹尼尔斯就可以申请美国进行军事干预来扰乱农业改革的道路,甚至破坏墨西哥的国家主权,这在几十年前美国资本感受到拉美民族主义的热潮时非常常见。然而,丹尼尔斯对农村新政的坚定忠诚,他的南方地区主义,以及他对北卡罗来纳州的土地租赁和无地农民状态的不满,使他选择了另一种回应。这位大使最终成为墨西哥土地革命和农民的一个意想不到的支持者,为卡德纳斯实现政治的可能性开辟了途径。这种心照不宣的妥协,对于西半球最具变革性的土地再分配运动的成功至关重要。

农业主义向北看

1936年10月6日,全国农民联盟(Liga Nacional Campesina)在墨西哥城召开会议,起草一份对一位"伟大政治家"的赞扬和"最热烈祝贺"的决议。会议召开的这一年,卡德纳斯总统发起的农业运动急剧升级,但该联盟召开会议并不是为了赞扬他。联盟的决议是写给美国总统罗斯福和"他的新政,给姐妹国家的无产阶级组织带来了如此巨大的好处"。也许是为了回应罗斯福在农村贫困问题上新近发表的咄咄逼人的言论,联盟表示希望"我们在美国的这个阶层的数百万兄弟的选票将助力(他)连任"[9]。当联盟把决议交给美国大使丹尼尔斯,让他转交罗斯福时,丹尼尔斯感叹道:"这些人同世界上发生的事情保持步调一致,与时俱进,并感到他们是那些支持长期被遗忘的人的社会运动的一部分,他们促使这些运动不断扩大、繁荣。"[10] 不过,这种跨越边界的政治忠诚和交流并非罕见,在新政和六年计划同时进行的几年中变得非常普遍。

尽管在罗斯福或卡德纳斯崛起之前,美国和墨西哥在农业和土地问题上的交流早已经开始,但在 20 世纪 30 年代中期,墨西哥改革者普遍意识到美国政府处理农村事务的方式已经发生了巨大的转变。随着保守的农业调整管理局让位于农场安全管理局和更新后的农业经济局,越来越多的墨西哥观察家注意到了美国政治潮流的变化。华盛顿泛美联盟(Pan American Union)的墨西哥代表佩德罗·德·阿尔瓦(Pedro de Alba)在 1938 年告诉墨西哥农业部部长何塞·帕雷斯,美国农业部正在进行一项双重的"社会和科学任务",是"对墨西哥的进步拥有最多同理心的部门之一"[11]。墨西哥驻美大使弗朗西斯科·卡斯蒂略·纳赫拉(Francisco Castillo Nájera)总结说,"(罗斯福)内阁一致倾向于农业的左翼方向",他强调"美国农业部的两位主管,亨利·华莱士和米尔本·林肯·威尔逊,都是自由主义者"。[12] 毫不奇怪,墨西哥国内政策制定者对这些消息反应迅速。卡德纳斯的农业部副部长费尔南多·福格里奥·米拉蒙特斯(Fernando Foglio Miramontes)在 1939 年写信给威尔逊,承认"对贵国的农业进步运动非常感兴趣"[13]。

感受到华盛顿对墨西哥新出现的同理心气氛和美国农业政策的动态调整,卡德纳斯的政策制定者开始研究新政的农村计划,寻找可能适用于他们国家的要素。这种关注引发了墨西哥人对出版物和参考文献的大量要求,特别是在卡德纳斯执政后期,国家规划者们思考着如何在信贷、住房、灌溉和农业科学方面支持最近的农业村社的被资助者。因此,墨西哥农业研究所(Instituto Mexicano de Estudios Agrícolas)在 1935 年夏天重新索要了亚拉巴马州参议员班克海德《农场租户住宅法》的资料;而一个新成立的代表农村利益的国家组织——全国农民联合会（Confederación Nacional Campesina），在1939年初写信给农业经济局，要求提供"有关美国农业人口的技术、经济和社会信息"。[14] 但对墨西哥的观察家来说，最诱人的机构可能是农场安全管理局，它是美国农业部中最积极的改革机构。卡德纳斯本人承认，他很清楚该机构"为美国低收入农民所做的类似试验"。[15] 他不是唯一一个这么认为的人：1937年，墨西哥大使馆曾写信给农场安全管理局的领导层，索要关于"为收入不高的家庭建造房屋"的信息；1941年，领事官员向该机构寻求关于"帮助贫困的农业家庭实现自立"的出版物。[16]

很显然，卡德纳斯执政党的最高领导层对新政的农村议程有着深刻的了解。1937年，该党领导层针对美国读者出版了一本不同寻常的宣传小册子，名为《新政和六年计划》。这本小册子由吉尔伯托·弗洛雷斯·穆尼奥斯（Gilberto Flores Muñoz）用英语撰写，他是该党的秘书长，后来在20世纪50年代担任墨西哥农业部部长。这本小册子试图赢得美国自由派对墨西哥改革议程的支持，多处提到"改善人类生活的共同社会理想"。然而，它也显示了穆尼奥斯对罗斯福的农业项目非常熟悉。这位秘书长非常了解"北方工业地区工人的贫困状况，尤其了解南方各州农民的贫困状况"，并强调"阿肯色州东部地区的劳动群众实际上是农奴"。弗洛雷斯·穆尼奥斯认为，值得庆幸的是，这些赤裸裸的社会问题促使美国农业部"开展了一场激烈的运动，以提高该地区的生活水平"。弗洛雷斯·穆尼奥斯强调了农村电气化、住房计划和"灌输更强的社会现实意识"的文化运动，他总结说，美国政府已经取得了一定的成功。根据他的判断，新政"将把美国农民从暴力压迫中解救出来"。[17]

然而，卡德纳斯主义者们对新政的颂扬并不仅仅是言辞上的；他们也采取了实际行动，例如革命性的执政党把美国的规划师和社会科学家带到墨西哥，在该国直接应用他们的知识。这方面最令人惊讶的例子也许发生在这十年土地改革运动的原点——拉古纳地区的棉花地带。正如前一章所述，1936年，卡德纳斯总统干预了拉古纳地区的军事化的棉花工人和地主之间的激烈斗争,拉古纳地区是横跨科阿韦拉州和杜兰戈州北部的富裕的棉花地带。同年10月,卡德纳斯从大庄园征用了数百万英亩的灌溉棉田——这些棉田与通常保留给印第安人村社的边缘贫瘠岩块土地相去甚远——然后将它们交给新组织的工人合作社,这一做法使得墨西哥各地的地主感到恐慌。不在墨西哥的外国地主们付出了大部分的代价,例如美国和英国联营的特拉华利洛土地公司(Tlahualilo Land Company),该地区最大的土地拥有者之一。[18]

经济民族主义在拉古纳地区的土地改革中发挥了根本作用。然而,矛盾的是,在这种民族主义的氛围中,卡德纳斯的规划师们决定,新政的经济学和社会科学对于支持新建立的棉花农业合作体系至关重要。划分棉花种植区后,卡德纳斯政府立即起草了一些政策措施,为拉古纳地区的村社成员提供灌溉、信贷和技术援助,以确保他们的生存和生产力。在寻求这一目标时,卡德纳斯政府将目光投向了美国。就在1936年10月大幅征用土地的几周后,墨西哥财政部部长爱德华多·苏亚雷斯(Eduardo Suárez)与美国驻墨西哥城大使馆联系,表示他"非常渴望"获得"一位一流的农业合作信贷专家和一位一流的农业信贷经济学专家",以便在拉古纳地区开展工作。[19]他特别希望这些专家"是来自美国农业部的",他可能知道这一机构的政治倾向及对墨西哥农业改革的同理心。[20]

来自新政工程的官员热切地满足卡德纳斯政府的要求。丹尼尔斯大使是土地运动和美国农村改革的坚定支持者——这一点将在下文中继续探讨——他认为拉古纳地区的试验"类似美国的重新安置项目"。[21]他写信说服美国农业部部长华莱士"安排两个优秀的人才去做这项服务",并指出他们将"学到很多东西",成为"农业部的墨西哥农业专家"。[22]华莱士部长也很热情,推荐了几个人选,但他补充说,部门规章不允许美国农业部为其在国外工作的雇员支付费用,因此,墨西哥政府需负责支付专家的工资。[23]尽管有这样的挫折,苏亚雷斯仍然坚持要聘用美国人员。1937年3月,他在墨西哥城面试了一名来自美国农业部的候选人，之后在 4 月前往华盛顿面试另一名候选人，并与重新安置管理局的农村安置项目主任会面，讨论工作交流的可能性。[24] 不过，财政的压力迫使苏亚雷斯在聘用时犹豫不决。墨西哥政府经历了近十年的经济衰退，又因支付了最近被征用的土地的款项，产生了巨大的内部财政压力，而满足重新安置管理局的最优秀候选人要求每天 25 美元的不菲薪资，这是难以接受的。所以 1937 年夏天过去了，苏亚雷斯的要求仍然没有得到满足。[25]

然而，1937 年秋天，当供职于美国农业部的农业经济学家莫迪凯·伊齐基尔（Mordecai Ezekiel）到墨西哥考察时，将农村新政与拉古纳地区的棉花试验结合起来的尝试，得到了有力的推动。作为华莱士部长的首要经济顾问，伊齐基尔长期以来一直倡导在美国农业部的各种项目中实现公平分配，特别是对南方的佃农群体应有所倾斜。[26] 伊齐基尔与丹尼尔斯大使讨论了一年前尝试将美国农业部的规划师派到拉古纳地区，却无果而终的事，他越来越相信，"美国在农业组织和教育方面的许多经验对我们的墨西哥朋友有很大的价值"。[27] 因此，他认为，新政应该更慷慨地分享其农业蓝图。回到华盛顿后，伊齐基尔推动了美国农业部支付派到墨西哥的专家的工资，1938 年夏天，他获得了成功。[28] 华莱士也同样热心，他认为美国农业部在 20 世纪 30 年代末对农民的重新安置、信贷和教育工作，与卡德纳斯在拉古纳地区推行的开创性的独特土地改革运动完全吻合。华莱士在给丹尼尔斯的信中写道："在大片土地被分割并落入个人定居者手中的地方，我们希望（新政）的农业推广工作将有助于这些定居者最有效地利用他们的土地。"[29]

墨西哥财政部部长苏亚雷斯在得知美国农业部提出资助该合作项目后，感到"非常满意"，并表示"如果美国农业部部长华莱士能够安排这一事宜"，他"将非常感激"[30]。1938 年 7 月，美国农业部遴选了联邦农业局的沃尔特·E. 帕卡德（Walter E. Packard）作为新政项目派往拉古纳地区的特使。[31] 帕卡德是一个独一无二的人物。他是华莱士在艾奥瓦州立大学的同学，20 世纪 20 年代曾在墨西哥工作过，最终在卡列斯时期成为国家灌溉委员会的一名高级官员。他在墨西哥的四年，使他对农业主义者的事业拥有深切的同情，帕卡德将农业革命描述为"历史上最伟大的农业调整之一"，它将"使（墨西哥的）人民能够充分享受他们自己的劳动成果"[32]。他甚至认识了社会主义画家迭戈·里维拉（Diego Rivera），后者后来将帕卡德描述为"墨西哥真正的朋友"。[33] 罗斯福上台后，帕卡德热情地加入了美国农业部，升任特格韦尔领导下的重新安置管理局中的农村安置管理局（Rural Resettlement Division）的局长，之后在农场安全管理局的土地使用项目中任职。因此，他是连接两国在农村社会工程方面的努力的最佳人选。帕卡德并不是唯一一个为拉古纳地区工作的美国人，因为有几位美国工程师也就大坝建设和灌溉问题提供过咨询服务。[34] 但是，在卡德纳斯备受关注的农业试验中，他对组织印第安人村社生产这一政治敏感工作产生了过度影响，这是独一无二的。虽然美国和墨西哥的档案记录对帕卡德的具体参与情况只字未提，但他曾被邀请参与变革的事实和他曾在拉古纳地区的存在，说明了农业主义广泛的地理想象。

美国农业部在拉古纳地区的参与，显示了卡德纳斯政府在制订农业计划时对争取新政专家参与的渴望，很令人惊讶。然而，如果说这种交流带来了农村社会工程师们的南下潮流，那么它也促成了罗斯福时期一系列的观察美国农业试验的考察之旅。可以说，没有一个人比费尔南德斯的职业生涯，更能体现农业改革中的跨越边界的合作。

1906 年，费尔南德斯出生在墨西哥北部萨卡特卡斯州的一个中产家庭，童年经历了墨西哥革命带来的暴力困扰。1922 年，他因为求学搬到墨西哥城，1928 年在查平戈国家农业学校获得农业学士学位，1930 年获得墨西哥国立自治大学的农业经济高等学位。作为查平戈和墨西哥国立自治大学的学生，费尔南德斯对墨西哥农业问题的理解逐渐政治化，并不断发展深入，主要是受到农业主义对农村社会正义的要求的启发。在 20 世纪 30 年代，他试图将他的政治抱负与技术培训结合起来。在 1930—1940 年,他在墨西哥联邦农业部担任统计学家兼经济学家。在 1930 年的土地普查中,他发挥了根本性的作用,而这一普查后来成为卡德纳斯主义土地改革的主要动力。他还担任了社会主义农学家联盟的宣传部秘书长。[35] 不过,费尔南德斯对农业社会政治的关注并不局限于墨西哥。在 20 世纪 30 年代,他还关注了美国政府同时期进行的改造农村的尝试,收集了美国农业部关于改变土地使用权和农村重新安置等主题的出版物。[36]

1938 年,费尔南德斯申请在第五届国际农业经济学家会议上发表论文,该会议于当年 8 月在魁北克省蒙特利尔的麦克唐纳学院举行,他试图与美国的农业主义有更密切的接触。他的论文是对墨西哥自革命以来的土地改革的研究,最终被会议接受了,费尔南德斯也是第一次穿过美国参加了这次会议。在麦克唐纳学院,费尔南德斯一定感到有些不适应,因为他是唯一一个不是从美国、加拿大或欧洲来的与会者。但正如费尔南德斯所希望的那样,他在会议上有无限的机会与有关农民新政的方方面面接触,而农民新政的领导层在蒙特利尔会议上也有很好的表现。在这一周里,他与威尔逊、伊齐基尔、来自农业经济局的卡尔·泰勒(Carl Taylor),甚至是美国农业部部长华莱士擦肩而过,并听了他们的演讲,华莱士在会议的最后一天发表了讲话。[37] 当费尔南德斯做题为《墨西哥土地改革》的演讲时,他觉得自己的英语太过生硬,不适合朗读讲稿,于是让艾奥瓦州立大学的一位朋友发表演讲。借此,费尔南德斯向众人讲述了墨西哥"领土财产集中在少数人手中,构成了一个基本的社会问题",而卡德纳斯主义寻求"解决土地问题,以满足民众的需求"。听众中的新政推崇者,很可能自然而然地对这一现象产生同理心。[38]

费尔南德斯在 1938 年与美国农村改革的接触,为之后的成果播下了种子。1942 年,农业主义在墨西哥的政治地位下降,但与此同时,美国农业部的社会工程这一概念在农场安全管理局和农业经济局中达到顶峰,费尔南德斯寻求在美国停留更长时间,以亲身了解这些新政项目前景的一手情况。那年夏天，他申请了农业经济局为期一年的"在职培训项目"，该项目是近期为来自拉丁美洲的候选人设立的。[39] 10月，费尔南德斯抵达华盛顿，浸润在新政农业哲学的知识中。他在美国农业部的研究生院学习课程，这个机构成立于1921年，旨在培训联邦雇员，但随着20世纪30年代美国农业部开始"文化转向"，以及它对农业和土地政策的社会影响的敏感，这个机构得到了大幅扩张和重振。[40]

然而，随着时间的推移，费尔南德斯对那些很少离开华盛顿、书生气十足的社会科学家感到失望，他希望看到行动方案在农村的运作情况。因此，正如美国大使馆所指出的那样，他被调到农场安全管理局，研究"与墨西哥的信贷问题更接近的问题"。1943年，费尔南德斯开始对受新政改革影响最大的农村地区进行为期数月的考察。他研究了佐治亚州格林县的实验，在那里，阿瑟·拉珀（Arthur Raper）和其他农村社会学家对种植园区的社会分层提出了挑战。他还了解了密西西比三角洲的合作农场社区。在阿肯色州，他停留时间最长，与农场安全管理局官员在农村信贷方面进行了密切合作。在1942年底和1943年初，当农场安全管理局经受最恶毒的攻击时，费尔南德斯从阿肯色州的报纸上剪下了一些文章，这些文章既有赞扬农场安全管理局的，也有诅咒农场安全管理局的，因为这一机构正逐渐走向消亡。[41]

虽然农场安全管理局没能在1943年的政治攻击中幸存下来，但费尔南德斯将其战略带回了墨西哥。在国家农业学校，他于1945年开设了一门名为"美国的农业信贷"的课程，并委托他的学生研究土地保护和农村公平贷款方面的新政计划。[42] 他还游说墨西哥的农业领导层，研究美国农村重新安置模式的价值。1945年，费尔南德斯向他在查平戈的前老师、当时的农业部部长戈麦斯描述了他在美国的一年，他承认他深深认同农场安全管理局主任的"革命信仰"。在看到"他们的工作成果后，我的认同变成了热情"，费尔南德斯描述了他的"自然冲动……去推动一场拥有墨西哥自己的农场安全管理局的运动"。[43] 他对戈麦斯可能产生了什么影响，很难估量。然而，可以肯定的是，费尔南德斯本人在接下来的几十年里将他的教育付诸实践。他在 20 世纪 40 年代中期担任国家农业信贷银行的经济研究主任，1953 年至 1964 年，他又在国家村社信贷银行担任类似职务。费尔南德斯致力于将农业信贷和土地改革结合在一起，这种信念使他甚至在晚年前往墨西哥之外的地方，在 1959 年和 1960 年期间，他担任了古巴菲德尔·卡斯特罗（Fidel Castro）政府的早期土地改革计划的顾问。[44] 费尔南德斯的职业生涯，尽管在地理范围上可能十分不寻常，但证明了新政的农业主义在美洲的持久影响。

在罗斯福时期，不仅仅是墨西哥的经济学家和社会科学家向美国看，新政的社会良知和现代技术的结合同样吸引了那些研究"硬"农业科学的人，如农学家、工程师、植物育种家等。这种借鉴，是在墨西哥农业科学急剧扩大其对农村的影响和冲击的时候出现的。在葡萄牙统治时期，农业科学是一门被忽视的学科，对农业实践的影响很小。虽然国家农业学校于 1854 年在墨西哥城建立，但在整个 19 世纪，学生的入学率一直很低。大庄园的管理者可以获得大量的廉价劳动力，他们很少认为有必要雇用训练有素的专家或使生产机械化。在墨西哥教授的农业科学知识绝大部分来自外国——最初来自法国，但在 20 世纪初越来越多地来自美国——而且很少能根据墨西哥不同农业区的气候和生态特点来调整知识框架。[45]

社会革命为墨西哥刚刚起步的农业科学领域提供了意想不到的机会。在席卷 20 世纪第二个十年的叛乱中，无数农学家与农业主义者结盟，宣称剥削性和非生产性的庄园是他们共同的敌人。虽然真正的政治同情心无疑激励了许多革命主义的农学家，但他们对职业发展和国家支持的渴望也是重要的动机，许多人试图利用展示政治忠诚来获得有偿职位。他们这些做法的成功与否，取决于多变的政治氛围，而在 20 世纪 20 年代卡列斯统治期间，保守派对农学的转变使许多农学家受到了冷落，这往往是事实。但在卡德纳斯时期，随着土地再分配的恢复和农村地区的国家机器的相应扩张，数百名农学家找到了可行的工作，如测量员、统计员、教师和社区服务人员。在20世纪30年代，当墨西哥农学家与国家统一战线，并寻求加入"革命大家庭"时，他们主张将其技术专长作为土地改革的必要补充和农村社会正义的主要内容。[46]

1910年后墨西哥农学的迅速扩张和政治化，提出了一个基本问题，即革命后的农业科学是否具有民族主义性质。早期的学者当然是这样认为的，他们强调农学家们关于国家社会革命和反干预主义的言论，以及外国地主为土地征用付出大部分代价的事实。这种说法坚持认为，墨西哥农业科学在波菲里奥时期公认的欧洲中心主义，和20世纪40年代及以后伴随着绿色革命的美国科学的主导地位之间，享有一个短暂的国家自主的窗口期。[47] 但实际上，墨西哥农学的国际主义面貌的延续性远远大于变化。即使农业科学家们拥护国家主权和革命议程，他们也继续借用外国的方法和模式，特别是美国的方法和模式。[48] 1910—1930年间，数十名墨西哥农学家在美国大学完成了高等学位，同一时期，墨西哥农学会（Sociedad Agronómica Mexicana）提供英语课程。1929年，当墨西哥联邦农业部计划大力推动向农民传授新的耕作方法时，它向当地代理人邮寄了美国农业部推广服务手册的逐字翻译件。[49]

但是，随着美国新政对农村的社会、文化和生态问题的重视，早先的借鉴在频率和影响上都有所提高。新成立的土地保护局由自由派、北卡罗来纳人休·H.贝内特（Hugh H. Bennett）领导，在20世纪40年代初吸引了五位杰出的农学家来进行为期数月的实习。[50] 爱德华多·利蒙（Eduardo Limón）也许是墨西哥最重要的玉米育种专家，1942年他的大部分时间在北卡罗来纳州的美国农业部实验站研究玉米，因为他觉得"北卡罗来纳州的总体条件与墨西哥的环境条件非常相似"。利蒙与土地保护局的实习生也借机访问了美国农业部，并与华莱士交谈，后者是卡德纳斯时期将农业社会改革与农业科学结合起来的最重要的倡导者。[51]

事实上，在墨西哥，没有哪个新政推崇者能比华莱士更理想化，他在某种程度上是墨西哥革命农业主义者心目中的偶像。华莱士在 1940 年进行了为期两个月的全国巡视，并公开宣布支持卡德纳斯的农业试验，更增加了墨西哥人对他的崇敬。1941 年，当墨西哥农业科学家的主要专业组织墨西哥农学会计划对当时的墨西哥副总统进行大胆的声援时，这种钦佩之情显而易见地流露出来。那年秋天，墨西哥农学会主席兼卡德纳斯的农业行动联邦秘书长塞萨尔·马蒂诺（César Martino）委托著名壁画家罗伯托·蒙特内格罗（Roberto Montenegro），以墨西哥为主题画一幅华莱士的肖像。这幅油画于 1941 年 9 月完成，将华莱士与阿兹特克人的玉米之神森特奥特尔（Centeotl）放在一起（图 3.1）。[52]

马蒂诺没有把画邮寄给他们的盟友，而是与其他四名墨西哥农学会成员和墨西哥农业部部长戈麦斯一起，选择在 1941 年 10 月前往华盛顿，亲自向华莱士赠送他们的致敬礼物（图 3.2）。可以预见，华莱士对这份礼物和墨西哥农学会的做法表示"无限赞赏和感激"。为

图 3.1　1941 年，罗伯托·蒙特内格罗所绘的华莱士与阿兹特克人的玉米之神森特奥特尔

图片来源：Ramón Fernández y Fernández Papers, box 180. Biblioteca Luis González, Colegio de Michoacán.

图 3.2　1941 年，在美国华盛顿，亨利·华莱士接受由墨西哥农学会赠予的罗伯托·蒙特内格罗绘制的油画

图片来源: Ramón Fernández y Fernández Papers, box 180. Courtesy of the Biblioteca Luis González, Colegio de Michoacán.

了表示感谢，华莱士陪同他们参观了马里兰州农村的贝尔茨维尔农业试验站，讨论了美国和墨西哥土地改革和农业发展的共同点。华莱士后来写信给墨西哥联邦农业局局长费尔南多·福格里奥·米拉蒙特斯（Fernando Foglio Miramontes），感谢他的"农学家兄弟们"提供这幅画，这幅画"很好地代表了我对墨西哥和玉米的兴趣，墨西哥用玉米使整个世界更丰富了"[53]。

　　正如对华莱士的近乎神化的举动、经济学家费尔南德斯的跨国生涯、美国农业部在拉古纳地区的作用，以及这十年间美墨两国之间的许多其他的交流所证明的那样，不可否认的是，墨西哥土地改革的许多关键规划者一直在关注美国新政在克服农村社会问题方面的努力。卡德纳斯时期的农业主义——在很大程度上被理解为严格意义上的国家计划——因此显得比假设的更具有国际主义色彩。即使美国和墨西哥政府之间的正式关系，因为美国在墨西哥的土地财产被征用而变得冷淡，但自由主义的新政推崇者和卡德纳斯主义改革者之间的联系却越来越紧密。也许比起任何其他地区,美国南方和针对南方的新政计划最能激励墨西哥具有世界主义意识的官员、社会科学家和农学家。

然而,在探究新政对墨西哥的土地改革的影响时,仅仅关注墨西哥的美国政策观察者,只能部分地揭示出这段错综复杂的过去。新政的影响也体现在一位美国国家行为者身上,他对卡德纳斯主义的项目的未来拥有最大影响力——驻墨西哥城的大使约瑟夫·丹尼尔斯——在促成20世纪30年代的土地改革中发挥了不可预料的关键作用。

北卡罗来纳州的新政外交官

罗斯福入主白宫的道路上铺满了戏剧性变化的承诺。在1932年经济危机的最低谷,美国选民最关注的是罗斯福的国内经济复苏计划。事实上,罗斯福在竞选过程中突出强调了国内问题而非国际问题,但他也承诺要重新塑造美国的全球存在,特别是在西半球。这种姿态在很大程度上是回应他所认为的最近几年的错误。在第一次世界大战后的十年间,尽管华盛顿的共和党政府在言辞上致力于支持孤立主义,但他们在拉丁美洲和加勒比海地区进行了大量的军事干预,这些干预往往是由美国企业推动的,因为后者认为这威胁到了其利润和安全。这些对国家主权的频繁侵犯,在拉美社会的广大民众中埋下了对美国的普遍怨恨。由于大萧条重新调整了国家的优先事项,并将经济危机的大部分责任归咎于商业领袖,罗斯福抓住了一个机会来扭转美国的海外干预模式。就在1933年就职典礼的几周后,他首次宣布了一项外交理论,向其他美洲共和国承诺"在人类活动的所有形式范围内进行邻国合作"。[54]

对罗斯福的"睦邻"言论最重要的拉美国家也许是墨西哥。自1910年反迪亚斯起义以来,两国的外交关系一直非常冰冷。特别是在1914年美国海军占领韦拉克鲁斯和1916—1917年美军追捕潘乔·维拉（Pancho Villa）无果之后，墨西哥各政治派别都对这个入侵的北方巨人怀有炽热的仇恨。20 世纪 20 年代，美国对墨西哥政府征用土地财产的愤怒，为已经苦涩的两国关系增加了另一种"调味料"。同时，在 1910 年后的近二十年里，两国陆地边界一直处于半战争的炼狱状态。因此，罗斯福渴望继续赫伯特·胡佛（Herbert Hoover）的和解努力，这些努力在德怀特·莫罗（Dwight Morrow）大使（1927—1930 年）的领导下特别成功。因此，1933 年美国驻墨西哥大使的选择在新政的外交重塑中是极其重要的。尽管当时很少有人能预测到，但当卡德纳斯在十年后重新推动土地改革，并将改革重点对准外国地主的土地财产时，美国大使的两难处境将成为头版新闻。[55]

由于美墨关系的未来有如此大的利害关系，当罗斯福在 1933 年春天任命来自北卡罗来纳州罗利的七十一岁的报纸编辑约瑟夫·丹尼尔斯为美国驻墨西哥大使时，许多人都感到震惊。罗斯福和丹尼尔斯有着长期的个人和政治关系。在伍德罗·威尔逊（Woodrow Wilson）政府期间，丹尼尔斯曾担任海军部长，并任命年轻的罗斯福为他的助理秘书——这是罗斯福这位纽约人获得的第一个政府职位。在接下来的十年里，丹尼尔斯成为他以前的部下的政治导师，用南方民主党的方式教育罗斯福。虽然丹尼尔斯本人从未竞选过公职，但他是美国南方的重要舆论制造者，他从 19 世纪 90 年代开始编辑的报纸《罗利新闻与观察家》（Raleigh News and Observer）是北卡罗来纳州最大、最有影响力的报纸。在 1932 年北卡罗来纳州民主党初选和大选中，《罗利新闻与观察家》对罗斯福的坚定支持使罗斯福在政治上欠了丹尼尔斯一个人情。[56]

不过，对于驻墨西哥大使候选人，选择丹尼尔斯是一个令人困惑的决定。他没有任何外交经验可言，这使他立即成为国务院职业外交官中的局外人。他也不会说任何西班牙语，这意味着他在墨西哥的十年间不会学到太多东西。除此之外，还有三个原因使得在 1933 年选择丹尼尔斯看起来不是一个明智的决定。首先，他早先在美国海军的经历使他不受许多墨西哥人欢迎。1914 年,丹尼尔斯监管了美国对韦拉克鲁斯港的血腥入侵,试图破坏反动将军维克托里阿诺·韦尔塔(Victoriano Huerta)的崛起。虽然大多数墨西哥人对韦尔塔没有什么好感,但他们憎恨这种对其领土主权的侵犯,韦拉克鲁斯的记忆作为美国帝国主义干预的最糟糕的例子在公众的头脑中挥之不去。于是,丹尼尔斯被选为大使的消息引发了一场激烈的骚乱。抗议者向美国大使馆投掷石块以示抗议,媒体则大肆批评。一个学生团体宣称,由于丹尼尔斯"侵犯了墨西哥的国家主权和荣誉",他的任命是对墨西哥人民的一种侮辱。[57]

第二,丹尼尔斯当之无愧地是美国南方最负盛名的白人至上主义者之一,但是却被选到一个以混血为主的国家工作,成为一名外交官。丹尼尔斯出生于内战期间,在重建时期长大,他认为种族秩序和白人对南方社会的控制是其进步的根本。19 世纪 80 年代和 90 年代,丹尼尔斯在罗利的《州纪事报》(State Chronicle)和后来的《罗利新闻与观察家》的编辑部里,撰写了言辞激烈的专栏文章,强调严格的种族等级制度的必要性和种族混合的危险性。具有讽刺意味的是,在 19 世纪 90 年代,他警告说,白人和黑人通婚将"使美国南方墨西哥化",这也揭示了他对美国南方邻居的早期理解。[58] 当白人统治者看到外部威胁时,丹尼尔斯的种族主义变得特别明显。在 19 世纪 90 年代的最后几年,当贫穷的白人农民与黑人共和党人结成民粹主义联盟,推翻民主党在北卡罗来纳州的保守统治时,丹尼尔斯和他的盟友发动了一场自称的"白人至上运动",在这些潜在盟友之间制造障碍。《罗利新闻与观察家》热切地煽动种族仇恨的火焰,发表了指控黑人男子对白人妇女进行性剥削的煽动性文章。1898 年 11 月,白人至上运动在北卡罗来纳州威尔明顿市点燃了一场野蛮的种族骚乱,白人暴徒在那里杀害了几十个黑人。大屠杀的鲜血染红了丹尼尔斯的双手,这是不可否认的,并且他仍然在以后的几十年里坚持这种种族正统观念。在为威尔逊总统工作时,丹尼尔斯是美国海军正式种族隔离的主要设计师。[59]

最后，丹尼尔斯的政治过往让人怀疑他将如何解释墨西哥的农业革命——这是一个对 1933 年美墨关系至关重要的问题。丹尼尔斯对农村的不满政治并不陌生，他见证了北卡罗来纳州农村之后几十年的冲突。在丹尼尔斯长大的时候，"棉花王"加紧了对该地区的控制，奴隶种植园分裂成一个拼凑的租赁和佃农制度，他相信，一个复苏的"新南方"需要一个多样化的、科学的农业模式，放弃过去的封建主义庄园。与老一代的保守派不同，丹尼尔斯希望扩大国家权力以帮助农民，无论是通过研究、教育还是信贷。当 19 世纪 80 年代北卡罗来纳州爆发农村政治骚乱时，身为杰斐逊主义者的丹尼尔斯同情组织白人小农的努力，一位历史学家因而称其为"激进的农业主义者"。但丹尼尔斯的农业主义有明显的种族限制，毕竟，他在 19 世纪 90 年代的白人至上运动中倾注了大量精力来粉碎民粹主义，而民粹主义则代表了被边缘化、被剥夺权利的黑人和白人农民之间的联盟。紧接着，丹尼尔斯也在追求政治秩序的过程中，推动了白人和黑人下层阶级的选举权被剥夺。然而，在随后的几十年里，丹尼尔斯对农村的现状越来越不满意。他为"糟糕的租赁制度"和"信贷制度强加给农民的巨大负担"而忧心忡忡，他在 20 世纪初的社论中表明，他在重新考虑美国南方的农业困境时，态度相当灵活。[60]

尽管存在这些矛盾，而且在 1933 年初，丹尼尔斯被任命为墨西哥大使之后，公众也发出了强烈的抗议，但罗斯福拒绝改变他的决定。虽然这看起来令人费解，但在许多方面，总统与丹尼尔斯的矛盾关系反映了更广大的民主党内的进步主义者与美国南方精英之间的关系网，后者在选举日仍然忠实于民主党，但同时也阻碍了该党向左转。然而，丹尼尔斯属于例外，有迹象表明这位编辑在 20 世纪 30 年代已经不是死板的保守派。在看到他的英雄——威尔逊总统的进步主义在 20 世纪 20 年代被共和党政府破坏后，丹尼尔斯开始更直言不讳地发表民粹主义言论，经常攻击利益垄断，要求国家对产业工人和贫穷农民采取行动。至于他曾经狂热的种族主义，他在这些问题上的不安的沉默，表明他的态度逐渐走向缓和。事实上，到 1933 年，丹尼尔斯很可能被罗斯福视为南方最杰出的自由主义者之一。随着时间的推移，丹尼尔斯几乎让所有人感到惊讶。[61]

在前往墨西哥城之前的几个星期，丹尼尔斯从北卡罗来纳州的罗利来到华盛顿，开始接受墨西哥历史、政治和文化方面的训练。由于他矛盾的背景，很难猜测丹尼尔斯在 1933 年初是如何解释墨西哥的农业革命的。不过，他从国务院接受的正规训练，很可能使他对墨西哥农民的困境相当不同情。虽然罗斯福急于通过他大肆宣传的睦邻政策，对拉丁美洲采取新的立场，但国务院的大多数外交人员都是早先时代的残余，他们更热衷于收缴未偿还的美国债务，而不是对农民运动家进行浪漫主义教育。[62] 但丹尼尔斯并没有在国务院单独接受教育。1933 年 3 月，就在他前往墨西哥城任职的几周前，他的老朋友乔治·福斯特·皮博迪，一位以纽约为基地、在佐治亚州出生的自由派慈善家，建议丹尼尔斯与年轻学者弗兰克·坦南鲍姆会面，探讨墨西哥的局势。[63]

正如前一章所详述的那样，坦南鲍姆对墨西哥社会革命的浪漫崇拜是无与伦比的。在 20 世纪 20 年代的大部分时间里，坦南鲍姆都在记录墨西哥农村土地改革的进展，他是墨西哥革命合法性的最重要的美国拥护者之一。他在 1929 年发表的论文《墨西哥土地革命》(*The Mexican Agrarian Revolution*) 是对迪亚斯叛乱的第一次学术整理和分析，其对土地再分配的热情支持几乎毫不掩饰。因此，坦南鲍姆在 1933 年向丹尼尔斯传递了一种对革命的解释，与这位大使在国务院的同行们的解释大相径庭。在皮博迪的建议下，坦南鲍姆于 1933 年 3 月 21 日给丹尼尔斯邮寄了一本《墨西哥土地革命》。大使被坦南鲍姆的"独特而稀缺的知识"所吸引，第二天他们在华盛顿见面，进行了"两个小时的谈话"。[64] 接下来的一周，坦南鲍姆在华盛顿拜访了丹尼尔斯，展示了他早先进入墨西哥农村观察农民学校和农场时拍摄的幻灯片和短片。"丹尼尔斯对坦南鲍姆说,他对墨西哥的印象是"以一种让你了解这个国家和人民的方式收集起来的,这是用其他任何方式都无法获得的"[66]。丹尼尔斯承诺在去墨西哥的火车上阅读论文,还邀请坦南鲍姆尽快去拜访他。[67]

在墨西哥城的第一年,丹尼尔斯经历了双重教育:他亲身了解了墨西哥革命后的动荡政治,但同时,他的目光转向北方,成为一名热情的新政推荐者。这种幸运的同步性将永远改变他对墨西哥政治的理解,改变他的外交生涯,并最终改变墨西哥农业改革的进程。尽管他远离了华盛顿,但这位大使对罗斯福在1933年头一百天的实验性措施给予了密切和热心的关注。当北卡罗来纳州的保守派在实施改革措施方面拖拖拉拉时,他甚至花时间对总统的决策进行干预。[68]在拥抱新政的同时,丹尼尔斯也试图进一步推动它。他经常对来墨西哥城大使馆的美国访客说,如果他对罗斯福有任何不满,那就是"他太保守了,我希望他能更激进一些"[69]。丹尼尔斯在国内被改革主义所吸引,因此,他把墨西哥革命执政党的纲领解释为新政的平行线,这并不奇怪。1933年4月,丹尼尔斯在墨西哥城正式接受了任命,他宣称美国和墨西哥都"开始了经过深思熟虑的新实验,其乐观态度源于勇气"[70]。尽管政治强人普鲁塔科·埃利亚斯·卡列斯仍然主导着墨西哥的执政党,但丹尼尔斯接收到了足够多的进步言论来支持这些频繁的比较。1933年底,丹尼尔斯在给罗斯福的信中说:"(墨西哥)这个政府的愿望,与我们的人民正在努力实现的愿望是一致的。"[71]

丹尼尔斯不仅在墨西哥听到了新政的回声,他还看到了美国南方的影子。这位大使特别快地找出了墨西哥的土地使用权制度和他的家乡的土地使用权制度之间的共同点,因为"我们(南方人)对佃农制度和缺席地主制的弊端有所了解"。在试图向他在北卡罗来纳州的孩子们解释墨西哥农村时,他把"campesino"(字面意思是"乡下人")翻译成了"佃户"。[72]在与一位大学教授讨论墨西哥历史上缺乏强大的农村公共教育传统时,丹尼尔斯宣称:"美国南方各州和墨西哥之间有很多共同之处。"[73] 之后，在 1933 年 11 月，丹尼尔斯第一次接待了坦南鲍姆的来访，后者同样渴望比较美国南方和墨西哥。在大使馆的感恩节晚餐上，坦南鲍姆敦促丹尼尔斯陪他去首都以外的印第安人村落旅行，以展示墨西哥革命不断发展的土地和教育政策的成功之处。丹尼尔斯同意了，三天后他和这位年轻的学者一起骑马参观了附近伊达尔戈州的一个奥托米印第安人村社的学校和农场。对丹尼尔斯来说，这次旅行是"一次启示"。他在日记中写道："他们在这里以较小的规模做的事，正是四五十年前我们的教育复兴开始时（教育改革者）在北卡罗来纳州做的事。"[74]

丹尼尔斯对墨西哥革命、新政和美国南方之间细微之至的比较，在很大程度上是由他年轻的导师坦南鲍姆促成的，他最终对墨西哥的政治动荡产生了深刻的同情。在他担任大使的第一年底，丹尼尔斯已经确信，推动土地重新分配并不像国务院的许多人所认为的那样，是一种匍匐前进的社会主义或反美土匪行为，而是墨西哥实现正义、和平和民主的基本前提。他在 1933 年写给罗斯福的信中说："除非有更多的机会让普通人拥有土地，否则墨西哥永远不可能真正繁荣。"而且"许多人内心仍在纠结，有关土地的承诺只以相对较小的方式实现了"。[75] 大使坚持认为，"墨西哥从大庄园中分出一部分，并将它们（转让）给耕种土地的人，是正确的"[76]，尽管这必然会导致国际土地财产冲突。然而，丹尼尔斯对墨西哥的解决方案总是通过他在美国南方的经历折射出来的，当他告诉罗斯福"墨西哥的安全是它的人民'住在家里，一起生活'"时就证明了这一点——他提到了"住在家里"的农村自给自足运动，该运动在民粹主义运动之后的十年里曾席卷美国南方。[77]

丹尼尔斯作为激进的新政推崇者和墨西哥革命盟友的双重蜕变也渗透到他根深蒂固的种族思想中，尽管是以不可预知的方式。这个曾经对墨西哥的种族混合嗤之以鼻的狂热的白人至上主义者，在 20 世纪 30 年代将墨西哥原住民描述为"一个顽强的种族……他们的血管中流淌着给蒙特祖马（Montezuma）① 带来荣誉、给华雷斯带来政治智慧的血液"。这位曾因担心混血而煽动白人谋杀黑人邻居的报纸编辑同情地宣称，在墨西哥，"本土种族对生活在一起的其他种族起到了帮助作用，他们传授的东西和接受的东西一样多"。他同样认为："墨西哥的未来，在于所有以被称为墨西哥人为荣的人精诚合作，在于摆脱种族和阶级意识。"这并不是说一夜之间，丹尼尔斯就把自己从一生的种族偏见中解脱出来。像墨西哥革命时期的许多其他白人外国人一样，丹尼尔斯经常将原住民文化简单化，并将其描述为静态和永恒的。丹尼尔斯在1935年写道："昨天、今天和明天，印第安人始终是他自己，也将是他自己，从他的祖先抵抗科尔特斯攻打特诺奇蒂特兰（阿兹特克帝国首都）的那一天起，他的基本特质就没有改变。"但是，与他在19世纪末和20世纪初的公然种族主义相比，丹尼尔斯在20世纪30年代的墨西哥的言辞却展现了一种戏剧性的转变（图3.3）。[78]

这次再教育不仅重塑了丹尼尔斯在墨西哥城的外交生涯，还修正了他对家乡农业政治的理解，并推动他为困扰美国南方的社会不平等现象寻找新的解决方案。1934年5月18日，丹尼尔斯在十三个月后，第一次回到美国的家中，与他在北卡罗来纳州的家人一起庆祝他的七十岁生日。为了欢迎他，罗利商会为他举办了一次生日晚宴，该市最杰出的商业精英出席了晚宴。这次晚宴出乎意料地展示了一个重获新生的丹尼尔斯。在到达沃尔特·罗利爵士酒店时，丹尼尔斯"与为他打开车门的黑人门卫握手"——这一举动非常值得注意，以至于《罗利新闻与观察家》在报道这一事件时两次强调了这一点。[79]晚上晚些时候，在三百多名听众面前，丹尼尔斯论述了"美国可以从其南方邻国学习什么……美国人应该为有这样的邻国而感到自豪"。在谈到"大农场的划分，以及使长期耕种土地的人成为土地的主人"时，丹尼尔

---

① 蒙特祖马（1398—1469年），墨西哥阿兹特克帝国皇帝，后来被西班牙征服者埃尔南·科尔特斯所征服，阿兹特克文明就此灭亡。——编者注

图 3.3　1937 年，约瑟夫斯·丹尼尔斯和妻子艾迪在墨西哥城，
身着传统查罗服装

图片来源： Frank Tannenbaum Papers, box 57. Courtesy of Columbia University.

斯对可能感到震惊的人群说："北卡罗来纳州和南方的下一步是再分配大种植园，使大佃农可以拥有他们耕种的土地。"[80]

正如第二章所探讨的当坦南鲍姆在接下来几个月出人意料地采取相应措施时，丹尼尔斯成为将墨西哥农业主义引入美国南方的关键盟友。1935 年春，当两位顽固的北卡罗来纳州参议员公开表示反对坦南鲍姆撰写的《农场租户住宅法》时，这位年轻的学者寻求丹尼尔斯的帮助，他确信丹尼尔斯会"完全支持该法案"。[81] 丹尼尔斯正如坦南鲍姆所预测的那样，是一位坚定的支持者，并与北卡罗来纳州的政治家会面，推动他们采取行动。当其中一个参议员改变立场时，坦南鲍姆确信丹尼尔斯的支持是他们成功的关键因素。[82] 1936 年，当法案在众议院停滞不前时，丹尼尔斯给罗斯福写了长篇建言信，敦促他加快实施美国土地改革。丹尼尔斯恳求总统说："我对（无地状态）的厌恶，由于我知道它曾是墨西哥的发展诅咒而更加强烈。如果租赁土地制度在我国继续飞速发展，那么到时候债役制将成为美国的诅咒，就像它对墨西哥的诅咒一样。"此后不久，当罗斯福加速建立农场安全管理局时，丹尼尔斯将看到墨西哥对美国的承诺的实现。[83]

不过，丹尼尔斯日益激进的、带有地区色彩的新政主义在墨西哥的土地改革中发挥了最具决定性的作用。1933 年和 1934 年，当大使首次对墨西哥农村的穷人和政府援助他们的计划持支持态度时，执政党对土地改革的推动主要是口头上的。积极的再分配行动在卡列斯统治的长期阴影下被冻结了，卡列斯在 1930 年曾宣布，村社制度是墨西哥农业发展的死胡同。不过，随着卡列斯的傀儡总统阿韦拉多·罗德里格斯和卡德纳斯慢慢摆脱了他的控制，征用大庄园成为革命党纲领中的主要内容。由于许多被分割的地产都是外国人拥有的，因此农业主义是一场真正的国际斗争。事实上，在 1927 年至 1940 年间，墨西哥官员征用了属于美国地主的大约 620 万英亩土地，其中大部分在卡德纳斯时期被重新分配。这种损失激怒了墨西哥土地的美国地主。从报业大亨威廉·伦道夫·赫斯特（William Randolph Hearst）到普通的小农户，他们中的许多人领导了剑拔弩张的宣传活动，并游说华盛顿为他们在墨西哥采取军事行动。美国大使馆的任务是代表和维护这些受委屈的地主，因此成为墨西哥农村未来斗争中的主要角色。1936 年和 1937 年，随之而来的危机使丹尼尔斯大使处于一个十字路口，迫使他在对墨西哥农民刚开始萌生的同情和国务院要求他保护美国在墨西哥拥有的土地财产之间做出选择。[84]

十年前，更别说二十年后，针对美国公民的强力的拉美国有化运动肯定会招致军事干预。但是，对墨西哥农业来说，卡德纳斯的激进主义复苏与罗斯福在 1935 年至 1937 年期间的左倾化不谋而合，当时这位美国总统推动了其政府中最持久的社会改革。连接这两个世界的是北卡罗来纳州的新政大使。观察到卡德纳斯恢复了墨西哥革命对农民的承诺，丹尼尔斯始终无法将美国和墨西哥政治分开。在 1938 年写给罗斯福的信中，丹尼尔斯宣称："卡德纳斯的目标与你就任总统后在美国设定的目标相同。"[85] 对于国务院的怀疑者，丹尼尔斯同样试图用美国的术语为卡德纳斯的征地运动辩护，认为墨西哥总统"致力于六年计划的土地分配，其坚定程度甚至超过我国实施新政"[86]。丹尼尔斯对与卡德纳斯本人分享这种类比并不感到不安，他在 1935 年告诉总统："墨西哥政府的'计划'，与罗斯福总统正在推行的计划有许多相似之处。"[87]

卡德纳斯是一位精明的政治家，他很快就注意到了丹尼尔斯出于同情心来比较两国，并经常利用这一点为墨西哥谋取利益。早在 1935 年，卡德纳斯就对可预见的被墨西哥计划迷住的丹尼尔斯说，"他希望他能把美国的新政传授给墨西哥"。[88] 1936 年底，在与大使就索诺拉州亚基山谷的土地征用问题进行谈判时，总统要求丹尼尔斯和罗斯福"帮个忙"，因为他们"对被遗忘的人感兴趣"，也许他们可以帮助"广大的贫困农业雇工拥有他们耕种的土地"[89]。这样的声明是真实的还是政治上的故弄玄虚，很难判断，但毫无疑问，丹尼尔斯完全接受了它。这位大使在 1940 年告诉国务院的负责人科德尔·赫尔（Cordell Hull），卡德纳斯"对罗斯福总统有着深深的敬意和钦佩，（并）将他自己的政策视为墨西哥新政"[90]。

在私下，卡德纳斯完全意识到丹尼尔斯的农业同情心对农业改革成功的重要性。这位北卡罗来纳人"努力认同我们改革的真正意义"，总统在 1937 年写给一位朋友，"取得的成果……比任何其他傲慢又高要求的大使所能取得的更多"[91]。正如卡德纳斯的儿子夸特莫克（Cuauhtémoc）后来回忆的那样，他的父亲"非常欣赏丹尼尔斯大使"及其"对墨西哥及其政府的同情心"[92]。事实上，美国大使和罗斯福总统在意识形态上的一致和默契支持，为墨西哥的广泛土地改革提供了一个机会。随着卡德纳斯在 1937 年和 1938 年征用土地的规模和范围的扩大，丹尼尔斯多次给国务卿赫尔写信说："墨西哥的社会正义胜过了美国的财产要求。"丹尼尔斯在 1938 年底承诺："在我们与墨西哥的所有交往中，我们不能忽视这样一个事实，即墨西哥一直是它自己的叛逆官员和外国人剥削的受害者。"[93] 尽管这位保守的国务卿经常把丹尼尔斯的固执看作不服从命令，同年，他对一位朋友大发雷霆，说"丹尼尔斯偏袒墨西哥政府"，但赫尔最终还是默许了，部分原因是欧洲日益紧张的局势使国务院的工作重点重新调整。[94] 在重建国务院和卡德纳斯政府之间紧张的外交谈判方面，没有任何历史学家比约翰·德怀尔（John Dwyer）做得更多，他认为，随着农业外交争端的升温，丹尼尔斯一直"站在墨西哥一边，反对国务院"。在德怀尔的描述中，丹尼尔斯"支持卡德纳斯的大多数改革"，在美国拥有的数百万美元的财产被国有化时，他经常激怒国务院的"强硬派"。在美国和拉丁美洲关系的漫长历史中，墨西哥的这次外交胜利代表了一个不可否认的分水岭。[95]

卡德纳斯划时代的土地再分配政策，可以说是 20 世纪墨西哥政治史的奠基事件。卡德纳斯解决了革命中长期被忽视的土地改革要求，为执政党的政治机器赋予了新的合法性，化解了民众的不安，并为六十年来不间断的政党统治打下了基础。然而，如果不是有丹尼尔斯这个支持消除无地农民、土地租赁等社会弊病的新政推崇者来协调，很难猜测 20 世纪 30 年代墨西哥的政治会如何摇摆。在十年任期结束时，七十八岁的丹尼尔斯说："我越老越激进。"[96] 此言不虚。在他漫长的政治生涯中，墨西哥时期是他的高光时刻，丹尼尔斯开始解决一些困扰了他几十年的难题。他成年后大部分时间里执着奉行的白人至上主义，让位于对混血民族的勉强接受。他对农业民主和农村财富分配的忧虑——在北卡罗来纳以极矛盾的方式显示出来——在目睹卡德纳斯时期关于印第安人村社的激烈斗争中达到了顶点，他复杂的职业经历使他不知不觉地将美国南方和墨西哥的农业历史捆绑在一起。

小结

在卡德纳斯和罗斯福共享北美公共舞台的那几年里,美国和墨西哥的土地改革者无论在政府内还是在政府外,都从跨国家的角度来构想他们反对农村不平等的斗争。他们在种植园和庄园之间、农民和佃农之间进行了无数次的比较,对这两个农村正义运动产生了变革性的影响。在美国,农业部的农业自由主义者从墨西哥革命农业主义中得到启发,这对他们的激进化起到了决定性的作用。最突出的例子是农场安全管理局,它可能是农村新政中最具再分配性的机构,它是在美国南方和革命的墨西哥之间的比较中发展起来的。同时,许多有影响力的农业运动领导人,包括特格韦尔、威尔逊和华莱士,在墨西哥农业改革的高峰期访问了该国,观察其进展,并评估其在美国的适用性。在华盛顿以外,南方佃农联盟等非国家行为者也依靠墨西哥的例子来推动美国政治光谱的边界。

然而,正如本章所展示的,墨西哥改革者在考虑他们国家农村的未来时,也跨越了国家的边界,无论是个人还是精神。当卡德纳斯主义的官僚们计划在征用土地后建立支持系统时,农民新政经常成为一个参考点。在革命后的墨西哥,美国的重新安置管理局、农场安全管理局和农业经济局都不乏崇拜者,尽管政府在这十年间名义上是民族主义,但州政府的规划者还是征求了这些机构的意见。同样,卡德纳斯的农村项目的坚定拥护者——农学家、经济学家、统计学家和各种类型的社会科学家,对农民新政的领导和不断发展的意识形态表现出惊人的兴趣,有时甚至是崇敬之意。

然而,新政和卡德纳斯意识形态的最戏剧性的碰撞,也许可以在美国驻墨西哥大使约瑟夫·丹尼尔斯的职业生涯中找到。作为对土地再分配项目的政治前景具有最大影响力的美国驻墨西哥官员,丹尼尔斯被证明是卡德纳斯在推行农村社会平等化运动中最可靠的盟友之一。丹尼尔斯出人意料地接受了农业主义,部分源于他坚定地致力于实现新政的解救"被遗忘的人"的承诺,部分则是他几十年来目睹美国南方种植园综合体系中农民苦难的结果。尽管丹尼尔斯早先曾在构建这种等级制度中起到了隐性的作用,但在他的晚年,他开始反对这种现状,从而产生了意想不到的政治联盟。然而,如果不是卡德纳斯为了墨西哥土地改革的顺利实现而巧妙地利用这些观点,丹尼尔斯对农业的同情心萌芽也不会有什么意义。在培养丹尼尔斯认识两国社会改革主义之间的相似性方面,卡德纳斯展示了他的政治天赋和对美国政治及地区复杂性的深刻敏感意识。

不过,丹尼尔斯无处不在的对墨西哥农村和美国南方地区的比较,不仅改变了20世纪30年代土地再分配的进程,还催生了可能是改造墨西哥农村的最具决定性的运动:洛克菲勒基金会在农业研究和推广领域的绿色改革。到目前为止,本书主要研究了美国和墨西哥政府在促进农村社会工程和农业变革方面的尝试。然而,非国家行为者,特别是美国慈善机构的代理人,将对墨西哥和美国农村的共同未来产生同等甚至更大的影响。洛克菲勒基金会曲折的、跨越国界的历程,以及像丹尼尔斯这样的看似不太可能却至关重要的对话者,迫使人们对"二战"后美国主导的"发展"运动进行彻底的重新评估。

Agrarian Crossings

第四章

洛克菲勒的农村发展：
从美国棉花地带到墨西哥

Chapter 4

1941年6月下旬，三位美国农学家在纽约将行李箱和科学设备放入一辆绿色的吉姆西的越野旅行车，并向墨西哥城出发。这三位农学家都是美国农业科学的使徒，他们分别是保罗·曼格尔斯多夫（Paul Mangelsdorf）、理查德·布拉德菲尔德（Richard Bradfield）和理查德·舒尔兹（Richard Schultes），当时农业科学这个领域的影响力正在急剧扩大。保罗·曼格尔斯多夫是哈佛大学任教的玉米育种家，理查德·布拉德菲尔德是康奈尔大学的土壤学家，理查德·舒尔兹是曼格尔斯多夫在哈佛大学的研究生，研究经济植物学。一个看似简单的任务让他们走到一起，并启程前往墨西哥。他们代表位于纽约的大型慈善机构——洛克菲勒基金会——前往墨西哥，并寻求一个紧迫的问题的答案：能否将美国的农业方法移植到墨西哥，使其农民受益？[1]

从纽约向西南行驶，三人在新拉雷多（Nuevo Laredo）进入墨西哥边境。在接下来的两个半月里，这三个人穿越了墨西哥十六个州，行程数千英里，调查了各种各样的农业文化区，并在一个又一个笔记本上写满了令人大开眼界的观察结果。他们采访了数百名农民，从卑微的农民到种植园经理，听到了关于墨西哥农业的过去和未来的相互矛盾的故事。在塔毛利帕斯州的维多利亚城附近，他们参加了州政府向无地农民授予印第安人村社土地的仪式，这给他们留下了深刻的印象。在克雷塔罗州（Querétaro）附近，他们与仍然"对革命感到痛苦"[2]的庄园主交谈。夏季结束时，科学家们向洛克菲勒基金会报告说，墨西哥农村正处在一个十字路口。他们认为，在20世纪30年代的土地改革之后，墨西哥农业生产力最重要的瓶颈是技术能力。考虑到这一点，调查小组一致建议基金会在墨西哥实施一个农业研究和推广计划。[3]

这一决定所带来的后果是惊人的，无论是对墨西哥还是对整个地球都是如此。1943年，洛克菲勒基金会与富有同理心的阿维拉·卡马乔总统合作，设立了墨西哥农业计划，旨在通过提高基本粮食作物的生产力来提高墨西哥农村的生活水平。墨西哥的一系列主食，从玉米、豆类到小麦，都囊括其中。在接下来的十年，美国农学家和他们的墨西哥同行一起收集种子，培育新的作物品种，测试杀虫剂和肥料，然后向广大墨西哥农民传播他们的成果。这是一项艰巨的工作，其结果往往是不明晰的，但到了20世纪50年代初，该基金会宣称自己成功地提高了某些作物的产量。随后，墨西哥成为推动这一运动全球化的一个跳板。1950年，洛克菲勒计划者在哥伦比亚开展了一个类似的项目，1957年将这一项目扩展到印度。在十年内，他们进一步将脚步扩展到了菲律宾、巴基斯坦和越南。

1968年，美国国际发展署署长威廉·高德创造了"绿色革命"一词，以描述洛克菲勒基金会在上一代人之前发起的第一世界对第三世界农民的技术援助项目。在高德眼中，这是一种人道主义的、利他主义的努力，没有暴力性和政治性的特点。然而，在它被命名的时候，绿色革命已经成为美国在冷战中的一个关键武器，希望通过填饱农民的肚子来消除他们的激进主义和对共产主义的支持。绿色革命最终是否实现了这一目标还值得商榷，但不可否认的是，它确实改变了地球的环境和社会结构。这场运动在持续推动单一种植的过程中减少了生态多样性；它在全球南方引发了大规模的农村移民，因为被技术-政治圈地运动连根拔起的农民成为城市贫民窟中的一员或遥远的商业农场的雇工；它促成了城市化的狂热浪潮，而这一浪潮的未来尚不明确。在20世纪后半叶由西方主导的许多"发展"运动中，绿色革命可能对地球的景观和人口产生了最大的影响。[4]

这场席卷全球的变革从何而来？像墨西哥这样的国家的农业和农村贫困问题是如何成为千里之外的科学家和政策制定者关注的问题的？如果说绿色革命一直是社会科学家、经济学家以及历史学家近来深入研究的对象，它的起源和动机则几乎没有被探讨过。[5] 由于该运动最终成为美国冷战时期赖以在第三世界赢得"人心"的重要战略，研究绿色革命的学者们几乎都认为其起源于 1945 年后的地缘政治。根据这一观点，一群傲慢的美国国际主义者既担心苏联势力的扩张，又醉心于最近的农学进步，试图将理想化的美国农业全盘移植到饥饿的第三世界。墨西哥只是这套方案在众多贫穷国家中的第一个试验品，冷战提供了扩张的动力，而杂交种子、有机氯农药（DDT）和合成肥料则是推动的工具。[6]

在接下来的篇幅中，我认为这种假设危险地扭曲了绿色革命的创立初心和洛克菲勒基金会干预墨西哥农业背后的推动力。与其说绿色革命是在美国境外的冷战大熔炉中构思的，不如说它是在 20 世纪初美国南方的国内实验室中诞生的。在洛克菲勒的慈善事业中，"墨西哥农业计划"只是旨在解决农村贫困和不发达问题的一系列努力中的一项。洛克菲勒家族于 1903 年在普通教育委员会的带领下组织了它的第一个慈善机构，该机构明确致力于解决美国棉花地带的贫困问题。从 1906 年到 1914 年，普通教育委员会对重塑美国南部农业和农村的社会经济组织进行了广泛尝试。之后，在大萧条的暗淡岁月里，洛克菲勒基金会回到了美国南方地区，并再次努力解决区域增长的技术、社会和环境障碍。

因此，当洛克菲勒基金会在 1943 年设立具有影响力的墨西哥项目时，其领导人明确地以美国早期的经验作为该项目的模式。正如墨西哥项目的一位关键规划者在 1941 年指出的那样，在拉萨罗·卡德纳斯的土地改革之后，墨西哥将大大受益于"将普通教育委员会的南方农业计划调整到适应墨西哥的条件"[7]。在这些领导人看来，这样的努力将依赖于传播早期农业运动所无法获得的农业技术，但想要成功解决任何贫困和不发达问题，就必须考虑到人们的具体关切。在基金会规划者的眼中，美国的棉花地带与墨西哥以及其他贫穷的农业国家有着相同的社会、经济和环境问题，美国南方与贫困问题的持续斗争可以给其他地区传授宝贵的经验。正如前几章所展示的美国农民新政和卡德纳斯主义的土地改革一样，绿色革命也是20世纪30年代美墨农业对话中频繁比较的产物。而美国南方比美国任何其他地区更决定性地影响了其结果。[8]

考察美国区域主义的海外重要性，就不得不重新评价美国在1945年后的全球扩张。[9]就像在所谓的"美国世纪"中其他许多由美国领导的国际主义项目一样，绿色革命通常被描述为一场使第三世界农业"美国化"的运动。然而，我认为，作为农业转型蓝图的不是一个美国，而是许多个"美国"。例如，亚拉巴马州和艾奥瓦州为农村重建提供了完全不同的参考模式。在许多方面，亚拉巴马州为消除墨西哥的贫困提供了比艾奥瓦州更多的相关经验。亚拉巴马州有经济殖民主义、种植园农业、种族分层、土地和财富分配不均的历史，这些都是20世纪全球南方熟悉的发展趋势，亚拉巴马州这样的地方更像是亚洲、非洲和拉丁美洲的去殖民化的共和国。因此，仔细选择特定的地区模式，而不是全面的"美国化"，对于发动绿色革命和无数其他美国海外发展项目至关重要。

揭示冷战时期美国在第三世界的发展工作的地区性根源，同样有助于推翻旧有的将20世纪上半叶美国南方描述为与国家和全球潮流脱节、狭隘和孤立的地区的观点。学者们常常将同时代批评家的观点内在化，比如亨利·路易斯·孟肯（Henry Louis Mencken），他严厉地驳斥了美国南方的宗教原教旨主义、排外外来者的不信任以及种族焦虑，认为这与美国和世界完全不同。事实上，尽管美国历史学在最近几十年里转向了所谓的跨国家研究，但关于重建时期结束到第二次世界大战之间的南方历史基本上没有受到这种方法论的影响。然而，当我们认识到这个时期对南方贫困的诊断和解决方案在接下来的几十年里如何被国际化的时候，美国南方在关于农业动荡、现代化和经济增长的全球对话中就显得尤为重要。

这一章不再谈论之前所讨论的政府官僚、社会科学家和农业激进主义者，而倾向于仔细分析美国的慈善事业及其对北美，乃至全球农村的深远影响。我研究了洛克菲勒慈善机构进入墨西哥的曲折之路，从 20 世纪初开始，到 1943 年设立墨西哥农业计划时达到顶峰。本章以普通教育委员会早期在美国棉花地带进行的克服农村贫困问题的不切实际的尝试开篇，探讨了其运动失败的另一种解释。从其高尚的言辞来衡量，该计划不可否认是失败的。然而，在 20 世纪 30 年代的土地改革风潮中，一个由美国南方改革者组成的出乎意料的联盟，特别是由驻墨西哥大使约瑟夫斯·丹尼尔斯领导的联盟，推动了洛克菲勒基金会在墨西哥复制其早期的努力。到 1943 年，当该基金会正式与墨西哥政府合作进行农业改革时，这一努力达到了高潮。

紧随其后，下一章研究了洛克菲勒计划实行的第一个十年，追踪了与美国南方地区的比较和类比如何在该运动诞生后继续塑造其形态。一路走来，绿色革命这一使得全球两极分化的现象，无可否认地重塑了我们星球的社会和生态景观，它显得更加多变，更加根植于历史的偶然性，而且比大多数学者假设的更加"美国化"。

洛克菲勒慈善事业与美国南方

在 20 世纪之交的几年里，美国南方似乎已经重新融入国家。南方白人军队与北方人在加勒比海和太平洋地区的战争中并肩作战，美国最高法院维护了种族隔离的合法性，自 19 世纪 60 年代以来，一个南方人——伍德罗·威尔逊首次入主白宫。"新南方"的支持者们臣服于北方工业运行的模式，而联邦和南方邦联的白人老兵们共同接受了一个怀旧的、被粉饰过的神话，以此解释他们曾经奋战的原因。[10] 然而，当美国南方和国家一同进步，他们的关系其实变得越来越疏远。随着公路、铁路和电报线使遥远的民众成为邻居，越来越多的北方人开始呼吁关注工业城市和南方棉花地带之间的巨大鸿沟。有影响力的改革者和慈善家，如罗伯特·C. 奥格登（Robert C. Ogden）、约翰·福克斯·斯莱特（John Fox Slater）和乔治·皮博迪，看到了一个落后的、肮脏的南方，那里缺乏资本、信贷和教育。他们注意到该地区普遍存在的公共卫生问题，特别担心南方黑人的极度贫困状况，自重建时期结束以来，其政治和经济地位不断受到侵蚀。在20世纪的第一个十年里，对"问题南方"的抱怨在北方的精英圈子里随处可见。[11]

当改革者将目光投向美国南方的乡村时，他们对南方贫困状况的担忧尤为明显。诚然，在这个时代，城市居民对穷苦的农村生活的焦虑并不仅限于美国南方。在民粹主义在政治层面上消亡之后，城市进步主义者——以所谓的乡村生活运动为最佳代表——试图修正城市和乡村之间的不平衡，这种不平衡曾激发了农民早期的反抗。但与农民协进会（Grange）或农民联盟不同，城市进步主义者担心，美国农村最严重的问题不是外部剥削，而是无法跟上工业现代化的步伐。乡村生活运动的拥趸把农民想象成顽固的保守派，拖累了国家的发展，他们提出要按照城市和工厂的形象重新改造农场。在南方，佃农制、单一种植、水土流失和种植园的阴影加剧了人们对衰退和衰败的认识，改革者发出了特别迫切的变革呼吁。[12]

在美国最富有的人——约翰·洛克菲勒的慈善事业中，地区落后和农村萧条的双重焦虑得到了最具有决定性的体现。正是在他的家族早期改造美国南部乡村的努力中，全球绿色革命的种子在不知不觉中首先被种下。作为刚成立不久的标准石油公司的主管，洛克菲勒在19世纪末积累了一笔财富，其规模之大在第二次工业革命之前的美国是闻所未闻的。和与他同时代的科尼利厄斯·范德比尔特（Cornelius Vanderbilt）和安德鲁·卡内基（Andrew Carnegie）一样，洛克菲勒相信慈善事业的必要性，这得益于他的福音派信仰，以及他自己对日益不平等的时代的社会动荡的担忧。1901年，洛克菲勒的儿子小约翰·洛克菲勒登上了从纽约出发、前往美国南方的"百万富翁特别号"火车，自此有组织的洛克菲勒慈善事业也启航了。"百万富翁特别号"以一位南方记者命名，这是一次由北方慈善事业的领军人物参加的火车旅行，由零售业巨头罗伯特·奥格登包办，以激发新一代工业家捐助者对美国南方的兴趣。小洛克菲勒看到了一望无际的棉田、破旧的校舍以及黑人和白人佃农，这些将指导他今后的事业；他后来把这次旅行称为"一生中最重要的事件之一"。[13]

小洛克菲勒恳求他的父亲采取行动，而老洛克菲勒也义不容辞，于 1903 年 1 月成立了普通教育委员会，并在成立的头十年中捐赠了前所未有的 5300 万美元。[14] 虽然该委员会公开宣称的使命和它的名字一样，故意含糊其词，但其领导层一致以满足"南方各州人民的需要"为目标。[15] 虽然小洛克菲勒为该委员会的领导层提供了公众形象，但普通教育委员会的主要设计师是两位纽约浸信会的牧师，弗雷德里克·T. 盖茨（Frederick T. Gates）和华莱士·巴特里克（Wallace Buttrick），他们长期为老洛克菲勒提供建议。正如盖茨在 1901 年对巴特里克所说的那样，两人的家族根基都在 19 世纪中期的福音派废奴主义世界，两人都对"南方的情况深感忧虑"[16]。就像那个时代的其他北方精英改革者一样，他们都对他们所在的城市工业化世界和衰落的南方棉花地带的鸿沟有种别样的迷恋。然而，盖茨和巴特里克特别同情南方黑人的绝望困境，认为他们对黑人的提升和教育负有"有特殊的责任"[17]。不可否认的是，他们对非裔美国人的关注是典型的家长式作风，巴特里克自己写道："这里需要的是一个对黑人有深刻责任感的白人。"[18] 然而，在一个被学者称为美国种族关系"低谷"的时代，普通教育委员会对黑人教育和经济发展的支持，对南方的种族等级制度构成了不可否认的挑战。[19]

正如委员会的名字所暗示的那样，盖茨、巴特里克和小洛克菲勒开始了他们在南方的大中小学校的慈善工作。但在走遍整个地区的过程中，他们很快意识到，在发展教育之前还有其他障碍。盖茨在 1905 年告诉普通教育委员会的官员们："我们对南方的学校感兴趣，但我们更应该主要关心南方的土地，因为农业支撑着学校。"[20] 因此，没过多久，他们就把改革议程转向了农村生活和农业。然而，普通教育委员会的领导层明智地承认，社会和经济结构与环境问题一样造成了农业贫困。在1902年的亚拉巴马州之行中，巴特里克指出，虽然"土地已经因耕种过久而贫瘠"，但同样灾难性的是，"实际上，所有这些农民都是作物抵押贷款制度的奴隶"[21]。普通教育委员会的领导层将农业视作地区增长的主要绊脚石，他们也很快就面对土壤侵蚀、租赁、剥削性贷款、竞争性的全球棉花市场和种族等级制度等问题。这张错综复杂的网络没有什么简单的解决办法。由于不愿意考虑土地改革或其他形式的促进社会平等的措施，洛克菲勒的规划者们寻求另一种战略来打破使大多数南方农民陷入贫困和依赖棉花经济的枷锁。[22]

在这个时代，美国北方的慈善事业并没有垄断南方农场的重建计划。美国农业部最近也开始了一项类似的任务，它最终将与普通教育委员会的努力背道而驰，这需要一些解释。尽管在新政之前，美国农业部只是一个巨无霸的影子，但在世纪之交，它为棉花地带的农业复兴注入了大量资源。率先做出这些努力的是西曼·A. 克纳普（Seaman A. Knapp），他是一位年长的农场教育家和艾奥瓦州的农业教授，曾在路易斯安那州的水稻种植中发家致富。[23] 克纳普于1898年开始为美国农业部工作，担任亚洲生物勘探员，寻找"比现在在南方各州种植的水稻更适合水稻栽培要求"的水稻品种。[24] 他的旅行经过了中国、日本、印度和菲律宾，是后来绿色革命的反向发展。1902年回到美国后，克纳普被美国农业部植物工业局任命为"促进南方农业发展的特派员"，负责在得克萨斯州和路易斯安那州建立示范农场，展示外国种子品种，鼓励棉花以外的多元化发展。然而，令克纳普和美国农业部非常失望的是，这些努力在当地几乎没有得到任何回应。无论是租户还是土地所有者，要么不信任政府的"本本农民"，要么无法应用他们的建议，都没有对该局的早期示范工作给予很大关注。[25]

将克纳普从默默无闻中解救出来的是第一个改变美国南方的墨西哥"移民"：皮库多（el picudo），英语中被称为"棉铃虫"。棉铃虫长期以来一直困扰着墨西哥东北部的棉花种植者，它对成熟的棉花似乎有永无止境的啃食欲望，19世纪90年代，它从墨西哥湾沿岸的无尽白色棉花田悄悄潜入得克萨斯州。到了世纪之交，美国棉花种植者和佃农对棉铃虫的恐惧是显而易见的。克纳普在自我推销方面并不是个新手，他立即从棉花危机中看到了一个普及其示范工作的宝贵机会。克纳普以一种面临新的世界末日的口吻对农民说，他悲观地预测棉铃虫将带来毁灭，从而加剧了农民的恐惧，为他在1903年秋天宣布他已经找到了解决农民困境的办法做了铺垫。在得克萨斯州特雷尔市的几英亩试验田上，克纳普吹嘘说，在一个受感染的县，使用他的栽培方法——烧掉上一季的棉秆并提早播种——的志愿者们击败了棉铃虫，收获了创纪录的棉花。虽然克纳普的声明过于夸张，甚至是彻头彻尾的欺骗，因为特雷尔市在那一季度实际上没有看到棉铃虫的踪影，但恐慌的棉花种植者们急切地接受了这一点。第二年，克纳普的代理人招募了数百名志愿者来演示他的方法，并使他们的邻居改变看法，一夜之间，克纳普成为南方媒体的宠儿。[26]

虽然歇斯底里的消灭棉铃虫运动与他之前的多样化工作截然不同，但克纳普开始努力重建棉花文化，并真诚地相信它可以解决南方乡村的诸多弊病。由于他的纽约和艾奥瓦州经历，克纳普把农民想象成一个同质化的、平等的群体，他坚信提高农作物的产量会使所有人受益。因此，在1903年底，他坚持认为，"南方各州必须继续种植棉花"，因为"这仍然是他们最好的经济作物"。[27]但是，当克纳普在南方腹地追捕棉铃虫时，他面对的是一个被矛盾和结构性不平等撕裂的社会。到1905年，他开始担心"由于连续种植棉花，地力耗尽"的现象普遍存在。[28]1906年初，在密西西比三角洲，克纳普观察到"非常大的棉花种植园，这些种植园的主人除了种棉花，什么都不关心"，而且"实际上反对向佃户传授多样化种植的知识，因为他们担心佃户会成为独立的农民，离开种植园"。[29]克纳普对"支配性的、压迫性的和傲慢的"作物留置权制度特别憎恶，这种制度将佃户和地主绑在一起，也将他们与单一的棉花种植绑在一起，同时"毫无顾忌地将大众的劳动收入塞入少数人的金库"[30]。因此，在克纳普承诺将棉花种植从棉铃虫的破坏中拯救出来后不久，他就成为棉花种植文化的主要批评者。

这一转变极大地影响了他对示范工作的管理，并最终促成了与洛克菲勒慈善信托机构的合作。早在1904年10月，克纳普就向美国农业部提议，要从过于狭隘的对棉花的强调中脱离出来，"允许（种植）玉米和其他一些普通作物"，同时扩展到密西西比河以东尚未受到棉铃虫影响的州。[31] 克纳普设想以这种可怕的昆虫为载体，对南方农业进行全面重建，因为"除了法老或美国棉铃虫的瘟疫，没有什么能迫使（大种植园主）改变他们的做法"[32]。然而，在这样做时，克纳普遇到了严重的障碍。州际商业法限制了政府对受棉铃虫影响的州进行干预，而且克纳普很快发现，资金不足的美国农业部难以为他设想的大规模运动提供资金。就在这时，克纳普和他的盟友同洛克菲勒慈善信托机构取得了联系。1905年5月，美国农业部的助理秘书与普通教育委员会的盖茨联系，寻求他的援助。盖茨的热情可想而知，通过他们的合作，"可以为南方做一些非常有用和重要的事情，比如重新开垦贫瘠的土壤，提升农民的农村生活水平"。[33] 1906年4月，普通教育委员会和美国农业部签署了一份谅解备忘录，确定了他们的合作关系。[34] 普通教育委员会将支付美国农业部示范项目工作人员的工资，他们将在没有受棉铃虫感染的州工作，教授"更好的耕作方法，以保证农民生活的基本需求"[35]。

1906年至1914年期间，普通教育委员会为克纳普的农业示范运动提供了近120万美元。[36] 洛克菲勒慈善信托机构花钱雇用了数百名新工作人员进入密西西比州和弗吉尼亚州之间的每个州的县，他们在那里征集当地志愿者，采用一套农业实践，并向感兴趣的邻居展示其潜力。这套方案对南方乡村的生态和社会经济出奇地敏感。它要求"合理使用畜禽粪便和豆类"以及"系统性轮作作物"，并强调"家庭生产粮食"，以培养农民独立于农业债权人的能力。[37] 克纳普的工作人员同时招募了土地所有者和租户，并向参与者邮寄了调查问卷，再次揭示了领导层对农业阶级紧张关系的敏感性。1908 年的一项问卷调查了农业示范运动是否"使任何小农户摆脱了对商人和银行家的债务",以及是否"有任何数量的租户……能够购买农场"[38]。棉花和棉铃虫在早些年发挥了重要作用,但普通教育委员会和克纳普对多样化种植的坚持最终将这一白色作物降到了次要的位置,有利于玉米等粮食作物的种植。毕竟,到 1909 年,克纳普公开认为"单一种植体系"和"大型种植园"都"延缓了农村的发展,加大了妨碍大规模发展的阶级差别"[39]。

克纳普和他的工作人员对批判棉花地带的经济结构方面表现出惊人的热忱,但同时他们也欣然接受了南方白人的种族秩序及非裔美国人的从属地位。克纳普的演讲中充斥着对"一个没有文化、以前就处于从属地位的种族"的贬低,他们"作为所有者、租用者和占有者拥有土地","就像劣币取代良币一样,他们篡夺了更好、更有价值的阶级的位置"[40]。在开展农业示范运动的过程中,克纳普很少对黑人农民的困境表示同情,他向美国农业部的主管坦言:"如果我们把所有有色农民包括进来,这项工作的影响力将大大降低。"[41] 他的白人工作人员似乎也不关心,正如一位来自密西西比州的工作人员所指出的:"白人拥有土地,却把它租给了黑人。"[42] 正如 20 世纪初许多南方的煽动家一样,克纳普和他的工作人员有时会谴责金钱利益集团,但也会小心翼翼地遵守肤色底线。

在 1906 年至 1914 年期间,数以千计的农业示范运动的工作人员在美国南方 10 个州展开活动,其中多数人从普通教育委员会领取工资,而不是从美国农业部领取。[43] 这一事实提出了一个重要的问题:委员会领导层对克纳普的工作施加了多大的权力和影响?学者们长期以来一直接受普通教育委员会坚持的说法,即它只是美国农业部的一个沉默的合作伙伴,只提供资金,不提供其他。[44] 然而,档案显示,情况并非如此。例如,巴特里克要求克纳普的工作人员亲自向他报告,而克纳普则被要求在委员会全体面前报告招聘决定。[45] 克纳普经常与普通教育委员会官员会面,并出席他们在纽约举行的董事会会议,在那里，委员会领导层试图管控在当地开展的工作。盖茨促使克纳普优先考虑玉米种植而不是棉花，并为他们的联合项目选择了正式名称。[46]因此，盖茨向一位改革者描述"我们的农业工作"时，完全不提克纳普或美国农业部的现象就不足为奇了，他曾自豪地说："种子似乎在我们播种的地方生长着，传播着。"[47]

普通教育委员会对农业示范工作产生的最重要的影响，也许是它坚持要把南方的黑人纳入运动中。甚至在与美国农业部合作之前，洛克菲勒慈善信托机构就已经与亚拉巴马州的塔斯基吉研究所及其农业主管乔治·华盛顿·卡弗密切合作，采取实际手段将农业研究扩展到黑人佃户、佃农和土地所有者。[48]1906年之前，克纳普曾指示他的全部白人工作人员与黑人农民合作，但他反对雇用非裔美国人从事这项工作。普通教育委员会施压推翻了这一禁令，美国农业部在1906年雇用了托马斯·坎贝尔（Thomas Campbell）作为其第一个黑人示范运动的工作人员。克纳普自己也承认，他"试图在有色人种群体中开展一些工作"，这是出于普通教育委员会的施压。[49]这种措施招来了死敌，例如1907年的《南方农场杂志》（Southern Farm Magazine）对洛克菲勒委员会的"黑人倾向"及其"在慈善事业的掩护下将南方非洲化"的做法进行了抨击。[50]然而，尽管有激烈的反击，北方慈善事业所推动的废除种族隔离的做法，充其量只是零零碎碎的。直到1912年，美国农业部只雇用了31名黑人工作人员和681名白人雇员。[51]

近10年的时间里，克纳普、美国农业部和洛克菲勒慈善信托机构一直在谈论他们的运动对南方乡村的影响。普通教育委员会宣称，作物多样化和农业生产力的提高为该地区带来了"社会和教育的觉醒"，而克纳普则吹嘘"整个地区从贫困走向繁荣"[52]。这样的声明有根据吗？最终，该项目最大的成就是国家权力在乡村人民生活中的制度化。1914年5月，鉴于农业示范运动的受欢迎程度较深，国会通过了《史密斯-利弗法案》，在美国农业部内设立了合作推广服务机构，并将农业示范运动的范围扩大到了联邦的每一个州。这一决定标志着美国乡村历史的一个基本转折点。在 20 世纪，合作推广服务将成为联邦资助的农业研究和劳作农民之间的主要沟通渠道，它在很大程度上摒弃了普通教育委员会对贫困农民、少数种族和单一种植的担忧，与富裕的商业化农民合作，倡导效率、机械化和农业的工业精神，在美国乡村产生了类似后来绿色革命在全球南方的效果。[53]

然而，在解决农村贫困、负债和水土流失方面——这些问题最初吸引洛克菲勒慈善信托机构来到南方——农业示范运动是一个令人沮丧的失败尝试。20 世纪前 20 年取得的多样化成果在第一次世界大战期间被放弃了，当时棉花价格因海外需求而急剧上升，希望快速获利的农民们迅速将曾经种植玉米、花生和桃子的田地转为种植棉花。当战争结束后，农产品价格出现了毁灭性的暴跌，那些在前十年中获得收益的小农户率先成为拖欠贷款的群体，失去了他们的土地。与 1900 年相比，1920 年，更多的南方农民成为佃农和雇工，而"棉花王"继续冲刷着南方脆弱的表层土壤。因此，毫不意外，当纽约激进分子弗兰克·坦南鲍姆在 1923 年巡视南部农村时，他对单一种植的"白色瘟疫"及其主导的"新奴隶制"表示震惊。在他的旅行中，坦南鲍姆没有看到农民"对土壤的科学改造、作物的轮作或豆科植物的种植有任何兴趣"。在声势浩大的农业示范运动高潮过后不到十年的时间里，似乎南方乡村没有留下什么改革痕迹，而该地区的恶性循环只会继续下去。[54]

对普通教育委员会的领导层来说，农业示范运动的缺陷因其退出政府合作经营的模式而更加严重。就在 1914 年春天，提出创建国家推广服务的《史密斯-利弗法案》等待国会通过之际，洛克菲勒家族拥有的科罗拉多燃料和钢铁公司发生劳工骚乱，导致 19 名抗议者被州民兵屠杀，这一家族不光彩地成为全国关注的焦点，公众对暴力事件的谴责震耳欲聋。随着洛克菲勒家族的慈善事业在农业示范运动工作中发挥的关键作用逐渐为人所知，许多该家族的批评者将对科罗拉多大屠杀的愤怒传递到国会大厅。在法案听证会上，被激怒的政客们谴责洛克菲勒家族的"沉默帝国"和"被人类鲜血染红、泪水浸润"的金钱。

几位参议员试图推动撤销普通教育委员会的章程，最终没有成功。但在辩论结束时，国会正式禁止普通教育委员会参与任何未来同政府的合作项目。对于董事会的领导层和洛克菲勒家族来说，这样的公开侮辱刺痛了他们的心。[55]

如何评价洛克菲勒慈善信托机构为重建美国南部农业所做的长达十年的努力？归根结底，这场运动如后来全球南方的"发展"工作一样，有许多讽刺之处。这场运动的特点是"雷声大，雨点小"，因为它的理论成就远远超过了它的实际成就。它赢得了支持者，因为它承诺通过采用技术专长及相应的物质手段，而不是重新分配土地和财富，来实现全面的社会和经济变革的可能性。就像后来的历史学家尼克·库拉赫尔（Nick Cullather）写的那样，如同冷战时期的绿色革命一样，洛克菲勒慈善信托机构在美国南方的计划培养了一种"保护现代化的话语体系，保护它免受失败的记忆或指责的影响"。[56]然而，农业示范运动也留下了一个模糊的遗产，即农业改革对人类和环境的潜在影响。项目开始时只强调增加粮食产量，但随着时间的推移，人们开始批判单一的农业生产文化和种植园经济。虽然希望那些没有拥有土地的农民能从农业推广服务中受益，但无论是克纳普还是普通教育委员会，都没有冒着全盘否定地方权力结构的风险。不管洛克菲勒家族的姿态如何，美国农业部才是积极地将非裔美国人排除在示范运动之外，并剥夺了他们的潜在利益的始作俑者。

尽管有这些失误和矛盾，20世纪初洛克菲勒慈善信托机构推行农业示范运动的时间却出奇的长久。进入20世纪60年代，基金会领导人继续将普通教育委员会的示范运动工作描述为"仍然是解决欠发达国家问题的最好办法"。[57]正如基金会的规划者在随后的几十年里所回忆的那样，南方的农业工作给他们传授了三条实际经验。首先，它表明，持怀疑态度的农民只有在亲眼看到新技术在邻居家的土地上发挥作用后，才会真正采用。正如巴特里克在1907年所说："产出（农业）知识的地方是土地，在那里农民阅读并理解这些知识。"[58]其次，该运动展示了丰富且引人注目的视觉力量——特别是通过摄影这种新媒介——洛克菲勒的宣传材料中，南方农民站在创纪录的收成旁，与半个世纪后在亚洲和拉丁美洲分发的材料非常相似。最后，普通教育委员会与克纳普的合作表明，农村的贫困不仅仅是作物产量低的产物，同时也是无形的结构性问题——在美国南部表现为土地租赁、剥削性贷款行为、种族排斥和政治上的剥夺权利。尤其是这最后一课，对后来的农业改革者来说具有最大的潜在价值，尽管它并不总是被人们所遵循。

然而，普通教育委员会对美国南方农业的改革和全球绿色革命之间的沟通桥梁并不是预先设定的。事实上，在进步主义时代，洛克菲勒基金会的设计者们很少想到他们在美国南方的运动会成为其他地方类似努力的蓝图。只有通过美国和墨西哥农村改革在未来几十年的意外相遇和交流——在 20 世纪 30 年代的动荡年代达到顶峰——普通教育委员会在美国南部的工作才成为墨西哥更加雄心勃勃的努力的典范。

连接美国南方和全球南方

洛克菲勒慈善信托机构的第一次农业改革试验以失败告终。在对美国农业部改造南方农场的运动投资了近十年时间和一大笔钱之后，普通教育委员会受到的是斥责，而不是认可。由于被认为试图将其议程强加给政府而被公开指责，普通教育委员会在 1914 年被强行禁止参与未来同联邦政府的合作。毫不奇怪，对《史密斯-利弗法案》的深深怨恨渗透委员会的领导层，并促使他们放弃社会工程运动。到 1920 年之前，普通教育委员会已经从对南方社会和经济的直接干预中退了出来，转而选择资助高等教育机构。此后不久，以巴特里克和盖茨为代表的年迈的先锋队退休了，取而代之的是更年轻的、更有可能来自进步主义的社会科学队伍而非神职人员的年轻领导层，他们中的许多人认为董事会应该超越其狭隘的地区关注范围。[59]

不过，随着普通教育委员会放弃改造美国南部乡村的尝试，洛克菲勒慈善事业的其他分支接过了火炬。1909 年，老洛克菲勒出资 100 万美元成立了洛克菲勒防治钩虫病卫生委员会，他将南方糟糕的公共卫生状况诊断为与农业一样的障碍。凭借对病菌理论的初步了解，卫生委员会的公共卫生部队在整个地区修建了厕所，净化了水源，并治疗了受感染的儿童和成人。与农业示范运动相比，防治钩虫病项目很快就取得了明显的效果。仅仅五年后，其领导层就胜利宣布，委员会的主要目标可以"被视为已经完成了"。[60] 正是公共卫生工作的成功和普及，使老洛克菲勒公布了他最大、最雄心勃勃的慈善机构——洛克菲勒基金会。该基金会于 1913 年成立，其捐赠金额使普通教育委员会的捐赠显得微不足道。与其前身一样，洛克菲勒基金会开始在美国南部开展工作，寻求将防治钩虫病项目的成功经验复制到其他热带疾病上。在 20 世纪第二个十年，该基金会及其国际卫生委员会（International Health Board）将防治黄热病、疟疾和肺结核的工作作为整个棉花地带的目标，大张旗鼓地进行宣传，但收效甚微。[61]

此后不久，雄心勃勃的洛克菲勒领导人提议，将他们在美国南部防治钩虫病、疟疾和黄热病的工作"变成一场世界运动"。[62] 因此，公共卫生——而不是农业——成为洛克菲勒基金会将在美国南部的孵化器中获得的经验教训全球化的第一个工具。1914 年，洛克菲勒基金会迈出了超越美国国界的第一步，它与伦敦的殖民地管理者结成联盟，在英属圭亚那启动了一项钩虫病防治计划。在随后的十年里，国际卫生委员会的官员们在加勒比海、拉丁美洲、太平洋亚洲和非洲北部设立了办事处。虽然看起来很突然，但对于洛克菲勒基金会来说，从美国南部的公共卫生工作到国外的目的地，这一跨越是很自然的。密西西比州和亚拉巴马州在对热带落后、贫困和疾病的原因进行理论分析时，对其他加勒比海国家，甚至对遥远的印度和埃及，都有很大的影响。基金会的规划者们认为，美国南部只是全球"钩虫病地带"的北部，该地带横跨地球的热带和半热带地区。因此，曾在美国南方受训的医生经常在国外发挥领导作用，在佐治亚州、古巴和菲律宾的种植园区之间无缝切换。1920 年,国际卫生委员会与革命的墨西哥政府合作,在韦拉克鲁斯州和塔毛利帕斯州防治黄热病,公共卫生工作也为该基金会与墨西哥建立了第一座桥梁。[63]

到 20 世纪 20 年代,位于纽约市第四十九街的洛克菲勒基金会总部成为一个庞大的慈善网络的中心枢纽,这个网络从美国南部向外延伸到加勒比海地区,然后横跨全球,延伸到亚洲和非洲。为了追求"全世界人类的福祉"——洛克菲勒基金会的创始格言——成千上万具有福音思想的美国专家和改革者在全球各处——当时大部分为殖民地——奔走。在 20 世纪初美国非正式帝国的触角延伸到了世界边远地区时,基金会的慈善事业成为不可否认的先锋队。[64]

尽管农业在洛克菲勒家族早期的慈善事业中发挥了至关重要的作用,但在两次世界大战之间的基金会活动中,农业却很少受到关注。与投入公共卫生和教育工作的大量资金相比,农业和农村生活在 1915 年至 1940 年期间只得到了基金会极少的时间投入和精力关注。[65] 仅仅十年之后,这种不平衡就很难被记住了。事实上,到了 20 世纪 60 年代,洛克菲勒基金会在公共领域已经与它在全世界的农业工作分不开了。洛克菲勒基金会果断地回归农业根源问题,这既不是注定的,也不是偶然的,是 20 世纪 30 年代美国和墨西哥农业政治交融的产物。领导这一行动的是两个北卡罗来纳州人,他们也许应该被称为"绿色革命之父":约翰·法雷尔(John Ferrell)和约瑟夫·丹尼尔斯。

法雷尔是一名医生,也是洛克菲勒基金会国际卫生委员会的管理者,他的职业生涯完美地体现了慈善机构在美国南部和大加勒比海地区的公共卫生工作之间的紧密联系。他于 1880 年出生在北卡罗来纳州东部桑普森县的一个中产家庭,桑普森县是一个种植园区,棉花和烟草在当地经济中占主导地位。在做了几年的乡村教师后,1907 年法雷尔在北卡罗来纳大学获得医学学位,之后他加入了洛克菲勒卫生委员会,参与了北卡罗来纳州防治钩虫病工作。他在卫生委员会中既看到了职业机会,也看到了减轻北卡罗来纳州东部贫困农村居民的痛苦的机会。1912 年，法雷尔在他家乡的所有县指导防治钩虫病工作，一年后他已升为洛克菲勒基金会国际卫生委员会的二把手。[66]

作为国际卫生委员会的二把手，法雷尔主持了该基金会在拉丁美洲的公共卫生项目的扩展。在 20 世纪 20 年代，他穿梭于加勒比海国家，协调将美国南方模式转化为外国模式，来适应这些国外地区。1927 年，当他第一次前往墨西哥，计划扩大国际卫生委员会项目时，法雷尔将他访问的小村庄描述为与他在美国南方观察到的乡村类似。法雷尔称赞国际卫生委员会的工作人员和他们在墨西哥公共卫生服务部门中的盟友在墨西哥城以外取得的新进展，他宣称："就坑式厕所的数量而言，我可能身处北卡罗来纳州了。"[67] 当他在墨西哥和中美洲其他地方需要医务人员时，他求助于那些在美国南部种植园区工作过的工作人员。[68]

然而，当法雷尔于 1933 年春天回到墨西哥时，他越来越确信，仅靠公共卫生改革不足以消除农村贫困。正如上一代的洛克菲勒慈善家们试图在消灭钩虫的同时重建农业一样，他认为，20 世纪 30 年代的基金会也应该考虑将其墨西哥计划扩大到医学以外的领域。当年 3 月，法雷尔会见了墨西哥农业和公共卫生部部长，他提议基金会可以帮助政府促进"农业的进步"，特别是开展"提高生活水平的示威活动"[69]。尽管墨西哥人礼貌地拒绝了他——可能是因为当时农业事务的急剧政治化趋势——但法雷尔回到纽约后，敦促基金会的上级考虑扩大墨西哥项目。作为回应，洛克菲勒基金会副主席塞尔斯卡·M. 耿（Selskar M. Gunn）于 1934 年前往墨西哥考察，确定将慈善工作扩大到农业和农村教育的可能性。虽然耿支持新兴的农业主义者运动，以消除"旧的种植园或大庄园土地所有权制度固有的弊端"，但耿担心"墨西哥正在经历一场民族主义的猛烈攻击"。最终，"当前的不确定性"意味着，1934 年"不是考虑在墨西哥扩大我们目前的小项目的有利时机"。法雷尔的倡议被搁置了。[70]

对洛克菲勒基金会在墨西哥的农业计划的推动，将由第二个对绿色革命早期历史至关重要的北卡罗来纳人重新激活,他就是丹尼尔斯。就在法雷尔 1933 年访问墨西哥城的几周后,富兰克林·罗斯福任命丹尼尔斯为美国驻墨西哥大使,这位《罗利新闻与观察家》的编辑也从罗利搬到了墨西哥首都。丹尼尔斯比法雷尔年长近 20 岁,在洛克菲勒慈善信托机构在南方的早期工作中,他第一次认识了这位年轻医生。奇怪的是,丹尼尔斯最初是洛克菲勒家族防治钩虫病运动的强烈反对者,他在报纸上声称,美国南方人不应该"将标准石油公司的洛克菲勒封为圣人",因为洛克菲勒试图"收买被他掠夺了四分之一世纪的人们的感激"。然而,丹尼尔斯后来承认,他"走错了路",部分是由于他与法雷尔的谈话。法雷尔是来自北卡罗来纳州的同胞,他在本州领导洛克菲勒基金会的工作,交谈后丹尼尔斯开始承认"积弊之深",并最终对基金会的公共卫生工作"表示赞赏"。此后,丹尼尔斯和法雷尔一直保持着联系。[71]

1935 年 2 月,法雷尔回到墨西哥城,检查基金会的公共卫生工作——这是他在丹尼尔斯被任命为外交官后第一次访问墨西哥。那年冬天,法雷尔在美国大使馆重新拾起了他们的友谊,在逗留期间,他与丹尼尔斯会面了四次。在长时间的会面中,这两位北卡罗来纳人将墨西哥的社会和经济问题与他们的家乡进行了对比。这并不令人惊讶,毕竟,到 1935 年,丹尼尔斯已经将美国南部和墨西哥的农村问题,以及新政和墨西哥革命进行了近两年的比较研究。丹尼尔斯告诉法雷尔:"墨西哥的情况,在许多方面与内战后美国南部的情况相当相似,尽管普通墨西哥家庭的经济状况可能比美国南方的情况差很多。"他总结道:"虽然美国南方有特殊的黑人问题,但墨西哥有政教之间的冲突。这是一个尴尬的并列对比。"然而,正如美国南方一样,丹尼尔斯认为:"墨西哥最紧迫的问题应该是提高人民的经济水平。"[72]

在诊断美国棉花地带和墨西哥的类似困境时,丹尼尔斯提出,其中一个国家的解决方案也可能对另一个国家有效。大使回顾了洛克菲勒家族之前"在美国南方开展的经济建设活动",衷心地建议在农业方面"采用普通教育委员会支持的项目"。丹尼尔斯认为这样的运动将"优化(卡德纳斯)政府目前在土地改革和农业发展方面的努力",并将最终形成一个"足够高的经济基础,以允许政府对公共卫生、公共教育、公共福利、道路建设等方面的服务征税"。法雷尔在洛克菲勒基金会工作了第一个十年后,他就非常熟悉普通教育委员会的农业运动,他很快就同意了。根据丹尼尔斯的建议,法雷尔给他在基金会的上级写了一份备忘录,提出了一个每年投入 2.5 万到 10 万美元的计划,"以帮助墨西哥政府发展农业示范运动和其他旨在改善家庭和社区经济福利的活动"。墨西哥受训人员可以被派往美国"学习项目运作的流程",然后回国"制订适合墨西哥国情的方案"。[73] 法雷尔还建议基金会将"有关美国南部复兴的出版物"翻译成西班牙文,并进行分发,作为"对墨西哥农业和教育发展的援助"[74]。

丹尼尔斯也为该提案贡献了他个人的力量。法雷尔回到纽约后,这位大使向他的一位有影响力的朋友雷蒙德·B. 福斯迪克(Raymond B. Fosdick)寻求支持。丹尼尔斯在大战期间认识了福斯迪克,当时为威尔逊总统的亲密助手和国际联盟的副秘书长。在 20 世纪 30 年代,福斯迪克是洛克菲勒慈善事业中的一个关键人物,也是基金会和普通教育委员会的重要理事。[75] 丹尼尔斯在对福斯迪克的请求中重申了他的信念,即墨西哥的"问题在某种程度上有点类似美国南方在内战后几十年里遇到的问题"。因此,丹尼尔斯建议基金会对"对巴特里克、(国际卫生委员会负责人)威克利夫·罗斯和其他人在美国南方实施的计划进行一些调整",因为这样的举措有望"为墨西哥带来真正的进步"。丹尼尔斯提名法雷尔领导这项工作,因为"法雷尔在巴特里克和罗斯那里接受的培训,以及他在南方的实际参与,使他为指导墨西哥更大的合作计划"做好了充分准备。丹尼尔斯还表示,他的大使馆将支持任何此类活动。丹尼尔斯向福斯迪克保证:"法雷尔和我都很了解对方,我们可以一起工作,像我们为美国南方的发展所做的那样,为墨西哥的健康和福利运动发展合作。"[76]

然而，令丹尼尔斯和法雷尔沮丧的是，洛克菲勒基金会对这些建议不感兴趣。由于该基金会的大部分资金和人员都在亚洲和欧洲，革命后的墨西哥所带来的风险似乎比机会更大。没有证据表明福斯迪克对丹尼尔斯的请求做出了回应，几个月后，法雷尔承认他"没能找到在这个方向上获得援助的方法"。[77] 1936年，福斯迪克被选为洛克菲勒基金会和普通教育委员会的主席，这两个盟友重新努力使他加入他们的事业。丹尼尔斯于当年3月给福斯迪克写信，坚决要求他立即访问墨西哥，以见证卡德纳斯政府在社会政策方面取得的"巨大进步"和扩大洛克菲勒基金会援助的机会。[78] 法雷尔给新主席写了另一份备忘录，呼吁仿照"1905年至1914年在美国南方的普通教育委员会"的工作模式，制订"旨在改善墨西哥经济状况的活动计划"。他坚持认为："可以派两三个合格的人去研究墨西哥的农业问题和可能的解决方案，然后大致勾勒出一个建设性的计划。"[79] 然而，他们的请求再次被置若罔闻，最终，丹尼尔斯对基金会对墨西哥的冷漠和忽视感到愤怒。1937年3月，他在日记中愤怒地写道："（洛克菲勒家族）从这里的油田获得了数百万美元，他们就应该这样做。他们在中国花费了数百万美元，在墨西哥却只投入了几千美元。"[80]

洛克菲勒基金会对墨西哥农业的干预

丹尼尔斯和法雷尔的愿望，只有在两次重大变革重塑了基金会内外的政治格局，为农业干预开辟了新的途径之后才得以实现。首先，洛克菲勒慈善信托机构重新关注起了美国南方农村的问题。其次，全球地缘政治的动荡调整了基金会的议程，基金会突然开始强调拉丁美洲，特别是墨西哥。

尽管不可否认，洛克菲勒的慈善事业起源于对南方地区的落后和乡村非裔美国人困境的焦虑，但在1910—1930年，该集团从严格意义上的美国南部问题中逐渐淡出了。那时，洛克菲勒基金会已经放弃了它最初的跳板，甚至明确指出，区域性的普通教育委员会在20世纪20年代末也主要资助美国南方以外的学院和大学。[81] 然而，大萧条以无与伦比的力度袭击了棉花地带，也极大地扭转了这一趋势。1929年后，基金会领导层中越来越多的人担心，上一代人取得的任何成果都会被经济崩溃迅速侵蚀，特别是对非裔美国人的帮助。到20世纪30年代中期，随着北卡罗来纳大学的霍华德·奥杜姆等活跃的社会学家公开宣传该地区的种种弊端，人们对美国南方发展的停滞和痛苦的关注达到了狂热的程度。为了应对这种日益加剧的焦虑，1935年秋天，普通教育委员会安排了一次主题为"南方各州的机会和需求"的重要会议，奥杜姆和他的合作者们在会上发言。这次会议标志着基金会象征性地回到了最初推动洛克菲勒慈善事业的关注点上，这也是今后许多会议的出发点。[82]

最终，在1936年秋天，雷蒙德·福斯迪克崛起，当选为普通教育委员会和基金会的主席，他使洛克菲勒的领导层重新关注了棉花地带。福斯迪克坚信，美国南方仍然是一个渴望变革的贫瘠地区。新主席接受了奥杜姆的观点，即迪克西是一片穷人居住的富饶之地，而短视、政治蛊惑和各种浪费是这种矛盾的根源。事实上，福斯迪克将奥杜姆1936年的巨著《美国南部地区》视为"关于南方状况的权威文献"，它提出了所有"南方乡村重建计划中的重要问题"[83]。因此，当福斯迪克在1936年底公布普通教育委员会的新南方计划时，这并不令人惊讶，该计划将与基金会合作，"对南方的教育和社会问题进行跨部门的合作"。[84] 在接下来的十年里，洛克菲勒的慈善事业再次成为贫困地区的代名词。在新南方计划下，普通教育委员会充当了一个资助中心，向学术界和联邦政府的改革者输送资源。普通教育委员会为奥杜姆的社会科学研究所注入了活力，资助了阿肯色州立大学的土地使用权研究和南卡罗来纳州克莱姆森农业学院的小型农村工业研究。洛克菲勒基金会的资金则用于佐治亚州塞诺亚的农业生态学研究，并在田纳西州和亚拉巴马州培训非裔美国人的"农村社会工程师"，与农场安全管理局一起工作。[85]

　　1937 年后,直接监管新南方计划的是一位后来在基金会的墨西哥项目中发挥重要作用的人物,康奈尔大学的农学院院长阿尔伯特·R.曼恩(Albert R. Mann)。曼恩 1880 年出生于宾夕法尼亚州,曾跟随著名的利伯提·海德·贝利(Liberty Hyde Bailey)学习农业经济学,曼恩与他一样,对农业采取人本主义的研究方法。尽管曼恩没有南方血统,但他对该地区的农业一直充满好奇,自 20 世纪 30 年代初以来,他与洛克菲勒基金会保持合作,宣传对黑人农民的歧视以及棉花文化在社会和环境方面的缺陷。[86]曼恩虽然不是一个激进分子,但他比大多数经济学家更关心农业的社会和文化背景。作为新南方计划的领导者,他强调了解决"土地经济,特别是土地所有权和使用权",以及"种植园风俗"持续存在的问题的重要性,他认为这些问题"抑制了在当前条件下南方的进步"。[87]尽管他当时难以预料,但这样的经历将决定性地影响他后来在墨西哥的职业生涯。

　　作为南方农村改革计划的管理者,福斯迪克、曼恩和洛克菲勒基金会的其他设计师对一个处于危机中、被社会和经济等级制度分裂,并被过去困扰的农业世界有了深入的了解。20 世纪 30 年代末和 40 年代初,他们在参观棉花地带时,遇到了黑人和白人佃农,后者描述了自己的不安全感,他们看到了一个古老的农业系统和它所产生的累累伤痕。[88]事实上,通过新南方计划,他们努力解决了后来绿色革命面临的同样困难。克服农村贫困的结构性障碍是什么?跨越种族和阶级的权力关系是如何塑造农业组织的?一小群改革者如何能对延续了几代人的社会和经济模式产生影响?基金会的领导者在早期主要是旁观者,但事实证明,他们在大萧条时对南方危机的干预产生了持久影响。1943 年,当基金会的领导人开始对墨西哥的农业进行干预时,他们可以借鉴美国国内一代人的经验。比他们晚了 30 年的克纳普的农业示范运动就是一个突出的先例。然而,同样重要的是对大萧条时期南方的新鲜记忆,以及新政和学术界挑战其现状的热心改革者。

大萧条时期，洛克菲勒基金会回到了美国南方，决定性地影响了他们在20世纪40年代的目标。然而，仅凭洛克菲勒官僚机构的内部动力并不能解释，为什么该基金会选择墨西哥作为移植其农村振兴计划的试验点。相反，这一决定源于远远超出其纽约办事处所能理解的地缘政治断裂。到1937年，日本的侵华危及了洛克菲勒基金会在中国东部沿海地区的多个健康和教育项目，当地的代理人纷纷逃离。向西数千英里，阿道夫·希特勒于1939年入侵波兰，同样威胁到洛克菲勒基金会在欧洲物理和社会科学领域的巨额投资的安全。因此，到了1940年，洛克菲勒基金会陷入了困境，它迫切希望解决全球危机，但又受制于困扰欧洲和亚洲的越来越多的暴力。因此，洛克菲勒基金会在"二战"初期"重新发现"拉丁美洲并不奇怪。在20世纪40年代初，拉丁美洲成为美国大量公共和私人外联工作的目的地，在很大程度上是由于美国对纳粹在西半球扩张的担忧。在华盛顿，纳尔逊·洛克菲勒的联邦美洲事务办公室试图用援助和合作的承诺来争取拉美领导人的支持；洛克菲勒的慈善事业同行们也同样把目光投向南方。[89]

尤其是墨西哥，在战争期间似乎为美国的援助和反轴心国的努力提供了一个有利的政治环境。当卡德纳斯的继任者阿维拉·卡马乔于1940年12月上台时，他承诺温和、稳定和国际合作，缓解了美国在20世纪30年代的许多焦虑。不过，最终使洛克菲勒基金会在墨西哥的农业计划的天平倾斜的，是美国最著名的农民新政政治家华莱士的一次"朝圣"之旅。正如第二章所探讨的那样，华莱士于1940年12月前往墨西哥，在阿维拉·卡马乔有争议的就职典礼上代表美国，支持其政府。在墨西哥近两个月的时间里，华莱士到访了整个中央高原，在印第安人村社土地上与普通农民交流，勘察他们种植的玉米地；他还会见了总统、政治家和农学家。

然而，华莱士在墨西哥最重要的联系人可能是丹尼尔斯大使，访问期间两人"过往甚密"。[90]这两位自由派的新政政治家已经相识多年，但在1940年底，他们的关系才得以巩固（图4.1）。在大使馆的几天里，

图 4.1　1940 年 12 月，华莱士、丹尼尔斯，以及他们各自的妻子伊洛和艾迪在墨西哥市

图片来源: Lot 5376G. Courtesy of Library of Congress Prints and Photographs Division.

两人讨论了美国和墨西哥的农业融合和农村改革的问题。丹尼尔斯正如对法雷尔所做的那样，将墨西哥的农村与解放后美国南方的贫困状况进行了比较，再次坚持认为一个农业示范项目有可能扭转这种弊端。毫无疑问，正是由于丹尼尔斯施加的压力，再加上苦口婆心地劝说，华莱士在 12 月中旬宣布："以目前印第安人村社的劳作者的技术，平均每个人的产量还达不到美国南方普通佃农的产量。"华莱士还采纳了丹尼尔斯对这一难题的解决方案："美国的一个大基金会可以建立一个相对较小的实验站来提供优质的服务，旨在发现和示范更有效的玉米和豆类种植方法。"[91]

几乎所有关于绿色革命起源的观点都认为，正是华莱士为洛克菲勒基金会在墨西哥的农业试验提供了动力和灵感。考虑到这位副总统有选择性的兴趣和他的上述声明，这样的假设是诱人的，它深深地影响了早期绿色革命的历史学研究。[92] 然而，档案显示，没有证据证实这种说法。相反，华莱士只是为这两个北卡罗来纳州人完成他们半个多世纪以来的努力贡献了筹码。尽管这位农业部前部长在 1940 年 12 月中旬就毫不怀疑洛克菲勒基金会在墨西哥的行动是必要的，但他在

1941年1月回到美国后,没有采取任何行动来满足这一要求。相反,是丹尼尔斯为再次接近基金会的领导层提供了动力。

1941年1月初,丹尼尔斯回到北卡罗来纳州罗利的家中看望家人。巧合的是,法雷尔在同一周也在那里参加农场安全管理局关于南方农村营养议题的会议。丹尼尔斯在与华莱士的讨论中获得了鼓舞,他联系到法雷尔,两人于1941年1月12日在丹尼尔斯的家中会面。正如他之前所做的那样,丹尼尔斯坚定表示:"墨西哥的进步将加速,因为洛克菲勒基金会在我们南方各州进行的健康、教育和农业方面的实验,将根据墨西哥的状况进行调整。"虽然以前的努力没有取得什么成效,但丹尼尔斯向法雷尔保证,他们同华莱士建立了良好的盟友关系。大使确信,副总统对他们的计划的特殊同情提供了新的合法性,他敦促法雷尔再次与基金会的领导人接触。[93]

在接下来的一周里,法雷尔撰写了一份计划提案,它最终成为墨西哥绿色革命的蓝图。这份题为《援助墨西哥》的文件一开始就列举了这个国家的社会和经济缺陷。"(墨西哥)存在着种族问题。群众被国内和国外的利益集团所利用,历史上一直未能开发人力资源的潜力,也未能为贫困大众建立起可靠的生活标准。"他和丹尼尔斯"几十年来一直密切关注南方各州及其问题",显然,"墨西哥的情况与美国内战后南方地区所面临的情况类似"。由于这些相似之处,并且由于"洛克菲勒的普通教育委员会在四十年间为南方地区提供了大量援助",法雷尔建议基金会在墨西哥推行"普通教育委员会的南方农业计划"。不过,克纳普的农业示范运动只是法雷尔认为可能在墨西哥取得成功的许多地区模式之一。他对"农场安全管理局提供的援助类型"同样乐观,其中包括"提供小额贷款……指导实施规定的种植计划",以及"引入农场代理人和国内经济学家的监督"。法雷尔坚持认为,美国南方的近代史再次证明,"政府援助贫困农业家庭是有先例的"。[94]

然而,法雷尔承认,墨西哥农村既不是一块缺乏历史的白板,也不是美国南方的一个镜像。墨西哥不是一个停滞不前的地方,而是一个正在发生变革的地方，这是因为"过去二十年来的社会革命势头强劲"。事实上，在他的提案中，法雷尔对最近的卡德纳斯主义改革表现出了令人惊讶的同情心。法雷尔说："墨西哥人为促进教育和农业发展而制订的总体计划，构思合理，是应对墨西哥情况的最好的计划。"为了证明这一论点，法雷尔令人吃惊地将《民主进入棉花王国》（*Democracy Comes to a Cotton Kingdom*）一书附在他的报告中，这是南方佃农联盟的克拉伦斯·西尼尔在1940年写的关于拉古纳地区土地改革的深刻作品。因此，法雷尔认为洛克菲勒基金会的援助是对卡德纳斯主义有关公正和富有成效的农村愿景的补充，并不是相矛盾的。[95]

法雷尔的提议，加上华莱士标志性的批准印章，在洛克菲勒基金会领导层中得到了远比以前更热烈的回应。在阅读了法雷尔的报告后，基金会主席福斯迪克立即制订了与华莱士副总统讨论的计划。华莱士、福斯迪克和法雷尔于1941年2月3日在华盛顿会面，讨论基金会援助墨西哥农业的可能性。华莱士向福斯迪克保证，他对此计划的前景持乐观态度，尽管他坚持认为该农业计划必须针对玉米和豆类，即墨西哥的"主要食物"，而且如果能集中于"（墨西哥城周围）人口密集的高原地区"，该计划的实施将最为有效。当福斯迪克和法雷尔建议"按照自给自足的宅基地项目和农场安全管理局的思路援助小农"时，农民新政的政治家们可能很高兴。然而，华莱士警告该基金会在墨西哥要谨慎行事，因为洛克菲勒的名字可能会唤起人们关于"石油工业、被征用的财产以及随之而来的争议"的记忆。[96]

随着势头的发展，洛克菲勒基金会的领导层于1941年2月18日在纽约开会，正式考虑墨西哥农业计划。参加会议的有洛克菲勒慈善事业的许多不同部门。福斯迪克主席与该项目发起人法雷尔以及基金会自然科学部和社会科学部的负责人坐在一起。然而，会议室里最有影响力的人物或许是时任普通教育委员会新南方项目负责人的阿尔伯特·曼恩。用一位同事的话来说，他是"这栋楼第55层里唯——个……真正懂得农业的人"。[97]福斯迪克在会议开始时强调，墨西哥需要"专家和示范项目,就像20年前普通教育委员会为南方地区所做的那样",目的是"为农村生活水平的提高做出贡献"。曼恩作为农业方面的常驻专家,提出了他所认为的墨西哥计划的主要需求,他认为"对(美国)现有知识的展示"可能是最有效的方法。曼恩可能还记得克纳普农业示范运动,他建议在进行"不需要任何扩展基础研究的比较品种试验"的同时,展示"挑选种子的简单方法"。会议结束时,福斯迪克考虑到曼恩在美国领导此类项目的经验,要求他就下一步"针对墨西哥的农业援助",准备一份更长的备忘录。[98]

两天后,曼恩准备的文件充分证明,他极大地依赖于他以前接触的美国南方和针对南方贫困的新政计划。曼恩认为,任何改善墨西哥农业的努力都应该采取双管齐下的策略。首先是通过对墨西哥科学家进行土壤化学、植物育种、遗传学以及植物病理学等基础农业科学方面的培训,来"加强基本科学基础"。同时,"长期的计划"也应该伴随着一个更直接的做法,即"通过示范运动向受教育程度有限的人推广改进的农业实践的既定知识",正如"美国的农场安全管理局"所做的。曼恩坚持认为,这两项运动"都必须是本土化的,并且是由本土能力、本土动植物种群,结合本土人民的文化特征产生的"。为了开展这项工作,曼恩建议基金会派两名专家到墨西哥进行初步调查。第一位应该是植物学家,第二位应该精通社会和经济研究,熟悉"农场安全管理局相关的特例事业"。这种专业知识的平衡对曼恩制订计划至关重要。[99]

当基金会的领导层考虑如何在墨西哥开展工作时,北卡罗来纳州的法雷尔贡献了他的个人努力来塑造其正在思索的项目。1941年3月中旬,他前往墨西哥——他将在那里待上两个多星期——再次与丹尼尔斯会面,并探讨洛克菲勒基金会援助农业的可能性。在墨西哥城,法雷尔向大使介绍了他的项目建议,丹尼尔斯认为该建议"富有启发性和趣味性",[100] 法雷尔去了墨西哥州的国家农业学校,以及墨西哥城和米却肯州的几所农村师范学校,调查了其间的农业状况。与曼恩一样，法雷尔向他的基金会上级坚定地提出，任何纯粹的研究项目都必须有一个"以偏远社区的贫困农民能够理解的简单术语来提供指导和教学"的项目。正如他对美国南部的回忆所重申的那样，"按照基本原则进行的既具有实操性又简单的农业示范运动"将"加速墨西哥人的好日子到来"[101]。

在权衡了曼恩和法雷尔的建议后，1941年4月，基金会的领导层再次召开会议，任命了一个调查委员会，该委员会将在当年夏天前往墨西哥，对墨西哥的农业问题进行长时间的考察。基金会选择了三个人参加这次考察。埃尔文·C. 斯塔克曼（Elvin C. Stakman），一位专门研究小麦的植物病理学家，当时在明尼苏达大学任教，有一些在墨西哥工作的经验；哈佛大学的保罗·曼格尔斯多夫，一位玉米育种学家，曾就玉米的历史起源及其社会背景写过大量的文章；以及康奈尔大学的土壤科学家理查德·布拉德菲尔德，终其职业生涯一直在研究合成肥料和有机肥料。尽管曼恩坚持要求基金会任命一位社会科学家或农业经济学家，但基金会最终只选择农学家作为调查委员会成员，这源于洛克菲勒基金会自然科学部的压力，该部将为墨西哥项目提供机构驻地。自然科学部的领导层对农业的社会和经济背景不感兴趣，这一点并不令人惊讶。然而，曼恩做出妥协，确保了曼格尔斯多夫的任命，后者在20世纪30年代曾在得克萨斯州东部从事过大量适合贫困农民的玉米品种育种研究，曼恩"对这些研究印象深刻"。事实上，正如下一章所揭示的那样，曼格斯多夫后来在将大萧条时期美国南方的经验教训改造得适合墨西哥背景方面发挥了最根本的作用。[102]

1941年夏天，正如本章开篇所述——斯塔克曼、布拉德菲尔德、曼格尔斯多夫及其研究生理查德·舒尔兹乘坐他们的旅行车，在墨西哥乡村跋涉了近五千英里。他们在夏天结束时撰写报告，揭示了他们对印第安人村社及其小规模种植者的同情。他们指出："有一些人断言，墨西哥的农业生产力相对较低，是因为墨西哥印第安人村社制度的错，只要它存在，就不可能实现改进。"在他们所接触的大土地所有者中，这是一个无处不在的观点。但他们认为："这种说法的第一部分肯定过于简单化了，第二部分很可能是不真实的。"他们声称，墨西哥农业的主要问题不是后卡德纳斯时期的社会组织，而是缺乏有效的耕作技术。因此，墨西哥改革者的"社会热情不应受到遏制，但必须提高他们的科学热情。革命之后必须要有演进"。调查报告如是说。调查委员会表示，在开发适合印第安人村社种植者的一揽子科学技术时，应加强整个墨西哥小农户群体的地位。[103]

然而，他们将如何实现这一目标？调查委员会的改进农民种植技术计划是以玉米和豆类这两种作物为导向。调查委员会提出了促进粮食作物种植的三项具体战略：改良土壤、引进新的作物品种和管理病虫害。在讨论玉米时，调查委员会，特别是小组的玉米专家曼格尔斯多夫，对杂交玉米种子的前景持相当怀疑的态度，这种政治技术将在下一章中更深入地讨论。这三位科学家认为，这样的种子"必须每年重新购买，而墨西哥的小农户既没有现金，也没有积极性来这样做"。他们声称，如果杂交玉米要在普通农民中产生影响，就必须在不受商业种子公司干扰的情况下，由农业银行将其分配给小农户。这样的判断将产生全面的影响。但这些人对社会和经济不平等的敏感度也有其局限性。他们认为墨西哥的贫瘠土壤是农村福利的主要障碍，但作为补救措施，他们强调了合成的商业肥料的重要性，而这些肥料是大多数墨西哥农民无法承受的。[104]

在调查委员会的报告中，基金会的领导层认为他们已经为墨西哥农业的重建制定了可行的蓝图。这份文件应该被理解为许多人共同完成的拼图。它包含了两个北卡罗来纳人所推动的墨西哥农业援助计划的元素，并回顾了克纳普在美国棉花地带的农业示范运动，将其作为一个可复制的先例。报告显示了普通教育委员会新南方计划领导人如福斯迪克和曼恩的倾向，他们从南方各州的新政农业计划中寻找灵感。同样，报告也受到了三位农学家的影响，他们努力汲取这些早期努力的经验，虽然他们对农业计划的设想并不总是与洛克菲勒基金会领导层一致。但是，无论该蓝图中存在哪些未解答的问题或相互矛盾的愿景，都必须等待墨西哥当地的解决方案，这样该基金会才能迅速采取行动，以实现其计划。1941 年 12 月，普通教育委员会的曼恩和自然科学部主任弗兰克·B. 汉森（Frank B. Hanson）向基金会的董事会提交了调查委员会的报告，董事会一致通过。[105] 次年 7 月，基金会聘请了年轻的植物病理学家雅各布·乔治·哈拉尔（Jacob George Harrar）作为当地的主任来管理墨西哥农业计划项目，他曾是斯塔克曼的学生，有在波多黎各和弗吉尼亚工作的经验。最后，在 1942 年 10 月，福斯迪克与阿维拉·卡马乔总统的农业部部长戈麦斯取得联系，开始就农业改革方面的合作进行正式谈判。

25 年后，布拉德菲尔德、斯塔克曼和曼格尔斯多夫在他们的庆祝性的回忆录《反饥饿运动》(Campaigns against Hunger) 中回忆了从基金会的美国工作到墨西哥工作的简短过渡。他们写道："1941 年在墨西哥，最迫切需要做的事情是相当明显的。"[106] 事实上，这一飞跃存在着巨大的不确定性。墨西哥政府是否会接受洛克菲勒基金会的合作是不确定的；该基金会在后卡德纳斯主义的政治动荡潮流中会如何发展是完全未知的。同样，起草 1941 年洛克菲勒蓝图的不同部门的截然不同的农业愿景并存，这将迫使他们在墨西哥的实际应用中做出艰难的选择。在接下来的十年里，无数的问题需要答案，而这些问题的解决则关系到墨西哥农村乃至地球上大部分乡村的命运。

小结

洛克菲勒基金会自 20 世纪初成立以来，就一直渴望改造农业及其从业人员，但几乎所有关于绿色革命的研究都是从 1943 年该基金会在墨西哥的试验开始的。正如本章所显示的，这种直觉忽略了一个更深刻的历史，它有助于解释美国致力于海外"发展"的起源。洛克菲勒领导的绿色革命不是冷战时期地缘政治焦虑的产物，而是起源于 20 世纪初的美国南方，这个地区是慈善家反贫困努力的国内实验室。尽管很少有人能预测到这一点，但普通教育委员会在1906年至1914年与克纳普和美国农业部的合作提供了一个模式，这个模式将激励20世纪30年代和40年代的墨西哥乡村转型的拥护者。

然而，普通教育委员会在20世纪初进行的农业示范运动并没有呈现出简单的或容易复制的模式。它对促进农业生产或扭转农业贫困的长期影响可以忽略不计，任何大萧条时期的观察者都可以证明这一点。对建设健康农村的不同处方，实际上破坏了这一运动，还产生了分化。美国农业部一开始在南方开展工作，是为了拯救棉花种植业免受棉铃虫的威胁，但随着时间的推移，克纳普与巴特里克和普通教育委员会的盖茨都逐渐认识到，贷款、土地所有权和单一种植的结构性障碍比作物产量的下降更有可能造成南方再次陷入贫困。在运动的晚期，克纳普和他的盟友在棉花地带推动了一个令人惊讶的开放性议程，寻求促进多样化、生态保护和农村自治。不可否认的是，他们的运动失败了，而且因为忽视了非裔美国人和大多数佃农，所以是不完整的运动。然而，这一尝试的失败并没有影响到后人的真诚信念，即实用的农业示范运动是解决农村落后和贫困的一种新颖而有效的办法。

在20世纪30年代，美国和墨西哥农业改革者之间的活跃交流提供了组织间联系、互动的可能性，这使得洛克菲勒基金会将普通教育委员会的模糊议程移植到墨西哥。其间最重要的是美国大使丹尼尔斯，一个矛盾的人物，他的长期职业生涯将美国和墨西哥的种植园带绑在一起。在那十年的大部分时间里，丹尼尔斯积极地将一无所有的美国佃农的困境与墨西哥农民的困境进行比较，将卡德纳斯时期的墨西哥所面临的农村困境与新政后的棉花地带的困境进行类比。作为农业主义者土地再分配的积极支持者，他相信来自美国的技术和科学援助将支持羽翼未丰的印第安人村社。在丹尼尔斯看来，洛克菲勒基金会凭借其在美国南方的经验，以及标准石油公司在石油开采历史上对墨西哥的道义上的亏欠，最能提供这种服务。法雷尔是一位北卡罗来纳州人，他和丹尼尔斯一起推动洛克菲勒基金会将美国南方的经验转化并带入后革命时代的墨西哥。

丹尼尔斯和法雷尔最初为实现这种农业飞跃所做的努力陷入了困境，未能在洛克菲勒基金会的规划者中引起共鸣，他们基本上放弃了美国南方，并认为政治动荡的拉丁美洲所存在的风险大于机遇。但是，随着经济大萧条后期的破坏，棉花地带重新回到了慈善机构的委员会的视线中；世界大战激发了人们对其他美洲共和国的兴趣，连接美国南部和墨西哥的新通道突然打开了。在普通教育委员会的福斯迪克和曼恩的指导下，1941年，洛克菲勒基金会认真考虑了丹尼尔斯和法雷尔当时倡导了半个多世纪的建议。根据北卡罗来纳人的结论，美国南方为重建墨西哥农业提供了宝贵的经验。该基金会的领导层在提出提高墨西哥农村生活水平的战略时，借鉴了普通教育委员会的经验教训和最近的农民新政政策。经过密集的调查，该基金会验证了丹尼尔斯和法雷尔的判断，即美国的技术援助可能会使墨西哥的小农户大大受益，基金会启动了一项最终将产生巨大全球影响的计划。

1943年，拟议中的墨西哥农业计划是否会重蹈洛克菲勒基金会早期农业文化改革试验的覆辙，仍然是个未知数。这一努力是有利于代表墨西哥农村大多数人的被剥夺权利的边缘农民，还是只与大土地所有者合作？它是否会像普通教育委员会的努力将南方黑人边缘化那样，将原住民耕种者排除在外？洛克菲勒基金会在墨西哥的计划是强调增产至上，还是寻求公平分配的模式？它是倾向于主要粮食种植的单一化，还是多样化？无可否认，美国的区域模式催生了墨西哥的绿色革命，但这种蓝图是否会继续影响其发展方向？如果是的话，如何影响，也不得而知。洛克菲勒计划在墨西哥戏剧性的第一个十年将解决这些悬而未决的问题。

Agrarian Crossings

第五章

**绿色革命：
美国区域主义和墨西哥农业计划**

Chapter 5

1941年春，洛克菲勒基金会的领导层在权衡对墨西哥进行农业干预的可行性时，征求了几位研究墨西哥和拉丁美洲农业的学术专家的意见。其中一位是卡尔·O.绍尔（Carl O. Sauer），加利福尼亚大学的地理学家，专门研究美国西南部和墨西哥地区。与其他颇为谄媚的答复相比，绍尔对该基金会提出的行动计划进行了尖锐的斥责：

> 一群很有攻击性的美国农学家和植物育种家可能会通过推动他们的美国商业运作模式而彻底毁掉墨西哥的本地资源。如果把墨西哥农业引向少数几种标准化商业类型，就必然会对本地经济和文化造成无可救药的破坏。艾奥瓦州的例子对墨西哥来说是最危险的。除非美国人明白这一点，否则他们最好完全不要进入这个国家。[1]

研究绿色革命的学者们广泛引用绍尔的批评，将其视为对美国科学的傲慢和海外福音主义的危险性的警告。[2]事实上，这位地理学家的结论与上一代社会科学家和人文学者对绿色革命的尖锐批评没有区别。在他们看来，第一世界对第三世界农民的农业援助是政治学家詹姆斯·C.斯科特（James C. Scott）所称的"极端现代主义"（high modernism）的典型例子，即把美帝的科学短视地移植到不相容的农业社会中。学者们经常追随印度环保主义者纳妲娜·希瓦（Vandana Shiva）的脚步，谴责绿色革命的"暴力"，揭示强加西方植物栽培品种的做法如何削弱了本土作物的遗传多样性，大型商业种植者如何剥夺了无法采用新技术的小农户的种植机会，以及农药和合成肥料如何破坏了热带生态。[3]即使是21世纪倡导非洲第二次绿色革命的人也承认该项目第一次实施的失败。2009 年,盖茨基金会的比尔·盖茨在发言时称,我们不能否认"最初的绿色革命的过度行为",它规定了"过多的灌溉和化肥",并带来了"可能会排挤小农户的农场整合行为"。[4]

我并非要诋毁这些对绿色革命的精心记录和有说服力的批评。诚然,在 20 世纪 60 年代和 70 年代的绿色革命的成熟阶段,这场运动是一场社会和生态的灾难,本书不会为它的众多失误进行辩解。然而,作为一名历史学家,我对绿色革命产生之初就存在"伊甸园的毒蛇"这一假设持怀疑态度。人们急于把绍尔描绘成一个预言家,而忽略了一个重要的矛盾点:洛克菲勒基金会是否真的寻求以"艾奥瓦州的例子"来改造墨西哥?绍尔后来承认,他对这个改造计划有过"支持",因为他相信艾奥瓦人华莱士,这也是由后者发起的。[5]约翰·法雷尔这位来自北卡罗来纳州的医生,与美国驻墨西哥大使约瑟夫斯·丹尼尔斯一起,事实上推动了该基金会的工作。法雷尔在绍尔发表批评之后的第三天回应道:"适合艾奥瓦州的东西,不能简单叠加给墨西哥。"但法雷尔坚持认为:"在美国南方各州,发展健全的农业实践是消除贫困的最佳方法。"而在墨西哥,他认为类似的计划需要寻求"更有效的生产",以及"明智的作物多样化,而且应改善农场家庭的营养和经济标准"。[6]

事实证明,美国区域主义的复杂性对墨西哥绿色革命的第一个十年产生了深刻的影响,但基本上没有得到承认。与绍尔的假设相反,洛克菲勒基金会在开始对墨西哥农业进行有影响力的试验时,确信美国南方混乱的过去和现在——而不是来自理想化的中西部——可以为在墨西哥开展农村振兴运动提供有益的经验。洛克菲勒基金会的规划者了解美国佃农的挣扎,认为他们可以理解墨西哥印第安人村社农民的处境。本章展示了洛克菲勒基金会计划在其运作的最初几年中,如何不断地承认引进不适合墨西哥农村社会和经济背景的技术的危险性。与其说绿色革命是一种无视地方特殊性的极端现代主义的强加行为,不如说它是在明显的"低度现代主义"(low modernist)的光圈下开始的,它将专家领导的农村规划与对农业阶级划分、自给经济和革命政治的敏感性结合起来。这种对农民友好的规划的催生者,是美国棉花地带的农业不平等的生活经验。[7]

奇怪的是,当研究美国扩张和帝国的历史学家承认,美国南方扮演了海外"美国化"模式的典范,这些运动很少显得更有社会意识或对当地的复杂性更敏感。安德鲁·齐默尔曼(Andrew Zimmerman)、玛丽·伦达(Mary Renda)、保罗·克雷默(Paul Kramer)和其他许多人都揭示了吉姆·克罗隔离制度、种族伪科学和白人至上主义如何以令人厌恶的方式,从19世纪末的美国南方扩散到全球无数地区。这是20世纪美国全球扩张故事的一个基本组成部分。然而美国南方的分裂是超越种族的,它也被土地所有权、经济权力和政治权利的不平等所撕裂。在许多方面,迪克西与全球南方的分层的后殖民社会有很大的相似之处。当美国在海外的发展规划者承认,他们的目标社会与"棉花地带"有着共同的不平等的历史时,他们就不太可能把这些社会看作如人类学家埃里克·沃尔夫(Eric Wolf)的经典名言[8]所说,由"没有历史的人"组成的。

然而,洛克菲勒项目对小农的重视并不完全是慈善家的智慧和善意的产物。基金会的农业试验在本质上与拉萨罗·卡德纳斯的革命党是合作关系,我将在下面篇幅进行论证。农业主义者对墨西哥的持久影响,在确保洛克菲勒的慈善事业惠及最近的土地改革受赠者方面同样发挥了关键作用。对于研究20世纪墨西哥的学者来说,这似乎令人惊讶,因为在大多数人看来,墨西哥革命在1940年"正从马背上下来,坐上凯迪拉克",这句令人难忘的话来自当时的记者卡洛斯·德内格里(Carlos Denegri)。[9]按照这种逻辑,1940年标志着一个致力于社会正义的革命国家的衰落,以及一个致力于快速城市化和工业化的政权的崛起。然而,这种单一叙述却忽略了这个时代没有剧本的可能性。毫无疑问,卡德纳斯和阿维拉·卡马乔是来自不同的政治派别。但如果认为 1940 年阿维拉·卡马乔上任后一夜之间就否定和颠覆卡德纳斯主义，则掩盖了一段更为多变的历史。尽管阿维拉·卡马乔放慢了土地重新分配的步伐——卡德纳斯本人在 1938 年后也曾这样做——但他的政府仍然致力于巩固新生的印第安人村社，并确保其永久存在。毫不奇怪，监督洛克菲勒项目的阿维拉·卡马乔派的农业部部长戈麦斯是一名前萨帕塔主义者，在 20 世纪 30 年代曾担任塔毛利帕斯州的州长，他重新分配了 150 万英亩土地。因此，任何关于早期绿色革命历史的研究都必须考虑到墨西哥政治格局的连续性和多变性。[10]

墨西哥的革命遗产和洛克菲勒基金会在美国南方的经验确保了在 20 世纪 40 年代的大部分时间里，合作重塑墨西哥农业的设计师们坚持认为，其成果应该归于贫困的农村的大多数。然而，到了 40 年代的最后几年，来自国内和国际范围的两种相互交织的转变削弱了早期与农民的联盟。越来越多的人强调，由于官僚们追求的是农村的政治和平，而不是农民的稳定，因此，墨西哥在城市工业化方面日益加大投入，使那些旨在扶持或扩大印第安人村社的项目资金枯竭。同样地，来自冷战的压力促使基金会的规划者在墨西哥取得快速和显著的成果，这些成果可以应用于新兴的第三世界的其他地方。在这一过程中，与墨西哥小农户的试验性合作其实成为另一个更引人注目的计划的牺牲品，后者强调与采用工业技术的大型商业农户合作。随着美国南部模式的失宠，诞生于浪漫化的中西部的另一模式取而代之，这对墨西哥和全球都产生了深远的影响。

本章从三个方面叙述了洛克菲勒基金会的墨西哥农业计划的第一个十年的形成过程。首先，我探讨了 20 世纪 40 年代初墨西哥动荡的政治氛围，以回答一个简单的问题：为什么在一个民族主义情绪高涨的时代，阿维拉·卡马乔领导下的墨西哥政府，会与一个有争议的美国慈善机构合作，希望解决其农业革命的问题？答案与农业生产的政治化和对印第安人村社养活国家的能力的焦虑有很大关系。为了化解这场紧张的争论，阿维拉·卡马乔政府和洛克菲勒基金会于 1943 年初联合制订了墨西哥农业计划。接下来，本章阐述了在最初的五年里，该项目是如何依靠此前在美国南方的经验，根据墨西哥城周围中央高原贫困的印第安人村社农民的需求，调整农业研究和推广工作。洛克菲勒基金会的植物育种家们拒绝了美国将商业杂交种子用于玉米种植的想法，提出了更适合于缺乏灌溉、无法大面积种植的土地和资金匮乏的农民的替代方法。这种方法在慈善机构内部和外部都遭到了抵制，但多年来一直是墨西哥农业计划的核心。这一战略是否能促进产量和生产力的迅速增长，而不仅仅是维持农村种植户的生计，在这十年的后期，越来越成为基金会和墨西哥政府规划者的关注点。最后，本章探讨了在国内和全球都要求优先考虑物质富裕而不是农村的健康和稳定的情况下，农民友好型的发展呈现出了前景暗淡的迹象。

20世纪40年代墨西哥农业生产的政治化

1940年12月，当卡德纳斯将总统权力移交给他的继任者阿维拉·卡马乔时，他已经在墨西哥农村留下了不可磨灭的痕迹。在当时流行的神话中，卡德纳斯履行了动员上一代农民起义的承诺，从而挽救了革命。与他的任何一位前任相比，卡德纳斯将农民的声音纳入了他的政党机制，并在农民中培养了一种观念，就是政府对他们的需求会做出回应。毫无疑问，他最大的成就是重新分配了近5000万英亩的土地，让以前被剥夺土地的印第安人村社的农民可以再次从事劳动。卡德纳斯主义色彩的土地改革代表了一代人改造墨西哥农村的斗争的高潮，洛克菲勒基金会并不是第一个尝试发展农村的机构。

然而，当卡德纳斯在1940年卸任时，印第安人村社的未来仍然不明朗。20世纪30年代末，龙卷风式的再分配运动迅速展开，以迷惑和压倒众多反对者，但却很少停下来考虑土地改革对农业生产的影响。除了被卡德纳斯指定为土地改革标杆的少数地区，信贷、灌溉和机械往往未能与印第安人村社的土地再分配同时进行。再次分配土地的时间很少与农民种植和收获作物的自然周期相一致,这意味着前庄园的土地经常需要等待几个季度才能重新投入生产。毫无疑问,土地所有权的突然变动确实带来了大量的混乱,卡德纳斯的政治对手抓住了这一缺陷,他们试图抹黑印第安人村社作为一个生产性的经济单位的声誉。与枯燥的学术统计数据相比,生产力和效率的问题与社会革命的遗留问题缠绕在一起。

在卡德纳斯任期的最后几年,两个对立的阵营就墨西哥农业的未来展开了斗争,他们的争论将为20世纪40年代的农业政治设定锚点。一方是土地改革项目的反对者,主要由大地主、神职人员和商业利益集团组成。虽然这个联盟自农业革命爆发以来一直抵制土地再分配,但到了20世纪30年代末,它已经大幅修改了其反对言论。这些批评人士承认在政治上不可能让时光倒流回"波菲里奥时期",他们的最终目的是诋毁最近扩大的印第安人村社,称其对国家粮食安全构成威胁。尽管早期的保守派学者曾将印第安人村社诋毁为激进的或不符合墨西哥国情的,但卡德纳斯时期后期和阿维拉·卡马乔执政时期的土地改革反对者则转而用看似中立的词语,从效率和生产方面对再分配的作用进行批评。1938年,墨西哥市的报纸《至上报》(*Excélsior*)在一篇社论中写道,"真正的农业问题"不是土地,而是再分配后的"农业生产力的稀缺"。社论警告说,随着"不确定性和不信任感"逐渐渗透农村,以及一个新的未受教育的农民阶层试图取代庄园主的位置,玉米短缺肯定会随之而来。[11] 美国战时对南方农业出口的限制加剧了这种焦虑。在印第安人村社经济的反对者中,将战时的生产短缺归咎于"农民没有加强农业生产",已成为一种普遍现象。1942年初的另一篇社论还指责很大一部分获赠了再分配的土地的人"宁愿屈服于懒惰",也不愿意下地干活。[12]

政治光谱的另一边是印第安人村社经济的拥护者,在公共舞台上以政治家、教师,尤其是农学家为代表。事实上,许多受过农业科学训练的人在革命之后加入了农业主义者的行列。他们在那个时代建立了专业的组织——社会主义农学家联盟、革命农学家联盟（Bloque de Agrónomos Revolucionarios）和墨西哥农学家革命阵线（Frente Revolucionario de Agrónomos Mexicanos），这些名称反映了他们的科学观点与政治思想的结合。与他们的政治对手形成鲜明对比的是，这些拥护者宣称，印第安人村社是一个值得发展的制度。这群人狂热地宣称，如果科学和技术能够运用到印第安人村社经济中，小块土地的生产力将远远超过旧庄园。庄园需要被淘汰，不仅是因为它的社会缺陷，还因为它"代表了农业的中世纪时期"，正如一位社论家在1936年批评的那样，它使用的"设备不过是几头牛和一架木犁"[13]。农学家马克·安东尼奥·杜兰（Marco Antonio Durán）在1942年曾写道，墨西哥农业坚持"过时的工作流程和方法"。为了克服这种不幸的情况，杜兰呼吁墨西哥的农学家们"认同墨西哥农业革命和农民，应该把他们的全部力量用于解决……命运给我们带来的巨大问题"。正如杜兰和他的同行们所认识到的，这个问题就是提高土地改革中受益的土地接收者的生产力。[14]

没有人比戈麦斯更了解这一困境，他可能是墨西哥最杰出的革命农学家，后来成为洛克菲勒基金会的重要合作者之一。戈麦斯出生于墨西哥北部的塔毛利帕斯州，在农业革命前夕进入墨西哥城的国家农业学校学习。当农业革命爆发后，他离开学校，加入了埃米利亚诺·萨帕塔的南方军队。后来他承认，正是在那段激动人心的日子里，"农学家的理想点燃了我内心的火焰"。[15] 当戈麦斯回到学校完成农学学位时，这种精神继续激励着他的事业。戈麦斯在严酷革命中接受的政治教育告诉他，农民应该拥有他们可以耕种的土地，农业生产必须通过现代化提高效率，而合作主义是实现这两者的关键。与一些只拥护集体主义并希望消除印第安人村社以外所有形式的土地所有权的农业主义者不同，戈麦斯认为，单独耕种的印第安人村社农民和拥有私有土地的农户之间的合作，可以使小农获得现代技术，并能在商业市场上进行谈判。20世纪20年代，戈麦斯作为塔毛利帕斯州的农业部部长实施了这一理念,但卡列斯总统领导的右转迫使他退出政治舞台,甚至导致他在 1930 年至 1932 年流亡法国。[16]

20 世纪 30 年代后期,卡德纳斯主义的复兴重新打开了曾经对革命农学家们关闭的政治大门,对戈麦斯也不例外。他承诺开展积极的土地再分配运动,于 1936 年当选为他家乡的州长,并一直担任这一职务直到 1940 年。在这些年里,他监督了数百个大庄园的土地再分配,总计 150 万英亩的农田被授予塔毛利帕斯州的近 2 万名印第安人村社的受益者。[17] 在重新分配土地之后,戈麦斯领导了一场积极的运动,为刚接收土地的农户们提供信贷、机械和农业教育。他在与韦拉克鲁斯接壤的富裕甘蔗种植区埃尔曼特(El Mante)推广了印第安人村社式合作主义。1940 年 12 月,在陪同美国副总统候选人华莱士到墨西哥城时,戈麦斯急切地向他展示了这一成果。[18] 然而,戈麦斯对合作农业而非集体农业的强调,使得他在最激进的农学家群体中树敌了,他们认为私人农场不可能与国家授予的印第安人村社土地和谐共存。这表明即使在支持土地再分配的农学家中,也存在着激烈的分歧。[19]

戈麦斯实现了对印第安人村社在技术、信贷和教育方面的支持,这引起总统阿维拉·马卡乔的注意,后者在 1940 年底邀请戈麦斯担任农业部部长。阿维拉·卡马乔的内阁选择是一个十分重要的问题,因为无数学者认为 1940 年的权力转移是墨西哥后革命史上最具决定性的转折点,特别是在农业问题上。然而,这样的解释简化了一个更为漫长和无序的过程。从时间上看,墨西哥国家在 20 世纪 50 年代和 60 年代忽视了农村的不平等现象,太多的历史学家认为,执政党远离原本的农业主义立场是一个注定要发生的事情。虽然卡德纳斯的继任者在追求农业发展方面确实有所转变,但阿维拉·卡马乔强调提高现有印第安人村社的生产力,而不是重新分配更多土地,这不仅仅是为了掩盖取消土地改革的目的。相反,戈麦斯似乎最能反映新政府的矛盾立场。他从来不是一个僵化的教条主义者,他寻求在可能的范围内开展工作。他的目标,就像其他许多革命农学家一样,是通过使印第安人村社成为一个有生产力的拯救单位来拯救它。[20]

在阿维拉·卡马乔任期的最初几年，总统的言辞反映了执政党在战略上的平衡措施。总统和他的内阁试图让公众相信，尽管他们正在放慢土地再分配的速度，但他们正在给予印第安人村社此前从未有过的支持，这一支持系统在卡德纳斯时期从未来得及建立。这不是一项容易的任务，但总统巧妙地通过将革命的社会宣传口号与强调生产力的经济考虑相结合，做到了这一点。1941年4月，在莫雷洛斯的古奥特拉举行的纪念萨帕塔之死的公开活动上，阿维拉·卡马乔宣布，"错误的毫无生产力的土地不仅是萨帕塔的对立面，而且是所有为开辟正义之路而奋斗的英雄们的对立面"。[21] 同样能说明问题的是，他在1943年对全国农民联合会的劝告，即"证明印第安人村社制度有效的最有说服力的方式，就是明显地增加产量"。为此，阿维拉·卡马乔向农民施压，要求他们用"棍子和犁——而不是像某些农民认为的那样，用手枪或步枪——"来耕作，从而明确恳求农村人放弃20世纪30年代的军事化农业政治，采用他在40年代试图培养的以生产为导向的社会共识。[22] 这些言论证明了党内的去政治化的倾向，但从其历史背景来看，它们仅仅是对出卖农民的粉饰。

1940年后，阿维拉·卡马乔政府迅速将言辞转化为行动。戈麦斯批评卡德纳斯组织的农业部效率低下，解散了资金不足的地区农学家（Agrónomos Regionales）推广机构，该机构曾经向全国各地派遣了几十名农学家向农民传授现代方法，并关闭了几个他认为没有成效的试验站。[23] 1942年，阿维拉·卡马乔宣布了第一个年度的农业动员计划（Plan de Movilizacion Agrícola）。该计划指出，陈旧的生产方式是影响印第安人村社生产力的主要障碍，并承诺向尽可能多的农民分发铁犁和化肥，同时为20种粮食和纤维作物设定生产目标。[24] 在纸面上，这个计划看起来令人印象相当深刻。戈麦斯对美国副总统华莱士骄傲地说，阿维拉·卡马乔对墨西哥国家农业缺陷的攻击是"墨西哥历史上最雄心勃勃的尝试"，他很可能是正确的。[25]

尽管做出了这些具有历史意义的努力,阿维拉·卡马乔政府还是无法消除持续存在的粮食匮乏的阴影。在 40 年代的最初几年,关于玉米短缺的新闻报道屡见不鲜。[26] 这种短缺是由环境和政治因素一起造成的。在某种程度上,1941 年和 1942 年的恶劣天气和季节性降雨的匮乏削减了玉米供应量,导致价格飙升。但与那些将短缺归咎于卡德纳斯式土地改革的保守派不同,政治上的罪魁祸首被认为是墨西哥与美国的战时合作。为了寻求与罗斯福政府建立更紧密的关系,阿维拉·卡马乔同意通过种植边境以北无法生产的"战略作物",如瓜叶橡胶和用于产油的蓖麻,来帮助美国的战争努力,换取美国农业机械的购买折扣。

1941 年至 1943 年,墨西哥政府将大片联邦土地用于种植此类作物,并鼓励北方农民种植。然而,政府没有想到的是,橡胶和蓖麻籽作物价格的攀升会对墨西哥的玉米生产产生深远的影响,而墨西哥的玉米生产在前几年是很少盈利的。在高售价的诱惑下,农民们迅速将以前的谷物地转为种植蓖麻和橡胶作物。随着玉米产量的下降和粮食价格的上涨,1941 年底接替丹尼尔斯的美国大使乔治·梅瑟史密斯(George Messersmith)承认:"我们至少在一定程度上助推了墨西哥农业经济的紊乱。"因此,就在这个革命性的国家试图证明印第安人村社是一个具有生产力的经济单位的时候,它又面临着额外的外部挑战。[27]

在担任农业部部长的头几年,戈麦斯发现自己受到了来自各方面的攻击,而平息保守派对土地再分配会减少农业生产的担忧是他的主要目标之一。在公开场合,戈麦斯向群众保证,有关粮食匮乏的"老生常谈的指控",不过是"贬低土地改革重要性"的政治伎俩,价格上涨只是无良投机者活动的产物。[28] 不过,在 1941 年和 1942 年,他私下里承认危机的存在,并且可能提前为大面积饥荒的发生做了准备,以寻求在粮食匮乏到来时减轻政治冲击。[29] 通过华莱士,他施压要求在严重短缺的情况下进口美国玉米的可行性。[30] 戈麦斯说服阿维拉·卡马乔成立了国家监管分销机构（Nacional Reguladora y Distribuidora），这是一个联邦机构，被授权监督所有基本粮食的储存、运输和销售。[31] 而作为最后的措施，阿维拉·卡马乔给每个州的州长写了私人信件，恳求他们提高玉米产量以避免政治灾难。[32]

正是在这种不顾一切的斗争中，戈麦斯收到了洛克菲勒基金会提出的开始农业改良合作计划的请求，以证明这个新生的印第安人村社经济的生产效率。这一请求引起了戈麦斯的注意并不令人奇怪。1941年3月，戈麦斯从他的朋友华莱士那里第一次听说了这个慈善机构对墨西哥农业的兴趣，但直到1942年10月，该基金会才正式提出援助。[33] 戈麦斯非常了解洛克菲勒基金会的早期工作，他在1942年向阿维拉·卡马乔描述了他们如何寻求"改善美国联邦南部各州乡村人口的生活条件"，并指出洛克菲勒家族的普通教育委员会"推动了农业教育，将农业推广工作推向了顶峰"。[34] 在与该基金会的代表交谈时，戈麦斯逐渐相信他们的农村发展理念与他的理念没有冲突。正如洛克菲勒科学小组的一位早期成员所回忆的那样："政府意识到印第安人村社的农业产量在下降，而不是上升，必须对此采取一些措施。"[35] 戈麦斯相信，具有同情心的美国科学家可能会协助他们，并告诉基金会主席雷蒙德·福斯迪克，他将"以极大的热情"接受他们的合作请求。[36]

洛克菲勒基金会与一个积极寻求支持卡德纳斯建立的土地所有权制度的政治派别合作，在关于墨西哥乡村未来的激烈辩论中果断站了队。凭借两代人在美国南方解决小农户面临的问题的经验，洛克菲勒基金会希望将这些经验移植到陷入困境的墨西哥印第安人村社经济中。这一努力的最初几年取得了巨大的成功，揭示了绿色革命的出发点与人们普遍认为的动机大相径庭。

美国南部和墨西哥的玉米

1943年2月初，洛克菲勒基金会的代表雅各布·乔治·哈拉尔来到墨西哥城，以实现一项可追溯到十年前的计划。曾经遥远的幻想正在迅速变得具体。哈拉尔的上级与阿维拉·卡马乔政府谈判后，洛克菲勒基金会成立了特别研究办公室（Oficina de Estudios Especiales），它将成为戈麦斯农业部的一个分支机构。它最初的总部只有一栋楼和几英亩的试验田，位于墨西哥州首都以东40千米处的国家农业学校查平戈校区。戈麦斯选择查平戈校区作为洛克菲勒项目的所在地具有相当大的象征意义，因为他正是在那里开始了他作为农业经济学家和农学家的教育。校园以前是一个庄园，属于迪亚斯的一个副手，但在土地改革的早期被征用了。古老的小教堂（现在是革命的纪念碑）装饰着迭戈·里维拉（Diego Rivera）最著名的壁画之一，学校的座右铭自豪地展示在那里："在这里，我们教授的是如何使用土地，而不是利用人。"[37]

虽然墨西哥农业计划正式隶属于墨西哥农业部，但洛克菲勒基金会拥有相当大的自主权来推行其研究议程。负责这项工作的当地主管是37岁的哈拉尔，一位毕业于明尼苏达大学的植物病理学家。在1943年项目启动时，哈拉尔是墨西哥农业计划唯一的长期雇员，但他受基金会设在纽约的咨询委员会的指导，该委员会由埃尔文·C.斯塔克曼、理查德·布拉德菲尔德和保罗·曼格尔斯多夫组成，这三位高级农业经济家曾在1941年为基金会调查过墨西哥的农业可能性。由于墨西哥农业计划产生于基金会的自然科学部，其临时主任弗兰克·B.汉森（Frank B. Hanson）是墨西哥项目的正式负责人，尽管他很少干预其管理。相反，咨询委员会的"三个火枪手"——他们在洛克菲勒基金会内部经常被如此称呼——来决定政策，而哈拉尔则负责执行政策。斯塔克曼本人在1943年初陪同哈拉尔，在墨西哥停留了两个月，帮助启动他们的研究工作以及人员招聘。该计划的目标反映了1941年通过的决议：强调基础研究，并以实际示范作为补充，最终目标是提高基本粮食作物的生产力，主要是玉米和豆类。[38]

美国南方和墨西哥的合作关系催生了墨西哥农业计划，并将继续影响其早期的运作。这一点在早期的人员招聘中非常明显，大部分新员工都有在美国南方贫困乡村地区工作的经验。哈拉尔本人在20世纪30年代的大部分时间都在弗吉尼亚州西南部工作。在寻找土壤科学家时，咨询委员会的布拉德菲尔德倾向于一个候选人，因为"他是在奥扎克山脉（Ozark Mountains）的一个农场长大的，可能会对墨西哥较贫穷的农民的问题更有同情心"[39]。墨西哥农业计划的第一个雇员是玉米育种员埃德温·威尔豪森（Edwin Wellhausen），他是1943年9月从西弗吉尼亚试验站招募来的一位俄克拉荷马州人。这个人选非常出乎意料，以至于地理学家卡尔·索尔和植物学家埃德加·安德森写信给基金会，对"从西弗吉尼亚州选择一位盗火者"表示惊讶。他们开玩笑称，西弗吉尼亚州这个"落后的美国地区"可能会从"墨西哥农业传教士先驱"那里受益。[40] 1944年初，洛克菲勒基金会聘用了第二个人，威廉·科尔维尔（William Colwell），他是一位土壤专家，当时在罗利的北卡罗来纳州立学院工作。1945年，路易斯·M.罗伯茨（Lewis M. Roberts）加入，他是团队中的第二位玉米育种员，土生土长的得克萨斯州东部棉花地带的人，曾在得克萨斯农工大学接受教育。[41]

早期墨西哥农业计划的纽约领导层和当地工作人员一样，都曾经或正在参与慈善机构的美国区域性改革活动。特别重要的是阿尔伯特·R.曼恩，这位农业经济学家自20世纪30年代末以来一直是普通教育委员会中新南方计划的带头人。1943年4月，曼恩成为第一个前往查平戈监督新成立项目的洛克菲勒管理人员，因为"毫无疑问，墨西哥的情况至少有一部分与我们南方的一些较落后的农业地区没有太大区别"，他的一位同事当时这样说道。[42] 1945年，当自然科学部的临时负责人汉森在7月意外去世，使墨西哥项目没有一个正式的负责人时，曼恩被推举进入墨西哥项目领导层。不久，洛克菲勒基金会主席福斯迪克找到了曼恩,当时曼恩已经领导南方项目八年,正安排从普通教育委员会退休,福斯迪克向他提议出任墨西哥农业计划的领导人。曼恩多年前就开始在美国和墨西哥的农村发展之间搭起了桥梁,他急切地接受了农业部门副领导人的职位,主要负责在 1946 年之前领导墨西哥农业计划的工作。[43]

然而,与洛克菲勒基金会团队的任何其他成员相比,植物学家和玉米育种家保罗·曼格尔斯多夫在美国南部的经历对基金会在墨西哥的早期项目产生了最重大的影响。与他的同事斯塔克曼和布拉德菲尔德一样,曼格尔斯多夫拒绝了墨西哥农业计划的长期现场工作的要求,而是作为农业咨询委员会的成员,负责制定计划政策,并定期审查哈拉尔和他的团队的工作。但在 1943 年初,基金会在找寻一位全职驻地的玉米育种专家方面遇到了严重困难,随后在墨西哥玉米改良方面的工作停滞不前,曼格尔斯多夫同意向其工作所在的哈佛大学请假,并在 1943 年夏天和秋天居住在查平戈。在这几个月里,他为玉米育种计划奠定了基础,该计划最终由 9 月加入团队的全职玉米育种员威尔豪森接管。基金会一致认为玉米是墨西哥最重要的粮食作物,因此,曼格尔斯多夫作为墨西哥农业计划玉米育种计划的首要设计师,对整个项目的进程具有无可比拟的影响力。

曼格尔斯多夫 1899 年出生于堪萨斯州,在哈佛大学获得了植物学博士学位,重点研究玉米。但年轻的曼格尔斯多夫没有像其他许多玉米专家那样回到中西部工作,而是在 20 世纪 20 年代末在得克萨斯州东部大学城的得克萨斯农业试验站工作了。搬迁到那里后,他看到了与堪萨斯州和马萨诸塞州截然不同的农村景观。20 年代的得克萨斯州东部是一个由佃农和棉花农场组成的种族分割的世界,那里的小农户适量种植玉米,主要用于家庭消费。与曼格尔斯多夫成长的相对单一的中西部农村相比,得克萨斯州东部带来了惊人的新挑战。[44]

从 1927 年到 1940 年,曼格尔斯多夫在得克萨斯州东部居住了 13 年。在这期间,他见证了美国玉米种植的真正革命。在此解释一下,1927

年，几乎所有的美国玉米种植者都用前一年的种子来种植作物，根据产量、外观和耐寒性来选择品种。他们在选择种子时，借鉴了多代人的、基于地方的知识，正如任何一个去过农村集市的人可以证明的那样，这是农民引以为豪的做法。但是，当曼格尔斯多夫于 1940 年离开得克萨斯州时，几乎所有中西部玉米带的农民每年都会从商业供应商如先锋良种（Pioneer Hi-Bred）和迪卡尔布（DeKalb）那里购买种子。推动这一转变的是一项新的农业技术：双杂交玉米。双杂交种诞生于 20 世纪初的孟德尔遗传学实验，是大量近亲繁殖和近交品系杂交的产物，其产量明显大于非杂交品种。然而，在农场里，更高的产量需要付出高昂的代价。除了支付种子费用——这是一种全新的做法——农民们发现，如果他们重新种植双杂交种的种子，其后代不会表现出第一代的"杂交优势"，或增加玉米的大小。因此，如果农民想继续获得杂交种子的高产，就必须每年春天从育种者那里重新购买种子。这对种子公司来说很方便，它们现在坐拥一个价值数百万美元的行业。资本主义积累的机制被建立在双杂交的混合体中，这不是偶然的。[45]

在得克萨斯州东部的有利位置，曼格尔斯多夫目睹了杂交玉米的迅速崛起，其发展轨迹简直令人震惊。1933 年，美国 0.4% 的玉米田里种植了杂交玉米种子；到 1945 年，这个数字上升到 90%，在中西部地区的集中度甚至更高。[46] 但在南部棉花地带他的邻居那里，杂交并没有同样的吸引力。据他回忆，他的选民"主要是小农户，他们不像得克萨斯州西部在较大规模土地上耕种的农民那样容易接受变化"。为了过渡到种植杂交品种，种植者需要现金和资本，而大多数佃农和租户都缺乏这些资本。在走访了整个地区的农民并与他们交谈后，曼格尔斯多夫逐渐相信，双杂交玉米并不具有普遍适用性。他对"我们是否能让得克萨斯州的小农户为杂交玉米支付每蒲式耳①10 美元或 12 美元的费用，以及我们是否能让他不保存自己的种子并每年购买新的种

---

① 1 蒲式耳等于 27 千克。——编者注

子"深表怀疑。[47]

但是，如果说双杂交玉米不适合得克萨斯州东部的佃户和小农户，曼格尔斯多夫仍坚持认为，他的选民可以从植物遗传学的最新革命成果中受益。在 20 世纪 30 年代，他曾受到美国农业部植物工业局的非传统玉米专家梅尔·T. 詹金斯（Merle T. Jenkins）的影响。詹金斯因倡导他所谓的"合成"玉米而获得了一定的声誉，他所依据的是同样支持双杂交方法的孟德尔遗传学，但有一个重要区别。与通常在杂交前进行多代近交以"净化"遗传特性的杂交品种相比，詹金斯试图在杂交前只对玉米品系进行一到两代的近交，从而降低第二代的产量，使农民无法有效地重新播种。这一策略产生了更高产量的作物，但它们是开放授粉的，也就是说，与传统的双杂交品种不同，它们的产量不会在随后的几代中大幅下降。尽管名字自相矛盾，但事实上合成玉米比双杂交玉米更"天然"；由于它们的繁殖不受控制，它们也能更好地适应新环境。[48]

詹金斯的方法具有革命性的意义。有了合成种子，农民几乎可以与他们的种植双杂交种子的邻居的产量相媲美，且不必每年重新购买种子，从而保留了他们的自主权和钱袋子。如果美国玉米带接受了这种替代技术，该地区的历史可能会发生很大的变化。然而，由于种子公司及其提供土地进行研究的大学盟友坚决抵制，这种可能性被扼杀了，美国在两次世界大战之间的合成种子实验大多是纸上谈兵，而不是在田间进行。[49]但在 20 世纪 30 年代的得克萨斯州东部，双杂交品种难以扎根，曼格尔斯多夫看到了一个测试开放授粉合成玉米的机会。作为詹金斯最重要的弟子之一，曼格尔斯多夫致力于培育和销售合成玉米，他认为合成玉米比双杂交玉米更适合得克萨斯州东部的不同阶层的社会。1939 年 11 月，他与詹金斯一起在新奥尔良组织了第一届南方玉米改良会议，曼格尔斯多夫在会上担任执行委员会主席和得克萨斯州的州代表。在他提交给会议的报告中，曼格尔斯多夫强调说："杂交玉米在南方永远不会像在玉米带那样被广泛使用。"[50]

因此，当曼格尔斯多夫于 1943 年夏天抵达查平戈，制订玉米育种计划时，他立即开始将墨西哥农民的社会经济局限性与他在得克萨斯州东部棉花地带认识的农民相提并论，这就不足为奇了。他的结论是，墨西哥中部印第安人村社的农民与美国东南部的佃农没有什么不同。为了寻求肯定，他写信给詹金斯，请他就起草"某种针对墨西哥的即时计划"提出建议，并建议将培育和分配合成玉米种子作为最明智的行动方案。[51] 他的前导师立即同意了："大多数（墨西哥）农民目前的经济状况似乎排除了采用杂交玉米的可能性。"[52] 事实上，曼格尔斯多夫在墨西哥待的时间越长，他就越相信在得克萨斯州的十四年中所看到的情况"与墨西哥的现状非常相似，双杂交玉米在像艾奥瓦州这样具有相当统一的农业基础的地方"可能是可行的，但在墨西哥绝无可能。曼格尔斯多夫总结说，开放授粉的合成玉米更适合墨西哥农村的政治经济情况。[53]

曼格尔斯多夫期望他的墨西哥合作者完全接受这样的战略，但让他震惊的是，不是所有人都完全支持他。特别是，墨西哥农业计划对合成玉米的追求与爱德华多·利蒙·加西亚（Eduardo Limón García）的观点发生了冲突，他是全国最著名的玉米育种家之一，受雇于瓜纳华托州莱昂市的联邦实验站。利蒙在查平戈接受培训，在 1935 年获得了艾奥瓦州立学院的硕士学位，他对双杂交品种有一种浪漫的热爱。20 世纪 40 年代初，他的育种工作专注于利用从美国进口的品系培育这类作物，如此，他与墨西哥农业计划的关系变得越来越正式和程式化。[54] 曼格尔斯多夫确信双杂交品种不适合在墨西哥农村实际应用，他向农业部的领导发出请求，希望进行干预。1943 年 12 月，在他居住在查平戈的最后一段时间，他写信给农业部副部长阿方索·冈萨雷斯·加拉多（Alfonso González Gallardo），表示他怀疑双杂交玉米是否"能够满足小农的需求，因为他们的玉米栽培仅限于生产足以养活自己和家人的作物"。虽然"这种类型的杂交玉米在较大规模的种植者中无疑有一席之地"，但曼格尔斯多夫坚持认为，他在美国的区域经验可以为墨西哥提供宝贵的参考：

> 杂交玉米的推广在美国南方地区并不特别成功，那里的条件比玉米地带更接近墨西哥的条件。在种植面积较小的地方，玉米通常不是经济作物，而是主要为家庭消费而种植，很难……说服农民每年购买新种子。[55]

曼格尔斯多夫对墨西哥农业部施加的压力取得了惊人的成果。当该部在1944年准备年度报告时，其主管人员转载了曼格尔斯多夫在1943年12月的信中的大量内容，并引用了其"非常有价值的意见"。在介绍农业部未来在玉米改良方面的工作重点时，报告同样将合成玉米排在首位，"这样一来，那些没有意识到杂交玉米优势的农民，或者没有资源年复一年地购买或交换这类种子的农民，至少可以通过再生产合成玉米获得收成，而不必牺牲其产量的很大一部分"。[56]农业部部长戈麦斯在公开场合告诫农民——其中许多人被杂交玉米奇迹的传闻所诱惑——这类种子不是万金油。戈麦斯警告说，双杂交种昂贵、脆弱，每年都需要新的种子，而"合成玉米品种在产量上与杂交种非常相似，但不需要每年更新种子"。[57]因此，在整个阿维拉·卡马乔时期，农业部优先考虑合成玉米品种的培育和分配，因为双杂交玉米种植并不是"普通农民马上就能得到的"，正如该部的喉舌杂志在1946年得出的结论。[58]

因此，墨西哥农业计划在运作的最初几年，对其负责援助的印第安人村社的农民表现出了惊人的敏感性。洛克菲勒基金会的领导层并没有盲目地将理想化的美国农业模式强加于人，而是消化了其在美国南方的长期经验，针对小农户的经济局限性制订了研究计划。其核心是由曼格尔斯多夫发起的玉米育种工作，1944年后由常驻农业经济学家威尔豪森继续进行，到1947年开始向墨西哥农民分发合成玉米种子。[59]在基金会领导层的稳定支持下，墨西哥农业计划的玉米项目偏离了美国的科学主流,追求边境以北被拒绝的替代方案。[60]这样的实验甚至让那些最顽固地质疑洛克菲勒基金会对墨西哥的干预的人也印象深刻。当卡尔·绍尔——他曾令人难忘地预言美国干预墨西哥农业会带来的灾难性后果——在1945年初访问查平戈时,他得出结论说,威尔豪森给人的印象是"聪明地摸索着解决问题",并非"没有意识到自己所处的文化环境"。[61]

如果说合成玉米运动是洛克菲勒计划中具有社会意识的农村发展的基石,那么墨西哥农业计划的其他部分也是对它的补充。[62]土壤肥力研究由咨询委员会的布拉德菲尔德和刚聘用不久的科尔韦尔领导,努力为主要粮食作物"找到廉价和可行的增产方法"。在实践中,这意味着减少对高价商业化肥的依赖,转而"以最低代价",特别是通过种植绿色肥料,如野豌豆和三叶草、作物轮种和堆肥提高土壤肥力。1946年,在普通教育委员会前负责人曼恩的领导下,墨西哥农业计划启动了一个示范和推广工作的协调计划,这在以前是被忽视的。[63]这一年,咨询委员会计划在查平戈定期举办实地考察日,希望能够接触到"印第安人村社的领导人、农学教师以及村社银行的领导人"。[64]

没有什么比1946年两位传奇的农业偶像——卡德纳斯和华莱士对查平戈的象征性访问更能唤起洛克菲勒计划对小农户的同情和与革命性的墨西哥的联盟了。在曼恩的精心策划下,这次会面证明了跨国政治意识形态的融合,这种融合最初催生了墨西哥农业计划。华莱士当时是哈里·杜鲁门总统手下的商务部部长,他在1940年的访问结束后急于返回墨西哥,于是接受了曼恩的邀请。[65]卡德纳斯从未参观过这个正在进行的项目,他同样感到好奇。[66]9月7日,华莱士、卡德纳斯和农业部部长戈麦斯在查平戈举行会议。这三个人——美国农民新政的最主要倡导者、墨西哥土地改革的不朽守护者和前萨帕塔主义者——一起走访了洛克菲勒基金会的实验站。在种植合成玉米的试验田里,卡德纳斯和华莱士听说了该基金会的工作人员实行的非常规育种策略。华莱士后来回忆道,卡德纳斯也同样对"这类作物"的前景表示惊叹。[67]

1946 年，卡德纳斯、华莱士和戈麦斯在查平戈的合成玉米试验田里会面，这是早期绿色革命的高潮。到那时为止，洛克菲勒基金会对墨西哥农业的干预一直在寻求现代农业成果的民主化——这是从美国南方的教训中产生的使命感，并在很大程度上受到这三位杰出的来访者的社会意识形态的指导——农民新政、墨西哥农业主义，以及科学与革命政治的结合。但是，1946 年的象征性会面，并不标志着有社会意识的农业改革的新篇章，而是代表着这一阶段的结束。当时，两国的农业激进主义都在减弱，而不是增强。就在华莱士从墨西哥回国的十天后，他因反对杜鲁门在冷战时期与苏联的关系，而被解除了商务部部长职务，这也是华莱士最后一次担任政治职务。到年底，戈麦斯也被排除在政府大厅之外，被即将上任的米格尔·阿莱曼（1946—1952 年在任）总统免去了职务。尽管卡德纳斯在墨西哥农村地区的偶像地位几乎没有削弱，但他长期以来一直关注印第安人村社试验，在日益保守的阿莱曼时代看到了其未来存在的危险。随着华莱士、卡德纳斯和戈麦斯的政治运势在接下来的几年里急剧下降，农民们对墨西哥农业计划的支持也跟着他们的轨迹而变化。这种转变来自内部和外部的压力。在日益升级的冷战中，地缘政治迅速两极分化，洛克菲勒基金会试图将其工作与美国国务院的全球议程结合起来。在墨西哥，阿莱曼领导的执政党果断地放弃了农村社会公正问题，转而支持国内日益增长的城市粮食安全。面对战后规划的不确定性，洛克菲勒基金会的领导层重新考虑了其在墨西哥试验的优先事项。这种重新配置导致了对小农群体和美国南方的早期教训的忽视。

有益于农民的作物育种的衰落

1947 年的黎明见证了暴风雨的来临，基金会在墨西哥的农业干预的既定路线迎来了严峻的挑战。特别是领导层的两个突然变化，有可能破坏当时正在实施的以印第安人村社为中心的农村发展计划：一个是慈善机构内部的变化，另一个是墨西哥政府内部的变化。墨西哥农业计划如何经受住这场暴风雨的考验，将决定绿色革命的未来。

第一，普通教育委员会前负责人阿尔伯特·R.曼恩在1947年2月突然去世，他当时作为农业部的副主管监督墨西哥农业计划，享年66岁。曼恩一直是将美国南方经验转化为墨西哥经验的重要支持者，他最近带头扩大了墨西哥农业计划的推广机构。在曼恩意外去世后，该计划的领导权交给了沃伦·韦弗（Warren Weaver），他是一位数学家，于1932年成为基金会自然科学部的主任。在第二次世界大战期间，他曾暂时退出基金会的工作，在战时美国政府的科学研究和发展办公室工作。因此，在提出和构想墨西哥农业计划的关键年份，韦弗要么缺席，要么就是对这个项目不感兴趣。他后来承认"只是偶尔参加了"早期有关墨西哥项目的讨论。由于韦弗在农业或农村事务方面的经验极少，人们完全不能确定他将如何领导墨西哥农业计划。[68]

第二，新的一年的到来给洛克菲勒基金会带来了前所未有的窘境。1946年12月阿莱曼就职后，墨西哥政治领导层面临着全面更替。权力的转移在墨西哥农业计划的领导层中也引起很大的波动。他们担心早先的国家合作保证不作数，必须与新的领导层重新进行谈判。这些担心在很大程度上是没有根据的，但阿莱曼时代确实见证了后革命时期农业政策的决定性转变。如果说阿维拉·卡马乔时代代表了对卡德纳斯主义及其农村变革意义的长期妥协，那么用一位历史学家的话说，阿莱曼时代则迎来了"对墨西哥革命的许多核心改革的深刻逆转"。[69]阿莱曼在阐述放弃土地改革计划时并不含糊，他宣称，继续进行土地再分配会导致农业部门的"不安全和随之而来的不稳定"。[70]在他执政的第一个月，阿莱曼推动了一系列改革，这些改革明显偏离了阿维拉·卡马乔的温和措施。他扩大了对大土地所有者征收土地的保护，甚至修改了革命性的宪法第27条，该条规定了土地改革的强制性。[71]

这些措施威胁到了印第安人村社在墨西哥国家农业发展项目中

的核心地位,而洛克菲勒计划正是该项目中的一部分。但是,对墨西哥农业计划中具有社会意识的玉米育种战略来说,最严重的实际挑战来自一个意想不到的地方。1947年1月的第一个星期,阿莱曼成立了一个新的联邦机构来帮助提高墨西哥的粮食生产,即玉米委员会(Comisión del Maíz)。该委员会拥有令人羡慕的400万墨西哥比索的年度预算,总统责成玉米委员会复制农业部的改良玉米品种,并将它们分发给全国的农民。[72]

在洛克菲勒团队中,该委员会的公告最初是受欢迎的,因为它似乎代表了期待已久的联邦对农业推广和宣传的承诺。但很快洛克菲勒团队就出现了挫败感,因为该委员会强调优先考虑双杂交玉米品种,而不是开放授粉的品种。委员会计划的早期新闻公告强调了该机构对"杂交和双杂交玉米品种"的重视,因为它们"产量最高",而且用生动的语言来说,它们"将使这种现在不经济的作物产生红利,激励农场主和农民"。[73]

因此,玉米委员会改造墨西哥玉米种植的战略与以合成玉米为主的洛克菲勒计划相抵触,两个机构之间的关系越来越紧张。咨询委员会的斯塔克曼对他所认为的墨西哥政府"为了个人利益而支配几乎所有的农业工作"的企图表示不满,曼格尔斯多夫对该机构"没有什么好感和尊重"。[74]当玉米委员会定期干预墨西哥农业计划的育种工作时,这种对立情绪就会爆发。正如玉米育种专家威尔豪森后来回忆说:"玉米委员会有一天向我指出,我们应该做的是制造杂交品种,在后代中,杂交品种的产量会急剧下降,这样农民就会丢弃它们,不播种……然后再来购买新的种子。"在威尔豪森看来:"这将是一个错误,因为……大多数农民会继续种植先进的第一代种子,或者放弃使用这种种子,而不是每年都回来买。"威尔豪森对玉米委员会无视农村现实的做法感到失望,他总结说:"他们想坚持使用杂交种,因为他们认为可以百分之百地控制杂交品种。"[75]

为什么阿莱曼的玉米委员会如此执着于双杂交玉米,而不是开放授粉的合成玉米呢？威尔豪森关于"控制"的结论是直截了当的，但也不是完全没有道理。历史学家和社会科学家在研究执政的墨西哥革命党在1940年后如何构建其合法性和权力时，已经强调了庇护关系的重要性，即通过对庇护、服务和优惠待遇的期望，将各种社会群体与该党绑定起来。农业也不例外，在权衡开放授粉品种和双杂交品种时，玉米委员会以一种不同于墨西哥农业计划的方式来处理作物育种问题。合成玉米的种子一次性地分给农民，然后他们无约束地不断重新种植，在培养玉米种植者和联邦政府之间的依赖关系方面作用不大。然而，双杂交品种需要每年重新补充种子，因此提供了一种机制，来建立农村对国家的依赖。正如美国种子公司选择杂交品种是为了通过每年的回购获得经济利润一样，墨西哥的玉米委员会也同样倾向于使用双杂交品种来获得政治利润。该委员会的工作反映了这一决定：1952年，即阿莱曼任期的最后一年，该委员会分发了2925吨杂交种子，而开放授粉品种仅有205吨。[76]

由于失去了玉米委员会这个分配合成玉米种子的有效渠道，农业发展计划的农民友好型育种战略遭遇了严重的挫折。然而，说服农民采用合成玉米品种的持续斗争使这一失败变得更加严重。1947年，曼格尔斯多夫和威尔豪森的办公室发布第一个"Rocamex"合成玉米品种后不久，就遇到了查平戈附近多疑农民的质疑。墨西哥农业计划的团队没有料到农民会对合成作物的高世代变异性产生抵触情绪——用合成品种种子种植的玉米的大小、形状和外观都相当难以预测，尽管产量比当地品种高。正如威尔豪森所指出的，当地农民"通过长期的筛选，已经培育出非常统一的品种"，而且"不喜欢种植这样的品种，它有长穗，有短穗，有大穗和小穗"[77]。这个"想象中的障碍"，正如威尔豪森沮丧地认为的那样，是一个重要的障碍，并揭示了美国科学干预的文化局限性，即使在其最敏感的社会问题上。[78]

1947年后，合成玉米计划遇到了意想不到的挫折。墨西哥农业计划的育种者们致力于开发一种与之竞争的粮食作物，以取代玉米作为洛克菲勒计划的关键基石。在墨西哥农业计划中,最终使玉米黯然失色的作物是小麦,它在20世纪40年代末的崛起,标志着与早些年的社会意识项目的巨大差异。事实上,它播下了一个截然不同的绿色革命的种子。为什么?小麦和玉米代表着20世纪中期墨西哥农村分裂的两极。玉米几乎随处可见,但它的主要生产区是在墨西哥城附近人口密集的中央高原,那里的大多数农民耕种雨水灌溉的小块土地,通常是在印第安人村社的土地上,主要位于经济作物种植区的外围。这些耕种者很少有机会获得灌溉、资金或最近的技术创新支持,他们的主要目标不是盈余或利润,而是安全和生存。另外,墨西哥北部干旱地区的大型商业农场主种植了该国大部分的小麦。这些农场主利用机械和人工灌溉,其个人主义的农村文化以及参与国内和国际市场的方式,更接近美国中西部的农民。[79]

然而,在20世纪40年代的墨西哥饮食中,玉米和小麦具有完全不平等的地位:在大众消费和文化意义方面,前者远远超过了后者。玉米卷饼和玉米粉蒸肉是中美洲文明几千年来的主食,为墨西哥农民和城市居民提供了绝大部分的热量和营养。小麦面包在全国大部分地区仍然很罕见,是精英阶层而不是农村和城市大众的食物。洛克菲勒基金会的规划者在起草他们最初的墨西哥农业计划时,已经欣然承认了这两种作物之间的不平衡,他们优先考虑玉米的改良,因为"没有任何作物能比它更紧密地与普通墨西哥农民的日常生活相联系"。在调查委员会1941年形成的田野调研报告中,小麦被置于次要地位,甚至没有被指定为主要作物品种。[80]

因此,当哈拉尔和斯塔克曼于1943年2月在墨西哥城参加会议时,他们对农业部部长戈麦斯"相当出人意料地"将小麦的改良和病理学定为墨西哥农业所面临的"最重要的唯一问题"感到相当惊讶。[81] 是什么原因导致戈麦斯优先考虑当时占墨西哥农田不到十分之一的作物?他对小麦的坚持必须结合革命性政府对农村以粮食为目标的种族化运动来理解,历史学家杰弗里·皮尔彻(Jeffrey Pilcher)称为"玉米卷饼话语"。[82] 自波菲里奥时期以来，现代化的精英们就指责农民以玉米、豆子和辣椒为食的习惯，导致他们的身体和智力发育迟缓，甚至认为以玉米为基础的饮食本来就会产生智力落后的、皮肤黝黑的人，与以小麦为食的强壮而有男子气概的欧洲人形成鲜明对比。戈麦斯是墨西哥北部人，那里的小麦生产和消费更为普遍，他对这种言论非常熟悉。戈麦斯早些时候曾写道，与北方以小麦和奶制品为生的"更强壮、身材更好的人"相比，以玉米为食的墨西哥南部人"天性冷漠、悲观，对生活漠不关心，身材矮小"。[83] 这样一来，戈麦斯重塑墨西哥农业的议程就不仅仅是针对粮食供应，而是针对种族、文化和生物学。

尽管墨西哥农业计划领导层私下里"怀疑（小麦）是否真的是最重要的问题"，但他们在 1943 年初向戈麦斯保证，其计划将解决该作物的改良问题及其主要病害——锈病。[84] 哈拉尔接受过植物病理学的教育，他承诺将带头开展这项工作。但是，哈拉尔的行政和外交职责使他没有多少时间从事其他工作，在墨西哥农业计划实施的头两年，小麦项目在进展和资源方面远远落后于合成玉米。为了解决这种不平衡，1944 年秋天，咨询委员会聘请了第二位植物病理学家诺曼·E. 博洛格（Norman E. Borlaug），为小麦育种计划注入新的活力。与哈拉尔一样，出生在艾奥瓦州的博洛格曾是斯塔克曼在明尼苏达大学的博士生。然而，在查平戈的墨西哥农业计划工作人员中，博洛格是个异类。他没有像哈拉尔、曼格尔斯多夫、威尔豪森和土壤专家科尔威尔那样在美国南部贫困农村工作过。博洛格在战争期间曾受雇于杜邦公司，在商业性的农业综合企业而非公共服务领域从事利润丰厚的工作，之后才从事墨西哥农业计划。有这样的背景，博洛格对墨西哥农业的看法与他的同伴有出入也就不足为奇了。他并不支持卡德纳斯主义的土地改革，而是简单地把印第安人村社视为一种阻碍作物增产的"内在的政治对冲"，因为"小型农场单位是不经济的"。[85]

这种偏见很快就体现在博洛格早期在查平戈的小麦育种工作中。他首先从国外，主要是从美国进口杂交品种，在墨西哥中部的各种气候和海拔高度进行测试。[86] 灌溉和大量的合成肥料对这种作物的性能至关重要，但这并不影响博洛格，他很少担心他的方法对墨西哥贫困农民的实用性。他的同事们在美国南部了解到农业转型的普遍模式的危险性，与他们不同的是，博洛格试图在墨西哥重建他的故乡和被浪漫化的中西部。因此，当卡尔·绍尔在1945年访问查平戈时，他立即注意到了"（墨西哥农业计划中）小麦运动的陷阱"，以及它对只有"特权阶层才能享用的食物"的强调，这就不足为奇了。[87]

然而，博洛格与墨西哥农业计划的农民群体的关键决裂是在1946年，当时他为小麦计划提出了一个全新的方向。在墨西哥中部，印第安人村社的地块相对较小，小麦很少被种植或食用。博洛格对这种农业的局限性感到失望，他构思了一个计划，可以将他的努力转移到索诺拉州。在距离查平戈整整1000英里的墨西哥西北部干旱的小麦地带，他梦想着与那些容易获得投资、具有灌溉能力的大型商业农场主合作。但令博洛格感到痛苦的是，哈拉尔取消了这一计划。这位墨西哥农业计划的主任训斥博洛格道："我们的问题的关键就在这里，在贫困地区。"哈拉尔还说："北方的农民很富有，不需要我们的帮助。"博洛格在查平戈的冬季农闲期安排了一个短暂的年假，以调查在索诺拉州试验的可能性，但哈拉尔承诺给他的资源很少，并坚持认为小麦项目仍应立足于墨西哥的中心地带。[88]

到1947年，合成玉米运动和博洛格的小麦计划——各自对农村进步提出了截然不同的愿景——为谁能代表绿色革命的未来进行了激烈的竞争。最终，他们的竞争将由两个更广泛的转变来解决，这两个转变使洛克菲勒基金会受到牵连，并使博弈的天平向博洛格倾斜。

首先是冷战的深化。1945年和1946年期间，美国和苏联在西欧进行早期对峙之后，冷战的十字路口向南转移到亚洲、非洲和拉丁美洲的非殖民化和后殖民国家。正是在这期间，政策制定者们第一次谈到了"第三世界"，即既不属于资本主义集团也不属于共产主义集团的广大地区和人群。[89] 到了20世纪40年代末，华盛顿和莫斯科的战略家们开始投入大量资源,宣传他们的经济和社会模式,认为这是第三世界走向富足和繁荣的最可靠途径。在美国的政策圈里,激励这种全球扩张的越来越普遍的口号是"发展",这是一种模糊而矛盾的信念,它诞生于这样一种信念:人类的社会进步可以沿着一条直线发展,"先进"国家可以加速"落后"国家的进化。特别是杜鲁门总统在1949年的就职演说中宣布,美国必须"将我们的科学进步和工业进步的成果提供给不发达地区,供其改善和增长"之后,第三世界技术援助的政治化上升到狂热的地步。[90]

随着冷战迅速向新生的第三世界推进,对全球饥饿和饥荒的担忧也急剧上升。尽管美国和欧洲的知识分子不时重提托马斯·马尔萨斯(Thomas Malthus)的预言,即人口增长最终将超过自然资源增长的速度,第二次世界大战期间及之后的饥荒和匮乏,更强化了这种末日预言。在美国,1948年出版的两本极具影响力的书——威廉·沃格特(William Vogt)的《生存之路》(*The Road to Survival*)和费尔菲尔德·奥斯本(Fairfield Osborn)的《我们被掠夺的星球》(*Our Plundered Planet*),激起了人们对未来地球粮食安全的焦虑。沃格特和奥斯本都是自然资源保护主义者,关注森林砍伐、水土流失和越来越多的剥削性农业行为,他们都警告说,战争中的匮乏可能不是一种反常现象,而是未来危机的预兆。[91]在洛克菲勒基金会内部,这两本书产生了持久的影响。沃伦·韦弗是在曼恩去世后负责监督墨西哥农业计划的主管,他认为沃格特的《生存之路》"似乎确实以一种有力的方式提出了非常基本的问题",并要求纽约办事处购买多本进行分发。[92]

第三世界冷战和新马尔萨斯主义复兴的交织震动了洛克菲勒基金会的核心,而这种意识形态的震荡将改变墨西哥农业计划的进程。面对一个陌生的地缘政治环境,基金会的领导层突然感到,迫切需要从墨西哥提取一个普遍的、可复制的模式来养活一个被认为处于饥饿和混乱边缘的世界。曼格尔斯多夫和布拉德菲尔德在1948年宣称:"当今世界面临的最关键问题是生产足够的食物来养活世界人口。"[93]这样的声明与调查委员会 1941 年的提议形成鲜明对比,后者几乎没有发现墨西哥正在挨饿的证据,而是以将农村贫困和农民"从繁重的劳作中解放出来"为目标。[94] 1950 年,斯塔克曼断言,墨西哥是一个重要的试验场,因为"西半球可能成为世界上反对共产主义的最后一个堡垒",因此"对美国来说,证明民主制度能够帮助落后的人民是非常重要的"。[95] 在这种言论的影响下,基金会的领导人很快开始思考"在墨西哥形成的普遍性的模式"是否可以"将类似的帮助推广到其他拉美国家",这一想法并不令人惊讶。[96]

然而,这种"普遍性的模式"到底是什么?在 20 世纪 40 年代后半期,墨西哥农业计划在两个相互竞争的愿景之间徘徊:有利于农民的玉米计划和博洛格的小麦试验。随着基金会重新考虑其优先事项,并开始将目光投向墨西哥以外的地区,这一矛盾必须要得到解决。博洛格感觉到威尔豪森在提高农场的玉米产量方面进展缓慢,开始更积极地游说他扩展在索诺拉州的工作。1948 年夏天,这种压力演变成了公开的冲突,哈拉尔要求博洛格完全放弃索诺拉州,因为它分散了墨西哥农业计划在该国中部的主要任务。博洛格被激怒了,辞去了洛克菲勒基金会的职务,并计划离开美国。如果这场冲突提前两三年发生,博洛格很可能已经离开了,只会成为绿色革命历史上的一个注脚。但在 1948 年这个令人焦虑的十字路口,资深的斯塔克曼决定介入支持博洛格,成功地对哈拉尔施加压力,迫使其改变决定,将新的资源投放墨西哥的西北部。这场冲突标志着博洛格的一次重大胜利,同时也预示着墨西哥农业计划带有社会意识形态考虑的作物育种的未来将出现麻烦。[97]

斯塔克曼很可能进行了干预,希望博洛格能在一夜之间在索诺拉州创造奇迹,为该基金会提供足够的粮食,以扩大到墨西哥以外的地区,并承诺为全球冷战做出努力。博洛格没有让人失望。有了更多的资源,而且不再被哈拉尔坚持要接触农民的要求所束缚,博洛格在培育高产、抗锈病的小麦品种方面取得了快速进展。他成功的根本原因是与索诺拉州最大的农场主企业家建立了密切的关系，其中包括该州前州长、20 世纪 20 年代总统普鲁塔科·埃利亚斯·卡列斯的儿子——鲁道夫·埃利亚斯·卡列斯（Rodolfo Elías Calles）。[98] 博洛格还与理查德·史柏洛克（Richard Spurlock）建立了密切的合作关系，后者是美国氰氨公司（American Cyanamid）一座大庄园的经理，该公司渴望从小麦的高产中获利。[99] 这种与墨西哥上层农业阶层的联盟，绕过了墨西哥农业计划的玉米项目所选择的缓慢而艰难的道路。有了志同道合、财大气粗的合作者来帮助测试和繁殖新的小麦品种，不久之后，博洛格就吹嘘说索诺兰州的小麦生产发生了全面革命。到 1951 年，他声称墨西哥种植的所有小麦中有 70% 是用墨西哥农业计划的栽培品种种植的。玉米项目很难宣传取得了这样的成功。[100]

随着博洛格明星般地崛起，小麦在墨西哥农业计划中的规划和宣传中都稳步超越了玉米。当斯塔克曼在 1951 年认为墨西哥的模式可以"直接应用于其他拉丁美洲国家"时，他是基于这样的信念："墨西哥小麦的改良是令人震惊的。"[101] 1949 年 12 月，在接受墨西哥农业部的喉舌杂志《土地》（Tierra）采访时，哈拉尔大幅吹嘘了新的杂交抗锈病小麦，而只是简单提到了玉米计划的进展。[102] 尽管在新的十年里，玉米育种小组继续试验对农民有利的品种，威尔豪森在 1956 年仍宣称"对于所有以玉米为重要作物的不发达地区来说，开发合成品种是最佳方案"，但这种工作越来越被边缘化，而不再是焦点。[103] 由于联邦玉米委员会排除了除杂交品种以外的所有品种，因此繁殖和分配合成种子的渠道很少，威尔豪森和他的同事们承认了政治现实，并将更多的注意力转向双杂交玉米品种的栽培上。到 1954 年，墨西哥农业计划准备了十三个杂交玉米品种，与一个开放授粉的品种一起分发给农民。[104]

洛克菲勒基金会在墨西哥的农业项目最初是为适应墨西哥革命后的特殊环境而量身定制的，受到了该基金会在美国南方的经验启发，但到了 20 世纪 50 年代初，这一遗产的存在证据已经灰飞烟灭了。1951 年，墨西哥农业计划中一度对印第安人村社表示同情的领导层，贬低"成千上万个低经济效益的农场单位，甚至无法为依赖它们的家庭提供生计"。[105] 对新兴的强调大型商业化农场的批评被立即驳回。1949 年底，洛克菲勒基金会理事和达特茅斯学院院长约翰·S. 迪基（John S. Dickey）访问了查平戈，并警告说，该计划可能"使墨西哥经济产生新的经济差异"，从而"带来许多墨西哥人现在都没有意识到的政治问题"[106]。迪基建议立即对这种困境进行社会经济路径的研究，但韦弗持怀疑态度。自然科学部主任幽默地把雇用社会科学家比作询问"被派去重接在暴风雨中断裂的电话线的修理工工头，他是否愿意带上几个对现代通信系统的社会影响感兴趣的教授"。韦弗暗示，墨西哥农业计划正在执行紧急任务，要求它暂停下来进行仔细研究是不合理的和冒险的。[107]

洛克菲勒基金会被第三世界冷战的紧迫性和迫在眉睫的粮食匮乏所迷惑，并相信它在墨西哥已经形成了一个可复制的模式，于是跃跃欲试地将其移植到其他地方。1950 年 5 月，哥伦比亚农业项目在哥伦比亚的梅德林开始运作。1955 年 4 月，一个类似的机构在智利圣地亚哥成立。但也许最重要的是，1957 年，洛克菲勒基金会与印度政府签署了一项合作协议，在新德里设立了办事处。此时，南亚的冷战正处于高潮，洛克菲勒的植物育种家们与美国国务院携手合作，确保收获的每一粒水稻和小麦都将用于防止印度发生共产主义革命。他们在防止印度饥荒方面取得了广为人知的成功，这促使他们进一步扩张。1960 年，洛克菲勒基金会和福特基金会合作，在菲律宾成立了国际水稻研究所，该研究所成为整个东南亚农业改革的前哨基地，并时刻关注着美国在越南的军事行动。[108]

20 世纪 50 年代，洛克菲勒基金会在各大洲积极地将墨西哥农业计划的经验教训全球化，在其相互竞争的愿景中，哪一个应该被包装出口是毫无疑问的。基金会的规划者们不顾合成玉米项目的停滞不前，转而倾向迅速提高产量，即使这有可能加剧农业阶级紧张关系。他们不再把第三世界的农村看作亚拉巴马州或得克萨斯州东部种植园区的对应物，而是看作复制理想化的中西部地区的一个路标。博洛格在索诺拉州孕育的小麦品种及其所需的集约化农业系统，在哥伦比亚的高地和印度北部的乡村扎根了。事实上，博洛格的全球事业的惊人轨迹与基金会在冷战期间重新调整的工作重点相一致。博洛格曾经因为无视农民的农业观点而成为墨西哥农业计划中的异类，到了60年代，他成为在第三世界研究和实施高产作物的重要公开支持者。在他的晚年，他更多的是一个推动者，而不是一个植物培育家，他愤怒地驳斥对绿色革命的社会和环境成本的批评，称其为"恶毒的、歇斯底里的宣传"。在博洛格的支持者心中，他获得的1970年诺贝尔和平奖证实了他的崇高地位，但博洛格是在一片争议和环保团体的抗议声中接受这个奖项的。[109]

到了20世纪50年代，墨西哥不再是洛克菲勒基金会的优先考虑国家，该基金会的领导层被更广大的亚洲农村的利益所诱惑。墨西哥只作为史前史出现，成为玻璃后面的展品。斯塔克曼本人在1953年承认，墨西哥农业计划"已经远远超出了一个改善墨西哥农业的计划"[110]。然而，与此相反的是，当基金会转身撤走时，这场运动将对墨西哥产生最令人震惊的影响。在20世纪50年代和60年代，国家对杂交种子、合成肥料和各种杀虫剂的推广与补贴改变了全国大部分地区的农业行为。随着墨西哥城市居民开始越来越多地食用小麦面包，执政党称赞博洛格的成功是所谓"墨西哥奇迹"，即"二战"后大约20年的持续经济增长的核心支柱。政府甚至在1969年铸造了一枚25比索的硬币来纪念该基金会的高产小麦品种。然而，支撑小麦项目成功的是墨西哥政府为索诺拉州等北部各州的水坝和灌溉项目投入的巨额资金，这样做也使得墨西哥中部地区印第安人村社的地位逐渐黯然失色。尽管在20世纪的最后几十年里，主食谷物和肉类都很丰富，但农业"现代化"的人力代价是深远的。美国的慈善机构和革命后的国家都忽视了这一点，数以百万计的农民放弃了他们的土地，进入了商业农场、墨西哥城市的贫民窟,而且越来越多地移民去了美国。[111]

像博洛格这样的倡导者拒绝承认绿色革命的成功叙事中存在的瑕疵,但洛克菲勒基金会内部更有思想的观察家则担心农业改革的长久意义。1962年,洛克菲勒基金会的"三个火枪手"在阔别多年后重返墨西哥。20多年前,他们就考察了干预墨西哥农业的可能性,虽然曼格尔斯多夫被墨西哥政府誉为"救世主",但他对农村转型的社会成本尤其担忧。曼格尔斯多夫回忆说:"尽管全国各地都发生了巨大的变化,但我们看不到印第安人村社小农的命运发生了多大的改变。"事实上,小农户"逐渐被挤出市场",就像"在美国发生的那样"。曼格尔斯多夫深知洛克菲勒基金会早期在墨西哥的计划首先提出的种种可能性,他无疑对这种结果感到有些遗憾。[112]

小结

在1943年至1953年的十年间,洛克菲勒基金会的墨西哥农业计划——长期以来被认为是全球绿色革命的蓝图——经历了一次巨大的转变。在该计划成立之初,它代表了一个深谙美国农村贫困问题的慈善机构与一个致力于为最近的土地改革受益者提供信贷、教育和适当技术的后革命政府之间的联合。墨西哥农业计划的设计师们并没有不计成本地追求粮食增产,而是承认墨西哥在1943年面临的根本挑战不是饥饿,而是普通农民缺乏稳定、安全和改善命运的能力。最能说明这一认识的是基金会试图培育更好的玉米品种,这是该国最重要的粮食作物。洛克菲勒基金会的规划者们拒绝了美国的双杂交玉米,认为它不适合墨西哥农业部门的社会和经济背景。他们尝试了被美国商业性种子公司拒绝的替代作物品种,这些品种能在不使农民陷入债务或削弱其独立性的情况下给予农民更高的产量。几年来,这种有利于农民的战略在改善墨西哥农业的合作努力中占据了中心位置。

然而,不久之后,这种做法就遭到了来自多方面的抵制。1946年后，随着阿莱曼在政治上的崛起，联邦政府为保护和稳定印第安人村社经济所做的努力失去了基础，而那些有望提高粮食产量并将农村人口吸纳到城市中心的计划却得到了最优先的考虑。阿莱曼认为，如果农民要实现"现代化"，并成为有生产力的公民，就应该在城市而不是在农村。因此，墨西哥农业计划的合成玉米计划在政府大厅里不会受到青睐。20世纪40年代末，美国和苏联之间不断升级的意识形态斗争也同样削弱了这种做法。由于担心共产主义对全世界一无所有的农村人口的吸引力，美国的政策制定者试图迅速证明，来自第一世界的技术援助比第二世界的政治口号更能提供一条通往繁荣和进步的道路。这种情绪弥漫在洛克菲勒基金会的办公室里，为墨西哥计划带来了新的紧迫感，同时也使人们更期望它能很快产生一个快速的、可复制的提高粮食产量的模式。在不近人情的墨西哥政府和全球冷战的夹击下，墨西哥农业计划的规划者慢慢放弃了实验性的玉米计划，优先考虑培育小麦，这是一种可以快速改良的作物，但农民很少种植或食用。随着该基金会将其墨西哥小麦项目移植到拉丁美洲其他地区，并在随后的几年里最终移植到亚洲，这种对小农农业的漠视在全球范围内得到回应。

然而，如果不承认美国的区域主义对这段历史的重要性，就不可能理解绿色革命中对农民同理心的兴衰。将墨西哥农业计划视为"美国化"的直截了当的计划，这一观点所掩盖的东西远远多于它所揭示的。洛克菲勒基金会对墨西哥农业的介入，源于对墨西哥农村和美国南方种植园地带的比较。这种比较同样影响了墨西哥合作项目的最初几年，促使曼恩、曼格尔斯多夫和威尔豪森等规划者和植物育种家针对代表农村大多数人的小农户的经济局限性，制订技术解决方案。洛克菲勒基金会领导层在处理美国棉花地带的权力和不平等问题时，认识到墨西哥也有类似的历史，任何解决农村贫困问题的方案都必须承认长期存在的社会分歧，以及造成这些分歧的经济结构。不过，这种敏感相对来说是短暂的。当基金会把它的马车搭在博洛格身上时——

博洛格是个艾奥瓦州人，他根据理想化的中西部来理解墨西哥的可能性，对挑战不平等没有兴趣——就背弃了其早期计划的承诺。事实上，以典型的中西部地区作为第三世界进步的模型的本能当时才刚刚开始，因为在 20 世纪 50 年代和 60 年代，国际发展机构的影响力膨胀，不断横扫它试图改造的地区的政治和历史复杂性。我们这个星球今天的社会景观证明了这种短视的悲剧性。

在洛克菲勒基金会的世界里，美国南方农村增长和进步模式的影响在 20 世纪 40 年代的最后几年已经减弱。但这并不意味着墨西哥的规划者和政治家们在制订重塑农村的计划时不再关注棉花地带。相反，这种同样的重视在 1946 年之后达到了高潮，因为墨西哥政府开始了一场史无前例的农村水利发展运动，其模式明确地仿效了新政中最著名的地区计划：田纳西河流域管理局。本书最后一章探讨了这个在 20 世纪中叶连接美墨农业政治的最后一次重大尝试。

Agrarian Crossings

第六章

移植田纳西：
战后墨西哥的新政水利发展

Chapter 6

1947年春天,米格尔·阿莱曼总统对美国进行了近四十年来首次重要的国事访问。他的访问旨在庆祝美国和墨西哥之间在经历了几十年的紧张和不信任之后关系的回暖,这位年轻而张扬的总统要求多次进行盛大的欢迎仪式,也出席了一些重要场合。美国各地都有拿着彩纸的人群迎接他。在华盛顿,他在美国国会发表了讲话。在纽约,他在新成立的联合国发言,并参加了为欢迎他而组织的游行。然而,在美国的政治和经济中心完成了这些预先安排好的访问之后,阿莱曼之后的行程发生了令人惊讶的转变,他向南飞往亚拉巴马州的马斯尔肖尔斯(Muscle Shoals)和田纳西州的查塔努加(Chattanooga)。吸引他来到美国南部的是新政农村发展最壮观的象征:田纳西河流域管理局的工程,这些工程长期以来一直吸引着这位墨西哥总统。5月6日,阿莱曼站在查塔努加以北田纳西河上混凝土的奇卡莫加大坝(Chickamauga Dam)前,思考着这个"伟大的实验,(墨西哥)可以并将利用它的最大优势"。当田纳西河流域管理局的人员介绍了他们为阻止该地区人力和自然资源的浪费而开展的雄心勃勃的项目时,阿莱曼认定,他的国家和田纳西河流域的共同点比人们想象的要多。他兴奋地告诉查塔努加的汇报人:"田纳西河流域管理局计划完全适用于墨西哥。"[1]

在前几章中,本书探讨了在大萧条和第二次世界大战期间,美国和墨西哥的改革者和官员是如何热切地交流农村重建的模式。这些模式多种多样,从土地征用和重新安置到农学研究和社会科学规划。在这些交流对话中,墨西哥人和美国人一致将美国棉花带的农业问题和墨西哥的各种庄园区之间的问题放在一起讨论。不过,在重塑自然和人类生活方面,在这张交流网中,可能没有一个能像改造河流流域的运动那样,被大肆宣传或在改造自然和人类生活方面充满活力。在20世纪30年代和40年代,美国南部和墨西哥南部都是联邦政府大规模改造的目标,它们试图利用水力,将河流变成经济增长和农业社会变革的引擎。在美国南部,田纳西河流域管理局是新政中最具突破性和争议性的机构之一,也是新政中最著名的一项尝试。在墨西哥,"二战"后的执政党做出巨大的努力,通过所谓的河谷综合开发(desarrollo integral de cuencas)来实现类似的目标,这将极大地重塑墨西哥南部沿海地区的社会和经济。

本章将证明,这两项努力是相互影响和塑造的,尤其是墨西哥知识分子对美国南部经验的借鉴。从20世纪30年代到50年代,对于寻求改造农村的墨西哥国家规划者来说,田纳西河流域管理局是一个吸引人的学习模式。"二战"后,官员和媒体经常将田纳西河谷和墨西哥的热带低地公开比较,可以说无处不在。像拉萨罗·卡德纳斯和阿莱曼这样的标志性政治人物都会去田纳西河谷考察。然而,"田纳西河流域管理局的理念"并不是一个可以原封不动复制的整洁蓝图,在遭遇墨西哥后革命时代的"政治礁石"后,这一理念的原貌就被永远地改变了。1940年后墨西哥执政党的社会和政治意识形态,以及该国独特的社会革命历史,使田纳西河流域管理局模式的移植变得面目全非。事实上,以田纳西河流域管理局的名义进行的墨西哥河谷综合开发项目,很少有类似其榜样的做法。[2]

这种想法与现实之间的差距提出了一个基本问题:考虑到不同的结果,为什么墨西哥政府在推动其国内议程时如此频繁地援引田纳西河流域管理局?本章显示,墨西哥的国家规划者会进行跨国比较,是因为这种类比有助于将一个有分歧的项目去政治化,并能掩盖其中暗藏的内在风险。通过将田纳西河流域管理局想象成一个由技术人员,而不是政治家掌舵的变革巨无霸——这很难准确地描述出原始的机构——墨西哥政府试图向日益怀疑的公众保证,其农村发展运动有一个成功和可复制的先例。经济学家阿尔伯特·O. 赫希曼(Albert O.

Hirschman）后来将这种"伪模仿"定义为发展实践中的一种常见本能，在这类实践中，公开的宣传是"90% 是自主创新，10% 是对外国模式的模仿，但实际上正好相反"。[3]

同样，在墨西哥政治历史的关键时刻，对田纳西河流域管理局的颂扬也发挥了重要的意识形态作用。在 1934—1940 年的卡德纳斯总统任期之后，日益保守的执政党领导层开始背弃农民，转而支持商业稳定、工业化和城市化。它宣称革命应该制度化。在此过程中，党的领导人开始寻求农村发展的模式，保留了对社会正义的名义承诺，但倾向于增加生产而不是公平分配，倾向于技术至上而不是民主至上。田纳西河流域管理局就扮演了这样的角色。它主张通过合理利用自然资源来消除贫困、疾病和"落后"，这种言论为墨西哥执政党提供了一个方便的掩护，放弃卡德纳斯时期的土地再分配政策。这部分来自田纳西河流域管理局本身固有的保守主义：通过将一条狂野而未被驯服的河流诊断为地区贫困的根源，而不是不均衡的社会和经济关系，它将民众的注意力从美国南部和墨西哥不平等的结构性根源上转移开。

然而，即使由保守的墨西哥国家规划者引领，如何对美国的农村发展战略进行调整仍然是不可预测的。与田纳西河谷地区的明确比较促使墨西哥在 1947 年成立了两个河谷委员会：帕帕洛阿潘委员会（Comisión del Papaloapan）和特帕尔卡特佩克委员会（Comisión del Tepalcatepec），分别针对墨西哥东南部沿海和西南部的河谷地区。尽管这两个委员会是在同一年成立的，而且有共同的思想先驱，但它们从根本上来说是不同的项目。前者是阿莱曼的心头好，是一个不切实际的、宏伟的、考虑不周的做法，旨在重塑帕帕洛阿潘河流域的景观和社会，同时纪念执政党的权力和合法性。然而，后者的倡议人和领导人不是别人，正是墨西哥最著名的农民利益捍卫者拉萨罗·卡德纳斯，他认为他的委员会应该支持 20 世纪 30 年代土地改革所体现的合作农业体系。两个项目截然不同的发展路径，以及它们的成败，揭示了田纳西河流域管理局输出的是一种流动的知识，它们可以被重新发明，以证明不同的政治议程的合理性。

接下来，我将探讨一个相互碰撞的世界，这使墨西哥政治家有可能谈论复制一个近两千英里外的美国河谷地区的可能性。我首先回顾了田纳西河流域管理局在美国南部的起源和最初十年的发展历程。早在它成为全球南方有影响力的发展模式之前，田纳西河流域管理局就是新政中最有争议的机构之一，在内部，这一理念被不同的愿景所拉扯；在外部，它还面临着强大的敌人。只有在"二战"期间，随着20世纪30年代激烈的政治斗争让位于更加保守的共识，该机构才解决了其内部的紧张关系，并以新的独特目标展望海外。随后，我研究了20世纪30年代至"二战"期间田纳西河流域管理局在墨西哥发展中的作用。为了寻求一个成功的模式来解决墨西哥农村的农业问题，墨西哥政府被美国南部和墨西哥热带沿海地区的相似性所吸引。从卡德纳斯担任总统期间开始，到阿莱曼时期达到顶峰，墨西哥的官员们公开提倡模仿新政的河谷开发。本章的后半部分转向田纳西河流域管理局理念的两个具体实践：瓦哈卡州和韦拉克鲁斯州的帕帕洛阿潘河流域，以及米却肯州的特帕尔卡特佩克谷地。这两个项目的不同使命，以及其领导层的不同意识形态，揭示了这个时代农业交流的不可预测性。

田纳西河流域管理局和农村发展

在美国东南部，田纳西河的历史意义仅次于密西西比河。田纳西河的源头在田纳西州东北部的阿巴拉契亚山脉的山谷中，河水向西南流向佐治亚州，浸入亚拉巴马州北部200多英里，然后再次向北流去，最后在肯塔基州帕迪尤卡附近注入俄亥俄河。沿着这650英里的路径，几十条支流像毛细血管一样伸出，形成了一个面积超过4万多平方英里的河谷盆地。千百年来，这条河为人类带来了许多回报，特别是作为食物来源和商业要道，但它很少顺应居民的愿望和祈求。在雨季，田纳西河经常水位暴涨，洪水泛滥，夺去了无数人的生命和农场；在干旱的年份，它裸露出多岩石的浅滩，使人类几乎无法沿河航行。[4]

然而，变幻莫测的水道只是美国内战后田纳西河谷面临的第一个问题。尽管该河流域拥有丰富的土地、水和木材资源，但该地区是美国最贫穷的地区之一。这种贫困在一定程度上源于现金和信贷的匮乏，这种匮乏困扰着整个后内战时期的美国南方，而山谷地区占主导地位的采掘业和半殖民地工业，无论是山区和林区的采矿和伐木，还是亚拉巴马州北部和田纳西州西部的棉花单一种植，都加剧了这种贫困。20世纪初，山谷地区的大多数居民都是农民，该地区的农业文化区是多样化的：白人小农户主要在东北部的山区，而亚拉巴马州北部和田纳西州西部则更接近于南方腹地的种植园地区。总的来说，山谷中11%的人口是非洲裔美国人，尽管大多数黑人居民都集中在西部地区。在新政的前夕，该山谷地区的一些棉花种植区的农场租赁率接近70%，水土流失十分严重。对许多同时代的观察家来说，田纳西河谷是贫穷和落后的象征。[5]

在19世纪和20世纪之交，政府官员和发展商业的支持者开始相信，田纳西河的变幻莫测，而非社会和经济的不平等结构是区域增长的主要障碍。这种想法在第一次世界大战期间达到了高潮，当时美国联邦政府开始计划建造世界上最大的混凝土大坝——威尔逊大坝，目的是发电以生产战时炸药所需的硝酸盐。威尔逊大坝位于田纳西河穿过亚拉巴马州西北部的马斯尔肖尔斯的岩石道上，在战争期间从未完工，之后还遇到了政治麻烦。在20世纪20年代，由于公共和私人力量都在争夺大坝的控制权，该项目陷入困境；大萧条开始时，大坝仅部分投入使用。马斯尔肖尔斯的失败表明，联邦规划、技术能力和区域提升的结合，很难保证成功。[6]

虽然到20世纪30年代，通过治水来给田纳西河谷带来社会和经济变化的尝试至少已有一代人的历史，但很难否认富兰克林·罗斯福对这些努力的独特重要性。1933年春，罗斯福带着不惜一切代价抗击大萧条的民意入主白宫，在任职的头几个月里，他推出了一系列令人眼花缭乱的试验性计划。很少有人比他对田纳西河谷的设想更雄心勃勃。长期以来，罗斯福就很熟悉美国南部农村的贫困状况，1933 年 1 月对马斯尔肖尔斯的访问使他相信田纳西河可以作为区域反贫困计划的核心。同年 4 月，罗斯福向国会提交了一项法案，以特许一家政府公司，他称为田纳西河流域管理局。在罗斯福的提议中，该机构将超越传统的地缘政治边界，解决"涉及许多州和数百万人未来生活和福利的完整河流流域"的问题。它将在马斯尔肖尔斯运营一个新的设施，但更重要的是，它将在上游建造更多的水电大坝，并将其成果分享给当地人民。田纳西河流域管理局将成为国家规划的可能性的一个展示窗口。该法案在春季迅速通过了众议院和参议院，罗斯福于 1933 年 5 月签署了该法案。作为一项公共政策，田纳西河流域管理局法案是史无前例的：它将权力集中在一个只对总统负责的自治机构，并让该机构负责规划一个涉及多州的庞大地区的社会和经济。[7]

尽管该法案的言辞很高瞻远瞩，但罗斯福签署该法案的用语是故意模糊的，由一个三人董事会决定田纳西河流域管理局将在山谷地区进行什么样的改革。董事会主席，也是该机构最初几年最重要的政策制定者，是亚瑟·摩根（Arthur Morgan）。他是一位来自俄亥俄州的水利工程师，深受爱德华·贝拉米（Edward Bellamy）的乌托邦社会主义的影响，认为小型、自给自足的农业社区结合本地化的工业，可以为他所看到的城市文明的混乱提供解药。尽管他接受的是技术培训，但亚瑟·摩根对田纳西河谷地区有关人的问题最感兴趣。他认为这些问题并不像许多观察家对阿巴拉契亚地区所假设的那样，是该地区与世隔绝的产物，而是外部剥削和盲目坚持个人主义而非社群主义的结果。

亚瑟·摩根的浪漫理想主义被他在董事会的两位同事所中和了，即哈考特·摩根（Harcourt Morgan）和大卫·李林塔尔（David Lilienthal）。哈考特·摩根与亚瑟·摩根没有亲属关系，他是董事会的农业专家，受过昆虫学家的培训。作为田纳西大学的校长，以及试验田充足的农业学院的院长,哈考特·摩根在与河谷地区较大和较富裕的农民合作方面更为自如。但亚瑟·摩根在田纳西河流域管理局董事会中最强大的对立力量是来自印第安纳州的律师李林塔尔。作为最年轻的董事会成员,李林塔尔已经赢得了公共权力杰出捍卫者的声誉,他曾在中西部地区为捍卫消费者权益,与私营公司的勾结问题做斗争。对李林塔尔来说,电气化是解决河谷地区弊病的灵丹妙药,但与亚瑟·摩根不同的是,他将其视为实现城市化、工业化和创造能够参与全国市场的消费者这一最终目标的一种手段。李林塔尔很少像亚瑟·摩根那样,对农业自给自足和农民的生存具有同情心。[8]

从第一天起,田纳西河流域管理局的领导层就出现了严重的分歧,但罗斯福坚持让他们专注于短期成果,确保了暂时的缓和。在其运作的最初几年里,尽管存在争执和竞争,但该机构在田纳西河流域留下了深刻的足迹。在第一个十年里,田纳西河流域管理局雇用了数千人,在田纳西河及其支流上建造了16座新的多用途水坝,运送了超过1亿立方米的混凝土、岩石和土壤。在大坝建造的巨大水库,驯服了河流的通航能力,迫使数以万计的本地居民离开。但大坝只是冰山一角:田纳西河流域管理局的领导层奉行"综合发展"的原则,坚持认为只有同时从社会问题的各个角度出发,才能克服贫困。因此,该机构将大坝与数百英里的公路和铁路,以及数千英里的电力线路结合起来。由水电驱动的化肥厂从大气中合成氮气,并将产品低价卖给当地农民,以寻求修复枯竭和侵蚀的土壤。田纳西河流域管理局的公共卫生人员也深入农村社区,向疟疾和其他可预防的疾病开战。这个庞大的官僚机构只对位于诺克斯维尔的田纳西河流域管理局总部负责,避免因州界和管辖权划分而使权力分散,因此该机构拥有的权力是显而易见的。[9]

但在20世纪30年代,随着田纳西河流域管理局的发展势头逐渐壮大,其领导人相互矛盾的理念有可能使其陷入分裂。在该机构运作的最初几年,亚瑟·摩根在很大程度上试图以自己的名义建立权威,忽视或压制董事会中其他两个同事的声音。亚瑟·摩根的发展愿景最突出地体现在田纳西州诺里斯的示范社区中,他设计该社区是为了平衡自给自足的农业和分散的家庭工业。摩根还帮助阿巴拉契亚农民建立合作组织,以克服他认为的经济竞争的破坏精神。然而,到了1935年,李林塔尔和哈考特·摩根开始积极抵制他们的被边缘化。令亚瑟·摩根感到非常沮丧的是,李林塔尔被证明比委员会主席更有政治头脑。技术官僚出身的亚瑟·摩根在地方和国家层面很少培养政治盟友,他相信自己的工作远超建立联盟的需要。而李林塔尔被证明是一个熟练的公共发言人,为他自己关于田纳西河流域管理局的愿景代言。李林塔尔公开嘲笑亚瑟·摩根对建设示范社区和建立合作组织的强调是"画大饼"的做法,并在1937年开始发动攻势。随着时间的推移,关于田纳西河流域管理局未来的恶战在该机构董事会之外爆发,威胁到了整个罗斯福政府的颜面。在新政不缺敌人的时刻,总统在1938年决定解雇亚瑟·摩根,因为他已成为一个政治负担。[10]

现在,李林塔尔掌舵,迅速开始将亚瑟·摩根的遗产从田纳西河流域管理局的运作和记忆中删除。1944年,他写下了《田纳西河流域管理局:民主进行曲》(*TVA: Democracy on the March*,后简称《民主进行曲》)一书,巩固了他作为该机构智识设计师的地位,这部作品对塑造其持久的神话形象起到了重要作用。该书以大胆的言辞为标志,是李林塔尔关于田纳西河流域管理局成就的史诗。在他的讲述中,推动该机构发展的是一种统一而连贯的意识形态。"田纳西河流域管理局的理念"是单数而不是复数。它的任务是非政治性的,超越了"极端的右派和左派",因为"河流没有政治",河流的发展应该由"可靠的技术决策"来决定。然而,正如这本书的标题所示,在李林塔尔的想象中,田纳西河流域管理局是民主至上的,而不是技术至上的,由基层的参与和地方的声音来滋养成长。最重要的是,它是具有变革性的:在该机构开始挖掘岩石和浇筑混凝土后的短短十年间,田纳西河山谷地区的"破旧的棉花田和一排排租户棚屋"被"整齐起伏的梯田山坡"和繁荣的工业所取代。这本书后来被翻译成几十种语言,在全世界卖出了几十万册，在战后的岁月里，它被广泛吹捧为了解该机构工作的唯一资料。[11]

作为一部论辩著作，《民主进行曲》具有很强的说服力和有效性，但它几乎没能准确描述该机构运作的第一个十年。为了让大萧条后的美国选民对田纳西河流域管理局有好感，对国际观察家有吸引力，李林塔尔精简概括出了一段更为偶然和含糊的历史。亚瑟·摩根在书中完全没有出现，他对培养独立农业社区的强调也没有出现在书中。田纳西河山谷地区的社会、经济和种族背景更是几乎没有被提及，而从田纳西河流域管理局工程中受益的"人民"几乎只被描绘成同质化的白人群体。大坝水库导致近十三万本土居民流离失所，但他们的痛苦和挫折只得到区区两页的承认。此外，该书坚持认为田纳西河流域管理局是非政治性，甚至是反政治性的，淡化了李林塔尔在华盛顿建立联盟的一系列做法，以及在选择大坝位置时的根本性政治考量。然而，最成问题的是，《民主进行曲》一书对田纳西河山谷地区在短短十年间的蜕变进行了狂热的描述，极大地夸大了田纳西河流域管理局的实际成就。正如一些评论家所称，到20世纪30年代末，该机构对收入和工资的影响微不足道，尽管战时开支极大地改善了山谷地区的社会经济指数，但远离田纳西河流域管理局投资的南方地区也出现了同样的改善。[12]

然而，对于大多数国内外读者来说，《民主进行曲》呈现了一个引人注目的道德故事。李林塔尔将十年来相互竞争的愿景提炼成一句话：他的田纳西河流域管理局代表了通过集中规划、技术知识和民主言论的结合来征服自然。两个主要的野心促使李林塔尔写这本书。首先，他试图在国内捍卫日益被围攻的自由主义，将新政维持到战后时期。但最重要的是，李林塔尔把目光投向了美国以外的更大的全球任务，他称为"世界重建"。他预计亚洲、非洲和拉丁美洲的非殖民化国家在地缘政治上的重要性会越来越大，他认为美国对这些国家的技术援助可以帮助这些国家的领导人，在左右两派的政治极端之间找到合适的道路。[13]

李林塔尔预测田纳西河流域管理局的未来在美国之外，这被证明是有先见之明的。尽管该机构在"二战"后大幅缩减其国内社会议程，用一位观察家的话说，它只不过是一家"光荣的电力公司"，但在冷战初期，李林塔尔和田纳西河流域管理局的国际声誉都在不断上升。正如最近几部著作所详述的那样，"二战"后，田纳西河流域管理局成为美国最重要的出口知识产品之一，当时，阿富汗、中国、哥伦比亚、印度和越南等遥远的国家都在寻求复制想象中的田纳西河流域管理局蓝图，但往往带来不可预知的后果。无论其居民是否知道，田纳西河山谷地区及其形象将影响全世界无数人的生活。[14]

在全世界所有关注美国南部新政试验的观察家中，很少有人比墨西哥的观察家来得更早、更频繁、更热情。从 1936 年第一个田纳西河流域管理局大坝建好后不久，墨西哥观察家就开始记录该机构的发展和成败，并考虑了其技术社会工程的潜在价值。作为美国和墨西哥农业交流中最突出的部分之一，河流流域发展模式的知识交换将深刻地重塑墨西哥农村，其程度仅次于绿色革命。

通往墨西哥的道路

对 20 世纪的墨西哥来说，利用水资源的愿望并不新鲜。墨西哥的地理环境以惊人的降水量对比为标志，特别是在干燥多尘的北部、温带中央高原和热带南部之间，墨西哥的水利工程努力自独立革命之后以多种形式表现出来。19 世纪中期的自由主义政治家们已经开始努力使自然景观合理化和有序化，特别是在波菲里奥时期，政府开展了将自然资源转化为国家优势的项目。在那些年里，墨西哥城受到了特别的关注，工程师们试图将周围的湖泊抽干以扩大住宅区。然而，同样重要的是干旱的北方。由于担心美国对人口稀少的边境州的侵占和统治，19 世纪的墨西哥政治家希望利用灌溉来开发可耕地，吸引商业农民在该地区定居。因此，到世纪之交，运河、堤坝、水井，甚至水坝，在索诺拉、锡那罗亚、科阿韦拉和杜兰戈等北部各州变得越来越普遍。不过，波菲里奥时期的水坝项目往往是由私人公司或州政府支持的小规模项目，而不是由墨西哥城的联邦政府投资。在 20 世纪 20 年代之前，政府并没有真正拥有一支熟悉大规模水坝建设的训练有素的工程师队伍。[15]

墨西哥革命的到来使人们对水利发展有了新的信心，但这些项目的政治意义被证明是相当可塑的。对于 1910—1930 年的许多革命领袖来说，修建大坝项目是有吸引力的，因为灌溉和土地开垦可能会防止以更激进的方式解决无地可耕的问题。弗朗西斯科·马德罗曾发起反对波菲里奥·迪亚斯的叛乱，但他从未就土地再分配问题表露过自己的支持态度，甚至在 1910 年之前，他就一直坚定地支持在墨西哥北部建造联邦大坝。同样，20 世纪 20 年代的墨西哥总统普鲁塔科·埃利亚斯·卡列斯在 1926 年成立了国家灌溉委员会，大大加强了国家在监督水利工程方面的作用。大坝是培养富有生产力的农业中产阶级的一种手段，可以化解庄园主和无地劳动者之间的紧张关系。[16]

然而，随着农民激进主义活动在 20 世纪 30 年代的升温，农民团体要求在分配土地的同时进行水资源的分配，拉萨罗·卡德纳斯则操纵了有关水资源控制的革命言论的戏剧性转变。与他的前任不同，他将高大的现代主义大坝的形象与推动埃米利亚诺·萨帕塔所象征的土地改革结合起来。1936 年，卡德纳斯征用了拉古纳的高产的棉花庄园，这是他担任总统期间最全面的土地改革行动，他同时宣布了在拉古纳的纳扎斯河上建造高坝的计划，以让水资源使用变得民主化。他在征用土地的法令中称，拉萨罗·卡德纳斯大坝将为被授予印第安人村社土地的前佃户和前雇用劳工提供"不可或缺的水利补充"。这并不是他做的唯一努力：20 世纪 30 年代末另外还启动了四个大坝的建造。在卡德纳斯总统任期的末期，政府的大型水坝和土地改革运动之间的公众联系越来越紧密。[17]

狂热的民族主义言论充斥着墨西哥的水利工程项目，但矛盾的是，这些努力经常依赖外来的专业知识,特别是来自美国的专业知识。由于墨西哥北部与美国西部有着相似的干旱生态环境,从迪亚斯开始,领导人经常寻求美国的技术援助。甚至在20世纪30年代的拉古纳地区,美国人的数千英亩土地被征用,而建造拉萨罗·卡德纳斯大坝的首席监督员是来自纽约的工程师亨利·索恩(Henry Thorne)。许多领先的墨西哥工程师也有美国经验。阿道夫·奥里夫·阿尔巴(Adolfo Orive Alba),一位在20世纪30年代和40年代领导国家灌溉委员会的关键人物,曾在美国西部的垦殖局接受培训。美国和墨西哥之间关于水资源管理问题的持续的讨论很重要,但它与后来以田纳西河流域管理局为中心展开的对话不同。首先,这种早期的交流几乎完全是技术性的,很少涉及人类和社会问题。其次,这些借鉴从来没有像田纳西河流域管理局模式那样得到大众的认可,因为革命时期的大多数墨西哥领导人都避免公开向美国模式致敬。[18]

但是,当罗斯福新政加大了大坝建设的力度,并将其与提振被压迫者的言论联系起来时,越来越多的墨西哥人开始向北寻找灵感,这也就不足为奇了。到20世纪30年代末,对田纳西河流域管理局在美国南部的事业的观察开始出现在大众媒体上。1938年,墨西哥城《国家报》的一篇社论对新政主义者帕雷·洛伦兹(Pare Lorentz)最近拍摄的电影《河流》大加赞赏,认为这部电影"震撼了我们心灵的最深处"。当在影片中看到田纳西河流域管理局如何试图改变田纳西河山谷地区水资源的浪费,社论作者情不自禁地"想到我们自己的国家",那里的水资源控制问题——尽管是在水资源稀缺方面——同样引人注目。[19]同样,在1940年,墨西哥城的新闻杂志《新秩序》(Nuevo Orden)认为建设田纳西河流域管理局是来自"社会主义的一课"。这篇文章探讨了"资本主义如何无力解决"田纳西河山谷地区的土地和人民的问题,并列举了田纳西河流域管理局为重塑该河谷的自然和文化所做的多管齐下的努力——这显然是令人钦佩的。作者总结说,"文明的未来",很可能"取决于是否有可能改变私营企业的社会混乱,(并)通过民主手段实现社会发展"[20]。

  墨西哥人对田纳西河流域管理局的好奇心并不仅限于新闻界,卡德纳斯政府也越来越关注田纳西河山谷地区正在发生的事情。1938年,卡德纳斯委托顾问研究其他国家政府如何应对这十年的经济危机,他的顾问将"田纳西河谷的电气化"列为美国新政最重要的成就之一。[21] 在与弗兰克·坦南鲍姆的交谈中,卡德纳斯经常谈到他对田纳西河流域管理局和其他农村新政机构的重视。[22] 墨西哥政府高层的这种兴趣将转化为20世纪30年代末的一系列北上美国的考察之旅。在卡德纳斯时期,国家灌溉委员会、联邦电力委员会和国际水域委员会的代表都参观了田纳西河流域。[23]

  不过,卡德纳斯政府对田纳西河山谷地区的兴趣,远不及即将上任的阿维拉·卡马乔的新政权。该政权不仅监督了田纳西河流域管理局任务的大幅升级,而且开始考虑将其经验直接应用于墨西哥河谷。然而,对阿维拉·卡马乔来说,他对河流流域开发背后的政治冲动与激励卡德纳斯的政治冲动有很大不同。卡德纳斯认为,在拉古纳和其他地方,水利工程是对他通过向农村人口重新分配土地来解决农业冲突的战略的补充。相反,对卡德纳斯的继任者来说,河流治理使一个完全不同的解决方案成为可能:在全国范围内重新分配农村人口,特别是在墨西哥南部沿海人烟稀疏的居住区。1941年春,阿维拉·卡马乔宣布了一项全国性的"向海洋进军"的计划,试图将农民从拥挤的中央高原迁往"沿海的肥沃土地"。由于他在20世纪40年代放慢了土地重新分配的速度,阿维拉·卡马乔提议将热带定居区作为解决农民不满情绪的另一个安全阀。由于这种努力需要"采取卫生和健康措施,开放交通,开垦土地和疏通沼泽地",因此水利工程对其成功至关重要。[24]

  在这种追求"向海洋进军"的过程中,田纳西河流域管理局将作为一个强大的象征符号为阿维拉·卡马乔政权服务。1941年11月,在宣布沿海定居计划后不久,总统就委托专家顾问对"田纳西河流域管理局正在进行的工作"进行研究,因为"人们对这一特定主题的知识保有特殊的兴趣"[25]。没过多久,墨西哥前往田纳西河谷访问的公事人员就从涓涓细流变成了洪流。在1940年至1946年,20多名代表政府五个不同部门的访问者进行了国事旅行,通常在田纳西州或亚拉巴马州停留数天。[26] 阿维拉·卡马乔政府还策划了一项对田纳西河流域管理局成就的长期、详细的研究计划。1941年夏天,墨西哥驻华盛顿大使弗朗西斯科·卡斯蒂略·纳赫拉联系了田纳西河流域管理局主席李林塔尔,希望该局能够长期接待一批墨西哥工程师,"研究你们应用在田纳西州的方法"。[27] 李林塔尔很兴奋,承诺为来访者提供官方头衔,并为他们在田纳西河流域管理局学习期间的食宿提供资金。[28] 与李林塔尔同样热情的是国家灌溉委员会主任阿道夫·奥里夫·阿尔巴。1942年初冬,奥里夫·阿尔巴从他的机构中挑选了六名雇员,用半年时间专门研究田纳西河流域管理局的各种项目。[29]

1942年5月,六名委员会的工程师——加布里埃尔·奥罗佩萨·门多萨(Gabriel Oropeza Mendoza)、阿曼多·布拉沃(Armando Bravo)、曼努埃尔·纳瓦罗·诺维罗(Manuel Navarro Novelo)、萨尔瓦多·梅里戈·珍妮(Salvador Mérigo Jané)、何塞·耶佩斯(José Yépez)和伊格纳西奥·奥尔瑟(Ignacio Alcocer)——抵达诺克斯维尔,开始他们的长期驻扎观察。他们立即与李林塔尔会面,并告知他,他们在山谷中的几个月是为了"为他们从事墨西哥政府正在计划的类似工作进行知识储备"。作为一名布道者,田纳西河流域管理局主席热切地向他们描述了"'田纳西河流域管理局理念'的未来展望"如何具有"消除贫困问题"的巨大潜力。正如李林塔尔在他的日记中所写的那样,这六个人似乎被迷住了:"看到他们脸上的表情,感觉真是太棒了。"[30] 他们在田纳西州的头六个星期是在课堂上度过的,田纳西河流域管理局的员工为他们准备了一份详尽的介绍,介绍该机构的历史以及"它所处的地理和经济环境"[31]。从本质上讲,他们上了一堂美国南方历史的速成课。这六个人阅读了北卡罗来纳大学社会学家鲁伯特·万斯（Rupert Vance）和霍华德·欧达姆（Howard Odum）对美国南方棉花地带令人震惊的不平等现象的描述，以及威尔伯·约瑟夫·卡什（Wilbur Joseph Cash）的《南方的思想》(*The Mind of the South*)。在了解了土地租赁和水土流失的问题后，他们开始实地考察，观察山谷地区社会景观的变化和延续性（图6.1）。[32] 从工程师们每周提交给国家灌溉委员会的技术报告中，很难重新构建他们如何解释田纳西州和亚拉巴马州的社会和文化，但可以肯定的是，作为吉姆·克罗隔离制度下的诺克斯维尔的非白人居民，他们遭受着歧视。[33] 尽管这六名工程师是二三十岁的专业人士，却经常被田纳西河流域管理局的工作人员描述为"男孩"，这反映了南方白人在谈论非裔美国人时的一种常见做法。[34]

1944年，几个世纪以来最严重的一次洪水袭击墨西哥东南沿海平原，墨西哥官员向田纳西河流域管理局寻求灵感的迫切性大大增加。东马德雷山脉南部的夏季大雨给瓦哈卡和韦拉克鲁斯的河谷带来了前所未有的洪水。受影响最严重的是帕帕洛阿潘河，它蜿蜒穿过瓦哈卡

图6.1 1942年8月，工程师阿曼多·布拉沃和何塞·耶佩斯在田纳西州内诺尔市的劳登堡大坝

图片来源： Image no. KX-01839, Tennessee Valley Authority.

州北部贫瘠的山坡,进入维拉克鲁斯州中部潮湿的沃土区。1944年9月,帕帕洛阿潘河溢出河岸,淹没了近800平方英里的农田和几个城镇。在图斯特佩克(Tuxtepec)和科萨玛洛潘(Cosamaloapan)这两个沿河的主要人口中心,高达8英尺①的洪水吞噬了城市的街区,数百名居民被淹死。该地区的农业经济在接下来的几个月里陷入瘫痪。阿维拉·卡马乔总统在10月紧急访问帕帕洛阿潘盆地,面对的是一幅生命凋零和沃土损毁的惨淡景象。[35]

帕帕洛阿潘河谷成为与田纳西河谷进行比较和交流的主要地点,尽管两者之间的并列关系往往是经不起推敲的。帕帕洛阿潘盆地的面积接近1.8万平方英里,1950年拥有110万居民——其面积大约是田纳西河谷的一半,人口则是新政前夕的田纳西河谷的四分之一。帕帕洛阿潘河谷的地理环境与田纳西河流域管理局所管理的地区比较相似:离墨西哥湾最近的下游盆地是靠近海平面的热带陆地,而上游盆地则多山且更为凉爽。与田纳西河谷一样,地理上的反差映射在政治、经济和文化的反差上。在更偏远和多山的上游盆地,主要位于瓦哈卡州境内,马萨特克人(Mazatecs)和米斯特克人(Mixtecs)等印第安人族群长期以来一直抵制现代国家的入侵,他们的农业经济以种植玉米和豆子为根基。然而,在韦拉克鲁斯的下游盆地,种植园农业占据了主导地位。特别是在帕帕洛阿潘河沿岸,大规模的甘蔗和香蕉庄园在波菲里奥时期就已建立,其中许多为美国标准果品公司(Standard Fruit Company)和联合果品公司(United Fruit Company)所有。但是,如果说帕帕洛阿潘盆地的地区差异和殖民经济与田纳西河谷有一些相似之处,那么帕帕洛阿潘地区的农业政治则显示出巨大的反差。韦拉克鲁斯的下游盆地见证了革命时期最激进的农民运动之一,虽然基本上没有成功;而瓦哈卡的上游盆地一直到20世纪40年代都保持公共土地所有制。[36]

---

① 1英尺约为0.3米。——译者注

1944 年的灾难性洪水，意外地将帕帕洛阿潘河置于墨西哥州利用水利工程解决农村社会问题这一新生运动的中心舞台。阿维拉·卡马乔总统以前曾泛泛地谈论过"向海洋进军"的建议，但在 1944 年之后，帕帕洛阿潘河流域成为展示如何实现这一目标的主要场所。1944 年 10 月，在结束对被破坏地区的巡视时，总统宣布将研究、计划并在帕帕洛阿潘盆地实施一项"工程建设"，以预防未来的洪水，并"为这个地区的发展奠定基础，保持其潜在的经济可能性"。为了实现这一目标，总统建议多管齐下，包括疏浚、筑坝、灌溉、农村电气化和规划定居区。帕帕洛阿潘将成为墨西哥国家规划的一个展示窗口。[37]

尽管阿维拉·卡马乔是第一个提出改造帕帕洛阿潘河计划的人，但该项目背后的主要力量是他当时的内政部部长米格尔·阿莱曼。阿莱曼是韦拉克鲁斯州人，出生在帕帕洛阿潘河支流上的萨尤拉镇。阿莱曼是一个至关重要但未被充分研究过的政治人物，他是革命后日益保守的墨西哥国家的一个关键设计师。在卡德纳斯时期，他曾作为韦拉克鲁斯州的州长崭露头角。尽管阿莱曼在土地和石油征用问题上曾忠实地追随 20 世纪 30 年代总统的观点，但他坚信墨西哥的未来在于发展工业，而联邦政府对公共工程的投资将有助于实现这一目标。[38] 阿莱曼比他同时代的任何一个人都更受到大型水坝的发展潜力的吸引。当他在 1945 年底的一次演讲中宣布他的总统竞选计划时，他承诺，如果当选，他将实现阿维拉·卡马乔对帕帕洛阿潘山谷的计划，"这是墨西哥一个具有无限经济潜力的地区"。这样一个项目将需要"建立一个去中心化的机构，拥有足够的权威和生态资源，以同时解决一个地区多方面的问题"。在这次演讲中，阿莱曼清楚地表明了他的灵感来源，他"利用了美国的经验，那里实现了被称为'田纳西河谷系统'的计划，取得了很大的成功"。[39]

在阿维拉·卡马乔执政后期，随着政府对帕帕洛阿潘盆地的规划不断升级，两次重要的赴美考察之旅将这一河谷与田纳西州的关系交织在一起。第一次是李林塔尔在 1945 年 12 月对墨西哥的访问。表面看来,这是一个漫长的假期,这位田纳西河流域管理局主席与墨西哥政府官员取得了联系,并安排参观了正在进行的水坝和灌溉项目。当他参观墨西哥中部的乡村时,李林塔尔对他的机构和墨西哥之间已经建立的明显联系感到惊讶。李林塔尔回忆道:"在'遥远的偏僻地区',我不仅遇到了前田纳西河流域管理局工程师和在田纳西河流域管理局培训过的年轻墨西哥人,还看到了从我们这里购买的建筑设备,卡车和吊车上还印有'田纳西河流域管理局'的字样。"然而,李林塔尔在此行中最重要的会议是与阿莱曼和奥里夫·阿尔巴的会谈。两人兴奋地向田纳西河流域管理局主席描述了"他们按照田纳西河流域管理局的思路开发帕帕洛阿潘河流域的梦想"。[40] 可想而知,李林塔尔被迷住了,他向两人承诺,他"将在帕帕洛阿潘项目的任何阶段提供咨询,只要出现与田纳西河谷相似的问题"[41]。

第二次交流把阿维拉·卡马乔的农业部部长戈麦斯带到了田纳西河谷,他在洛克菲勒基金会进入墨西哥农业的过程中充当了重要的中间人。戈麦斯本身是一名水利工程师,他长期以来一直关注田纳西河流域管理局,以及"我们可以从田纳西河流域管理局中学到什么,用以发展墨西哥的灌溉系统和我们的农业地区"。[42] 在李林塔尔访问墨西哥后不久,戈麦斯于1946年4月飞往诺克斯维尔,参观诺里斯大坝和方塔纳大坝,与田纳西河流域管理局的董事会会面,并参观示范农场。[43] 在诺克斯维尔为他举行的宴会上,谦虚的戈麦斯向与会者承认:"参观田纳西河流域的工程,是在理解我们这个时代最有希望的成就之一。世界上到处都有贫穷的农民,如果我们不希望在每个国家的疆域内出现萧条和公众不安,甚至革命,那么我们所有人都必须帮助这些农民。"[44] 从戈麦斯的话中我们可以清楚地看出,到1946年,卡德纳斯式的社会话语体系已经退却了。按照戈麦斯的说法,墨西哥版的田纳西河流域管理局不会是一个革命性的大坝——它将阻止乡村进一步革命的可能。不过,到了1946年,这样的声明在墨西哥执政党内并非不合常理。

从田纳西河到帕帕洛阿潘河

墨西哥政府与田纳西河流域管理局之间的对话在卡德纳斯时期开始，在阿维拉·卡马乔时期加速，在阿莱曼于 1946 年 12 月宣誓就任总统时达到顶峰。作为墨西哥自 1911 年以来第一位民选的文职国家元首，阿莱曼的当选标志着卡德纳斯激进主义的戏剧性逆转，许多历史学家都认为此时墨西哥革命出现了严重的右转。[45] 这种转变在阿莱曼的就职演讲中得到了体现，他在演讲中对社会正义的革命理想进行了口头上的宣传，但强调应由技术专家而非民粹主义领导人来管理，强调商业的安全和稳定，最重要的是强调经济增长。阿莱曼将目光投向墨西哥农村，表明他的农业计划将以追求"农村和平"为目标。政府的首要目标是增加农业生产，希望能提高困扰全国近 1300 万农村居民的"极低的生活水平"。为了实现这一目标，总统强调了灌溉计划和建设新的定居点的首要重要性，这可能可以"解决某些地区农民人口过多的问题"。帕帕洛阿潘项目虽然没有正式命名，但显然是展示这一愿景的舞台。[46]

在他担任总统的头几个月，阿莱曼采取了三个决定性的步骤来实现他对帕帕洛阿潘河流域的改造计划。首先，他彻底改革了联邦水资源管理的官僚机构，使一个将水利工程和社会工程相结合的宏伟项目成为可能。在以前的政府管理下，田纳西河流域管理局的"综合发展"原则上是不可能实现的。尽管国家灌溉委员会是一个异常强大的联邦机构，但它的活动仅限于农业，而改善饮用水供应的工作则由卫生和公共福利部负责，防洪由公共工程部负责，印第安人村社建设由农业部负责，等等。因此，阿莱曼下达的第一批总统令就包括从灌溉局的废墟中成立水利资源部（Secretaría de Recursos Hidráulicos），来解除这种具有限制性的司法等级制度。正如罗斯福从各州和其他政府机构手中夺取了对田纳西河流域管理局的管辖权，水利资源部也将获得前所未有的中央组织权和自治权。阿莱曼选择了阿维拉·卡马乔手下的灌溉部门前主管奥里夫·阿尔巴，由他来监督这个新的庞大的联邦机构。[47]

其次，1947 年 2 月，阿莱曼创建了帕帕洛阿潘委员会，这是水利资源部的一个附属机构，将协调和实现总统改造其家乡河谷的宏伟计划。该委员会与田纳西河流域管理局非常相似，将构成"一个有机的管理机构"，拥有"在技术和行政方面的统一行动"。它将运用"其最广泛的权力，以作为这一广大地区进步的坚实基础，通过灌溉促进农业发展，并利用帕帕洛阿潘河的巨大水量和流量发电"[48]。执政党的喉舌媒体《国家报》用更直白的语言描述了该委员会的目标：总统的努力将"让 60 万农民生活在现在只居住了 17 万人的地方，将一个落后的印第安人群体纳入文明世界，并最终将一种原本具有破坏性的力量转化为人类的仆人"。[49]

最后，总统开展了自己的考察之旅，亲自参观了田纳西河流域管理局的工程。为了寻求帕帕洛阿潘项目的灵感，阿莱曼在 1947 年 4 月访问美国的行程中增加了亚拉巴马州和田纳西州。在他抵达之前，他派出了一个技术专家小组，包括帕帕洛阿潘委员会主席雷纳尔多·谢加（Reynaldo Schega）和该项目的执行秘书爱德华多·查韦斯（Eduardo Chavez），让他们花一个半星期的时间来研究该地区。[50]总统本人在访问华盛顿后于 5 月 5 日飞往查塔努加。在接下来的两天里，阿莱曼旋风式地参观了田纳西河流域管理局的工程。[51]5 月 6 日上午，总统和他的技术专家团队参观了查塔努加北部的奇卡莫加大坝（图 6.2）。在大坝的发电室里，阿莱曼惊叹于十几英尺高的涡轮机，并就农村电气化的奇迹发出了哲理性的讨论。"墨西哥面临着类似田纳西河流域管理局开发田纳西河谷时面临的问题"，他告诉查塔努加的记者，他的政府希望以"和你们类似的方式"解决这些问题。[52]离开大坝后，阿莱曼坦率地向墨西哥城的新闻界承认："这些工程可以在帕帕洛阿潘河上完成。"[53]

然而，这次旅行最重要的一站是在马斯尔肖尔斯，在那里，阿莱曼看到田纳西河流域管理局不仅改造了山谷的地貌，而且还改造了其

图 6.2　1947 年 5 月 6 日，田纳西州查塔努加，阿莱曼总统（左四）站在奇卡莫加大坝旁

图片来源： Image no. KX-02828-A6. Courtesy of the Tennessee Valley Authority.

社会和经济结构。阿莱曼一行人于 1947 年 5 月 6 日下午绕道飞行，从空中参观了方塔纳大坝、惠勒大坝和冈特斯维尔大坝后，在马斯尔肖尔斯降落。在参观完威尔逊大坝后，他们驱车前往亚拉巴马州北部的乡村，田纳西河流域管理局官员坚持要让阿莱曼看到农村发展的人性化一面。他们的目的地是一个由洛克家族经营的示范农场，后者曾经作为白人棉花佃农居住在这个农场里（图 6.3）。正如洛克家族热情洋溢地告诉阿莱曼的那样，田纳西河流域管理局的磷酸盐肥料和作物多

图 6.3　1947 年 5 月 6 日，阿莱曼总统与亚拉巴马州马斯尔肖尔斯的一个前佃农家庭在一起

图片来源： Image no.KX-02828-A1.Courtesy of the Tennessee Valley Authority.

样化政策使得土壤恢复了肥力，他们也因此获得了尊严，因为他们已经购买了土地，并成为独立的土地所有者。棉花这个曾经困扰着这个家庭并使其负债累累的白色祸害，现在已经不见踪影了，取而代之的是豆类、牧草和牲畜。阿莱曼深受震撼。总统对老洛克说："这就是我们希望尽快能在墨西哥实现的事情。我们国家有很多土地和你改良前的土地一样没有价值，你今天在这里向我展示的东西，对我们在墨西哥规划类似的计划非常有价值。"[54]

阿莱曼并不是唯一一个将美国南方和墨西哥农村相提并论的人，美国和墨西哥的记者同样坚持不懈。亚拉巴马州的《亨茨维尔时报》（*Huntsville Times*）宣称，"墨西哥有许多问题与我们的问题相同"，强调其中不受管控的河流、干旱的土地和"最原始的耕作方法"。[55]《伯明翰新闻报》*(The Birmingham News)* 指出，田纳西河流域管理局建设前的亚拉巴马州北部"被掏空的、被侵蚀的荒地，在许多方面与墨西哥的大部分土地情况相似"。[56] 在墨西哥城，总统访问期间和之后的新闻报道向读者介绍了田纳西河流域管理局的历史，包括美国南部的地图，以及大坝和他们声称已经改变了的乡村的大幅照片。启示式的宣言比比皆是。一位记者坚持认为，田纳西河流域管理局代表了"为驯服地球上盲目的毁灭性力量所做的最伟大的工作"；而另一位记者观察到，一个地区"曾经是荒地，现在是花园"[57]。墨西哥媒体不时提到田纳西河流域管理局的社会愿景，但这种愿景显得相当模糊。虽然一名记者指出，田纳西河流域管理局催生了"直接惠及贫困阶层的新产业"，但其他大多数记者都避开了有关阶级和贫困的讨论，而是强调电气化、农业生产力和改善的公共卫生。[58] 在几乎所有的墨西哥新闻报道中，记者们从田纳西河谷无缝跳到墨西哥南部的河谷。《至上报》的一则新闻头条标题写道，"阿莱曼将在帕帕洛潘河流域复制一个田纳西河谷的样板"[59]。

水利资源部部长奥里夫·阿尔巴是将美国南方模式应用于墨西哥的最有力的支持者，他只会鼓励这种简单的比较。1947 年 5 月，奥里夫·阿尔巴回到墨西哥城，在接受《环球报》的采访时，他解释说："田纳西河谷的作品可以作为帕帕洛阿潘河谷实施类似项目的范例。"[60] 在谈到将这两条河谷联系在一起的"相似特征"时，他首先强调了水力发电的潜力。正如美国南部的情况一样，廉价的电力"将完全改变帕帕洛阿潘河流域的农业生产状况，并极大地提高当地居民的生活水平"[61]。但在对这两个地区进行类比时，奥里夫·阿尔巴也塑造了田纳西河流域管理局的神话，以适应阿莱曼政府的独特愿望。他对记者说："看看十四年前启动这些工程之前的田纳西河谷——那里也有像帕帕洛阿潘河流域那样人口稀少的地区，它们成长起来了，形成了建设新农场的基础。"[62] 在为政府的沿海定居计划寻求支持时，奥里夫·阿尔巴设想了一个可以为己所用的田纳西河流域管理局的历史，策略性地忽略了田纳西河流域管理局当年主要面对的问题其实是人口过剩而非稀少。

然而，这些过于简单的类比一定会引起抵制和反击，可能来自那些支持民族主义或认为这种类比很虚假的人，因为就在仅仅几周后，政府进行了战术上的反转。1947年6月，这位水利资源部部长在对墨西哥工程师和建筑师协会发表的一次演讲中，尴尬地改变了自己先前的类比观点，后来这一变化被几家报纸连载，标题为《田纳西河和阿莱曼总统面对帕帕洛阿潘河》。奥里夫·阿尔巴对"一些作家的错误评价"感到沮丧，他试图在他的演讲中阐明"田纳西河和墨西哥的河流之间的本质区别，以一劳永逸地消除帕帕洛阿潘河将是田纳西河的翻版这一概念"[63]。奥里夫·阿尔巴也首次承认两者之间存在根本性的差异：田纳西河谷是"一个人口过剩的地区，多年来一直处于耕种状态，土壤被单一种植的棉花所侵蚀并变得贫瘠"，那里"生活水平与美国的平均水平相比非常低"。而帕帕洛阿潘河流域则"基本是个处女地，人口稀少，土壤未受侵蚀，非常肥沃"[64]。尽管存在这些差异，帕帕洛阿潘委员会相对田纳西河流域管理局的真正不足在于，它建立了一个"去中心化的机构，将只关注解决该河流的问题"[65]。在奥里夫·阿尔巴看来，田纳西河流域管理局的官僚组织和多管齐下的综合发展方法将被证明对墨西哥最有用。

奥里夫·阿尔巴公开否认在墨西哥南方可以完全复制美国南部的经验，坚持认为帕帕洛阿潘委员会不仅仅是对田纳西河流域管理局的简单模仿。然而，这样的声明不太可能成功地将田纳西河和帕帕洛阿潘河在公众心目中切割开，媒体对这两者的比较也仍在继续下去。[66] 可以肯定的是，在接下来的几年里，田纳西河流域管理局和阿莱曼政府之间的关系越来越密切，特别是通过田纳西河流域管理局工作人员的不断南下交流。在1946年阿莱曼成为总统后，墨西哥就开始对田纳西河流域管理局提出借用技术人员，奥里夫·阿尔巴在其任期的头两个月就两次写信给李林塔尔，寻求雇用一名地质学家和水电工程师。[67] 然后，在1947年5月阿莱曼巡视田纳西河谷期间，总统的团队与田纳西河流域管理局谈判，以派遣"一支技术人员组成的团队"，为墨西哥的大坝建设项目提供咨询服务。[68] 田纳西河流域管理局的员工听说墨西哥有工作机会，也给阿莱曼政府写信，寻求在帕帕洛阿潘河谷项目上工作。[69] 这种双向满足的兴趣最终促成了多次人员交流。1948年夏天，田纳西河流域管理局的首席地质学家伯伦·O.芒宁美克（Berlen O. Moneymaker）在帕帕洛阿潘河流域的盆地花了七周的时间，对建设大坝的可行性进行调查和报告。[70]

有些人事交流是短暂的，比如芒宁美克的交流。而另一些交流则具有连续性，持续了数年。杰拉德·H.马修斯（Gerard H. Matthes）在墨西哥交流的职业生涯就是如此，他是一名水利工程师和田纳西河流域管理局顾问，他的职业生涯开始于亚瑟·摩根在俄亥俄州迈阿密水利保护区的工作。马修斯在美国南部的防洪方面有丰富的经验。在20世纪30年代和40年代，他曾为田纳西河流域管理局和陆军工程兵团的密西西比河委员会做咨询工作。1947年12月，奥里夫·阿尔巴写信给马修斯，雇用他为墨西哥南部的防洪工作提供服务，因为帕帕洛阿潘河谷的工程"出现了某些与密西西比河类似的问题"。[71] 奥里夫·阿尔巴除了关注田纳西河的工程项目，还关注密西西比河上的工程项目，这表明他对美国南部的关注甚至超过了对田纳西河流域管理局的关注。水利资源部的负责人希望马修斯能将他的专业知识用于帕帕洛阿潘河的整治工作中，即在河流最蜿蜒的转弯处开凿河道，以尽量减少洪水产生的可能性。马修斯同意了，在接下来的四年里，他共在帕帕洛阿潘河流域待了好几个月，监督了一项大规模的工程，就是改变河道走向。他的观察和报告充满了对帕帕洛阿潘河和田纳西河及密西西比河流域的水文和社会的比较，这是可以想见的。[72]

1947年后，帕帕洛阿潘委员会开始了轰轰烈烈的行动，指挥数千名的工人、工程师和官员，搬运了数不清的泥土和混凝土。田纳西河流域管理局的官员在访问帕帕洛阿潘河谷盆地时，对这两个项目之间的相似之处感到惊讶。著名的田纳西河流域管理局建筑师罗兰·万克（Roland Wank）设计了该局的第一座大坝，他在1951年参观帕帕洛阿潘河谷后认为，"田纳西河流域管理局的人们如果知道他们设计的榜样在墨西哥取得了多大的成就，将对他们有好处"。[73] 厄尔·D.黑尔（Earl D. Hale）是田纳西河流域管理局信息办公室的一名员工，他在1952年初参观了帕帕洛阿潘河流域，并对"墨西哥处理问题的方法与我们在田纳西河谷的想法如此相似感到惊讶"。[74]

然而，这种简洁的比较提出了一个根本问题：帕帕洛阿潘委员会到底取得了什么成就？它与田纳西河流域管理局的相似程度究竟如何？对大多数观察家来说，两者之间最明显的相似之处是米格尔·阿莱曼大坝，该大坝于1955年建成时是墨西哥最大的水坝，在外观上与田纳西河流域管理局的混凝土重力坝类似。米格尔·阿莱曼大坝消耗了帕帕洛阿潘委员会最大的开支，它阻挡了帕帕洛阿潘河的主要支流通托河（Río Tonto）的水流，并反过来在瓦哈卡州的山区形成了一个巨大的水库。然而，与田纳西河流域管理局建立的大坝不同的是，这一大坝的主要目的不是发电，而是为了控制下游流域的洪水，直到1960年这一大坝才开始陆陆续续地发电。防洪的需求也推动建立了帕帕洛阿潘河上第二昂贵的工程项目，即建造多个截流防洪堤，以"纠正"河流的扭曲弯道。大坝和防洪堤在遏制帕帕洛阿潘河频繁的洪水方面相当成功，并稳定了韦拉克鲁斯沿海平原的工业和农业的发展。然而，下游流域的安全是以瓦哈卡上游流域的牺牲为代价的，因为米格尔·阿莱曼大坝使2万多人流离失所。沙地上的马萨特克印第安人被委员会的人类学家重新安置，并试图将其"墨西哥化"。考虑到阿莱曼的突出参与——他是韦拉克鲁斯下游盆地的本地人，很难说是原住民自治和独立的倡导者——这并不令人惊讶。[75]

帕帕洛阿潘河谷项目在其次要目标——计划性定居方面也与田纳西河流域管理局有所不同。在联邦政府将农村居民从墨西哥人口稠密的中央高原抽调到热带海岸的行动的推动下，帕帕洛阿潘委员会在基础设施方面投资了数百万比索，以吸引潜在的定居者。实现这一目标的关键是在帕帕洛阿潘河畔建造一座新的城市，以容纳工人和官员生活——不出所料，它被命名为阿莱曼城（Ciudad Alemán），规划者梦想着将它发展成为一个大都市。为了将这个新城市与山谷和国家联系起来，委员会在整个流域的上游和下游修建了数百英里的高速公路——在许多地方，这是有史以来修建的第一条铺面公路。虽然新的公路成功地穿越到了以前与世隔绝的农村社区，但委员会对阿莱曼城的宏伟计划从未实现。这座城市是为了容纳15万居民而建造的，但在规划时没有考虑到河谷地区的人口格局，且城市从未发展到这个规模，使在城市内交错的宽阔的联邦公路显得荒谬。尽管阿莱曼城的梦想破灭可能是殖民运动中最明显的失败，但开发新农业区的计划也遇到了类似的障碍。经过短暂的宣传和投资，1952年，阿道夫·鲁伊斯·科蒂内斯的新政府终止了将帕帕洛阿潘河作为主要灌溉水源的项目。[76]

然而，也许最重要的是，帕帕洛阿潘河谷项目在其社会经济和政治影响方面，与田纳西河流域管理局项目有很大的不同。无论是田纳西河流域管理局的主要设计师亚瑟·摩根还是李林塔尔，都不会对帕帕洛阿潘盆地所发生的变化感到满意。亚瑟·摩根坚持维护小型社区的价值，以平衡工业和农业，他被迷恋宏大理想的委员会所排斥。事实上，帕帕洛阿潘项目的最大受益者是下游盆地的大型农业企业，在委员会工作的几年里，流域地区的财富越发集中。李林塔尔可能会称赞阿莱曼和奥里夫·阿尔巴在将孤立的农村社区纳入全国市场方面取得的成功，但他不会看到有任何证据表明，这是以民主或参与性的方式完成的，正如他在《民主进行曲》中所坚持的那样。像墨西哥新兴的一党制国家的其他部门一样，帕帕洛阿潘委员会的特点是家长式的庇护主义，而发展的机构几乎没有公民参与的空间。[77] 奥里夫·阿尔巴本人后来承认，他的委员会最终是"国中之国"，"真正统治"了这个地区。[78] 政治科学家詹姆斯·C. 斯科特（James C. Scott）认为，对秩序、合法性和控制力的意识形态信仰是最初的动机，激励了田纳西河流域管理局，但它的"高度现代主义计划被美国的抵抗性公民社会打倒在地"。[79] 帕帕洛阿潘委员会掌握的权力证明，在墨西哥南部基本上没有这种来自民间的抵抗。

最后，帕帕洛阿潘项目和田纳西河流域管理局之间的相似之处主要是话语上的和形式上的。阿莱曼和奥里夫·阿尔巴从田纳西河流域管理局中直接借用的是其自治官僚机构，以及其使区域发展成为一个重新释放经济、生态和社会的协调运动的任务。除此之外，这两个项目在很大程度上是不同的。然而，阿莱曼在韦拉克鲁斯和瓦哈卡的项目并不是唯一一个受田纳西河流域管理局影响而产生的河流流域委员会。就在政府透露了按照田纳西河的形象改造帕帕洛阿潘河的计划几周后，墨西哥最著名的农民运动人物拉萨罗·卡德纳斯带头努力在米却肯州的特帕尔卡特佩克河流域开展一个姊妹项目。他所追求的出人意料的独特计划，以及激发这个项目的跨国考察，揭示了墨西哥河谷的开发与美国一样充满多样化和矛盾。

一个卡德纳斯主义的田纳西河流域管理局？

在 1940 年卸任总统职位后的几十年里，卡德纳斯在墨西哥政治中留下了无可比拟的影响。与革命的暴力年代的流行英雄形象，特别是埃米利亚诺·萨帕塔和潘乔·维拉不同，卡德纳斯和平地结束了他的历史时期，并拒绝从公众的视线中淡出，这常常让他的继任者们感到恼火。在卸任后，卡德纳斯扮演了一个尴尬的双重角色。一方面，他试图保持他在任期间付出巨大心血的一党制的合法性。另一方面，他作为墨西哥左翼的资深智者，推动党内的言论向农民和工人的利益倾斜，并经常质疑墨西哥城的政治精英。在"二战"期间，卡德纳斯静悄悄地担任了国防部部长，以示对继任的阿维拉·卡马乔政权的支持，之后开始在国家政治中发挥影响力。尽管他在 1940 年后以神秘的公众形象赢得了"吉基尔潘（他的家乡）的斯芬克斯"的绰号，但在幕后，卡德纳斯成为左翼的重要代表。[80]

1947 年 4 月，在阿莱曼宣布联邦政府将大规模改造帕帕洛阿潘河谷的计划之后，卡德纳斯给新总统写了一份大胆的建议。他们的共同目标是"提升国家的农业和工业发展水平"。卡德纳斯表示可以通过"个人努力"，在米却肯州的特帕尔卡特佩克盆地建立并监督一个类似的项目。[81] 特帕尔卡特佩克河从墨西哥中央高原的西南角流入太平洋，与帕帕洛阿潘河有些相似。这两条河谷的特点是，上游流域多山，居民密集，下游流域物产丰富，有大庄园，但其他地方人口不足，疾病泛滥，缺乏基础设施。在波菲里奥期间，在两条河谷的肥沃的热带低地，种植园农业规模都急剧增长。然而，在革命历史中，这两个地方有很大不同。帕帕洛阿潘河流域的韦拉克鲁斯农民联盟在试图打破大型种植园经济方面基本上没有成功，但在米却肯州，特帕尔卡特佩克低地的农民找到了一个受欢迎的盟友——本地人卡德纳斯。1938 年，卡德纳斯戏剧性地征用了意大利库西家族在新意大利和隆巴迪亚的生产用地，并将其分给九千名农民，使特帕尔卡特佩克山谷的肥沃的热带低地成为全国最突出的土地改革范例之一。[82]

正如卡德纳斯给阿莱曼的建议所证明的那样，他对特帕尔卡特佩克盆地的承诺在他卸任总统后仍长期存在。他在1947年提出的改造山谷的方案与阿莱曼早先对帕帕洛阿潘河流域改善的声明相似，但也展示了提出者长期以来对印第安人村社农业和农民利益的承诺。首先，卡德纳斯建议制订一个统一的公共卫生和道路建设计划，以实现对热带低地的居民扩张运动，缓解米却肯州其他地方"印第安人村社中心存在的人口过剩"问题。但是，除了对总统的新"生产计划"做出这样的回应姿态，卡德纳斯认为在特帕尔卡特佩克河的河谷委员会可以支持20世纪30年代的土地改革成果。由于缺乏联邦投资和信贷"使农民阶级的处境更加艰难"，卡德纳斯恳请国家印第安人村社信贷银行向特帕尔卡特佩克河谷地区注入资金，并为农村学校配备新的教师队伍。[83] 可能是为了权衡这位前总统的政治影响力和近乎神话般的地位，阿莱曼向卡德纳斯承诺，他将启动对该项目的可行性研究。[84]

在他给阿莱曼的提案中，卡德纳斯没有明确地将田纳西河流域管理局作为规划特帕尔卡特佩克盆地工程的灵感来源。事实上，在他的职业生涯中，卡德纳斯一直不愿意公开承认来自美国的影响。然而，可以肯定的是，当他在1947年春天起草米却肯州的计划时，他想到了田纳西河流域管理局。如前所述，卡德纳斯从20世纪30年代起就对田纳西河谷产生了兴趣，这源于他与弗兰克·坦南鲍姆和农业部部长戈麦斯的交谈。[85] 卡德纳斯经常满腹同情心地对他年幼的小儿子夸特莫克谈到田纳西河流域管理局为"改善生活"和提供机会所做的努力。[86] 在田纳西河流域管理局主席李林塔尔于1945年访问墨西哥后，卡德纳斯给他写信，称赞"你在田纳西河谷的重要工作"，这对墨西哥的农业地区"将有很大的好处"。[87] 同样，关于卡德纳斯的特帕尔卡特佩克计划的新闻报道坚持认为，与阿莱曼的帕帕洛阿潘河谷项目一样，它也从"田纳西河谷完成的自然区域统一开发的典范工作"中获得了灵感。[88]

在卡德纳斯的推动下，1947年5月，阿莱曼总统公布了第二个河谷委员会的计划，负责"规划和建设必要的工程，以综合开发特帕尔卡特佩克河广阔河谷的自然资源"。[89] 6月1日，他公开任命卡德纳斯为该项目的首席执行官，即项目主任。[90] 在墨西哥的保守派中，这一消息引起了轩然大波，因为它证明了令人讨厌的卡德纳斯又回到了重要的权力位置。《环球报》的编辑拉斐尔·苏巴兰·卡普曼尼（Rafael Zubarán Capmany）尤其愤怒，他对卡德纳斯的任命表示"深深的惊讶"，认为卡德纳斯是一个"受社会教条启发的破坏性力量"。在苏巴兰眼里，"要执行技术工作，就必须是一个技术专家，而卡德纳斯将军并不是"。然而，为了证明他对这一任命的批评是正确的，这位编辑援引了田纳西河流域管理局，其"在管理中禁止政治"的做法可为典范。苏巴兰认为，"每当有人试图在田纳西河流域管理局的运作中注入政治因素时，无论多么强大，美国的每个角落都会提出抗议"，墨西哥也应该效仿。他的批判性比较揭示了流动的田纳西河流域管理局神话如何在墨西哥境内被用于截然不同的用途。[91]

尽管遭到了这样的拒绝，特帕尔卡特佩克项目仍将成为后革命时期墨西哥最重要的发展项目之一。卡德纳斯在20世纪40年代末和50年代监督了米却肯州低地的大规模建设活动，但这个活动远没有帕帕洛阿潘项目那么高调。道路是最重要的，卡德纳斯认为，这些道路将把生产者与全国市场联系起来。到1950年，委员会已经在该盆地修建了20多条公路。水利工程也是必不可少的，但与帕帕洛阿潘委员会的巨大工程相比——该委员会将数不清的资金投入一个更具展示性的大坝的建设中——卡德纳斯监督了小型灌溉用途大坝的建设，并与运河搭配，将水输送到遥远的农场。到1961年，特帕尔卡特佩克委员会声称，已经为超过20万英亩土地提供了灌溉服务，主要受益者是当地印第安人村社的农民。伴随着基础设施投资的是墨西哥历史上最全面的公共卫生运动之一，这一努力在很大程度上根除了曾经肆虐的热带疾病，如疟疾和肺结核等。正如卡德纳斯经常对来访者和记者所声称的那样，他的委员会的工作是"决定印第安人村社未来的关键"，如果它的经验被国有化,"墨西哥的所有农业迟早都会被合作管理"。[92]

奇怪的是,卡德纳斯对特帕尔卡特佩克项目的管理使他更亲近田纳西河谷,并最终促使他对美国进行了首次访问。1954年1月,已经领导特帕尔卡特佩克委员会7年的卡德纳斯向田纳西河流域管理局表示,他"计划在5月前抽出一些时间访问田纳西河流域管理局"。[93]虽然他最终推迟了这次旅行,但卡德纳斯对该机构的兴趣挥之不去。1955年10月,他在日记中承认,"田纳西的工业区是我对美国感兴趣的工程之一",他希望"明年"能亲自去看看。[94]但在他自己去美国之前,1957年,卡德纳斯派他23岁的儿子夸特莫克调查田纳西河谷项目的成就。夸特莫克出生于1934年,也就是他父亲成为总统的那一年,他在墨西哥国立自治大学接受土木工程师的教育,并于1955年获得本科学位。1957年8月,年轻的夸特莫克代表特帕尔卡特佩克委员会和联邦电力委员会,与他在墨西哥国立自治大学的2位同学前往田纳西河谷。[95]这3位墨西哥工程师在诺克斯维尔待了10天,参观了田纳西河流域管理局的各种项目。对夸特莫克来说,这次旅行是一次大开眼界的机会。这位年轻的工程师在旅行结束后给田纳西河流域管理局主席赫伯特·沃格尔(Herbert Vogel)写信,描述了他对"你们正在开发的和已经成功的神奇工作保有敬畏之情"[96]。但私下里,夸特莫克对他在田纳西州看到的种族隔离制度感到震惊,他清楚地记得"写着'禁止黑人进入'的标志"。[97]

1959年初,老卡德纳斯终于实现了他已经考虑了近20年的旅行。2月2日,卡德纳斯和他的儿子在一干朋友和工程师同伴的陪同下,抵达诺克斯维尔,参观田纳西河流域管理局的总部(图6.4)。在接下来的2天,他们参观了诺克斯维尔西南部田纳西河上的劳登堡大坝(图6.5),并参观了附近劳登县的示范试验农场。[98]卡德纳斯与田纳西河流域管理局领导层详细讨论了他们"在开发自然资源方面的共同问题"。[99]在管理局总部,他们坐下来观看了1944年的宣传片《田纳西河谷》(*The Valley of the Tennessee*),该片描述了综合发展如何拯救了"生活在一片废墟上的被忽视的人们",后者曾经"在贫瘠的土地上挣扎求生"。看到这个河谷和它正在与贫困作斗争,这群人的印象深刻。一位田纳西河流域管理局的员工指出,来访的墨西哥人"似乎对这个地区所做的事情非常感兴趣,印象深刻",同时还坚持认为"我们中的一些人要去墨西哥看看他们在综合资源开发方面正在努力实现的目标"。[100]

图 6.4　1959 年 2 月 3 日,夸特莫克·卡德纳斯和拉萨罗·卡德纳斯与田纳西河流域管理局主席赫伯特·沃格尔在田纳西州诺克斯维尔

图片来源: Image no.KX-03914,Tennessee Valley Authority.

图 6.5　1959 年 2 月 3 日,拉萨罗·卡德纳斯(前排右)穿过田纳西州内诺尔市的劳登堡大坝

图片来源: Image no.KX-03918,Tennessee Valley Authority.

对于几十年来一直对田纳西河流域管理局保持好奇心的卡德纳斯来说，这次旅行具有启示意义。卡德纳斯在日记中写道，他认为"田纳西的系统以其肯定的结果证明了该组织的益处"。然而，在得出这样的结论时，特帕尔卡特佩克项目的负责人更多是在展望未来，而不是沉浸在过去。"如果（墨西哥）和其他国家在全国范围内采用同样的系统，将朝着解决影响每个国家的社会经济问题迈出决定性的一步，帮助那些缺乏生存必需技能和物资的贫困人口。"[101] 在田纳西河流域管理局的水利社会工程中，卡德纳斯看到了继续困扰墨西哥农村问题的解决方案。然而，到了1959年，卡德纳斯认为墨西哥的斗争与"其他国家"的斗争是可以互换的，而不是其自身特定历史和文化的产物——这观点在早些年是不可能产生的。

这种与田纳西河谷的比较不仅仅是哲学上的思考，因为卡德纳斯将继续在领导墨西哥河谷发展中发挥积极作用。1961年，阿道夫·洛佩斯·马特奥斯（Adolfo López Mateos）总统将特帕尔卡特佩克委员会并入新成立的巴尔萨斯委员会（Comisión del Balsas），这是一个更庞大的机构，旨在解决贯穿八个州的巴尔萨斯河整个地区的经济问题，特帕尔卡特佩克河只是众多支流中的一条。洛佩斯·马特奥斯对卡德纳斯在米却肯州的受欢迎程度做出了判断，将其视为加强项目合法性的资本，于是任命卡德纳斯为新委员会的主席。在卡德纳斯于1970年去世前的九年里，他和担任总工程师的夸特莫克指导了一个包括数百万居民在内的地区生态发展计划。虽然在官僚结构组织上，这个大型委员会与特帕尔卡特佩克委员会相似，但巴尔萨斯项目偏离了早期机构对农业发展的强调，而是倾向于工业增长。在卡德纳斯的指导下，该委员会在巴尔萨斯河上建造了几座大型水电站大坝，为米却肯州拉斯特鲁查斯的一家备受关注的钢铁厂发电。与此同时，卡德纳斯一直关注着田纳西河流域管理局的教训。1962年，他给其总部写信，要求提供机构出版物，并要求"田纳西河的朋友们可以访问巴尔萨斯河，以便我们可以听取你们的意见，并从你们公认的经验中获得建议"。[102]

考虑到卡德纳斯在墨西哥革命的土地改革中的突出作用，许多人对特帕尔卡特佩克和巴尔萨斯的试验充满希望，认为这两个试验证明了印第安人村社经济模式可以成为国家农业的一种可行的未来。他们在很大程度上会感到失望。尽管这两个委员会一直努力确保联邦政府投资的成果归属印第安人村社集体，但农业繁荣的最大受益者还是私人土地所有者，这主要是由于委员会本身无法控制的外部压力造成的。因为大多数印第安人村社农民都依赖国家的资金和技术指导，他们不得不种植规定的作物。在特帕尔卡特佩克盆地和在全国其他地方一样，农民主要种植出口作物，特别是酸橙、甜瓜和棉花，这些作物的种植面积在20世纪50年代和60年代在米却肯州的热带低地中急剧上升。但是，热带低地的生态环境有利于无数昆虫和疾病的生长和产生，确保这些作物收获需要密集的化学虫害管理和机械化种植。虽然许多印第安人村社试图适应这个变化的世界，但信贷投入和制度支持大多数时候都是不充足的，而且大多数人无法与私人商业农民竞争。印第安人村社农民越来越多地将他们的土地非法租给大的私人地主，由其来管理，而以前的土地占用者则放弃了他们的土地。因此，在米却肯州，卡德纳斯式的关于生产和自给自足的农村无产阶级的梦想将慢慢消亡，被冷漠的国家机器和敌对的政治氛围所忽视和遗忘。[103]

墨西哥国家对河谷开发的迷恋来自国家和全球历史上的一个特殊时刻，当时改革者们用科学、国家规划和对自然的控制可以完善人类社会的千年承诺来唤起公众支持。帕帕洛阿潘项目及后来以其为蓝本创建的河流流域管理项目——1951年的富埃特河和格里哈尔瓦河（Río Fuerte and Río Grijalva）委员会——都出自这种本能，特帕尔卡特佩克项目也是如此，但其效仿的程度较低。然而，这一时刻昙花一现，在章程颁布之后一代人的时间里，阿莱曼时期提出的许多雄心勃勃的项目已经失去了光彩。它们的环境和社会成本经常超过其可证明的利益，公众对宏伟的发展计划感到失望，这些项目越来越难以证明其开展的合理性。随着卡德纳斯在1970年去世，国家将巴尔萨斯委员会并入农业部，从而结束了它。帕帕洛阿潘项目在 20 世纪 60 年代和 70 年代重新获得资金，蹒跚而行，直到政府在 1982 年将其解散。在新自由主义政治家的眼中，这些项目的功能最好由私营企业来发挥。但在墨西哥南部农村，这些项目的遗产是不可磨灭的，被记录在混凝土纪念碑和被永久改造了的人文地理中。

小结

在大萧条爆发后的 30 年里，美国和墨西哥政府都认为，在国内经济边缘地区，河谷流域是克服贫困和欠发达问题的基本地理单元。他们对水利科学和中央集权的国家规划的结合，有着近乎乌托邦式的信念，为改造这些广大地区倾注了无数的资源。罗斯福的新政授权强大的田纳西河流域管理局干预美国南部的文化、经济和社会。田纳西河流域管理局诞生于相互冲突的意识形态中，在其发展的第一个十年中，它努力定义自己的社会使命，同时监督 20 世纪最具变革性的建筑项目之一。到"二战"结束时，通过快速城市化和工业化来解决美国南部贫困问题的强烈愿望，使该机构早先对恢复小规模农业的强调黯然失色。战后，保守派的批评和日益敌对的政治气氛使田纳西河流域管理局在国内采取防御性的立场。但它的信徒们，特别是前主席李林塔尔，把他们的信念传到了冷战时期新兴的第三世界的战场上。正如田纳西河流域管理局领导人所认为的那样，美国南部农村综合发展的成果已经成熟，现在它的种子必须被播撒四方。

革命后的墨西哥将为这些种子的发芽提供肥沃的土壤，革命前后的国家元首都把水利工程作为解决社会和政治问题的办法。如果像李林塔尔这样的田纳西河流域管理局的狂热支持者认为，将美国南部的解决方案移植到墨西哥南部会是简单或线性的，那么他们将持续感到沮丧。1933 年后，墨西哥各政治派别的人物都在考虑田纳西河流域管理局蓝图的效用，但最吸引他们的往往是那些希望扭转早先几十年的农业再分配和激进主义局面的保守派。在"田纳西河流域管理局的理念"中，像阿莱曼这样的政治家看到了解决农村贫困和不安全这一持久困境的另一种办法，而且这种办法还可以加强国家权力和合法性。这个计划即让农民移民和定居到热带南部人口稀少的低地，他们认为，这个计划将满足墨西哥中部大部分地区对土地的渴望。尽管这一目标与田纳西河流域管理局的目标大相径庭，但墨西哥领导人在20世纪40年代一直提及该机构及其所谓的非政治化的过去，以使批评者噤声，并让怀疑者放心。正如帕帕洛阿潘河流域所开展的项目所显示的那样，这些项目是农村发展方面资金支持最充足、最知名的尝试，但事实证明它并不是一个可行的方案，很难解决墨西哥农村内部的矛盾和不平等。最终，帕帕洛阿潘项目显示了拉丁美洲和美国典型的项目模式，即早期大吹大擂，然后是代价高昂的试错，国家兴趣的减弱，最终放弃。[104]

然而，阿莱曼派的右翼并不是唯一从田纳西河谷寻找农村重建经验的政治派别。卡德纳斯是20世纪中叶墨西哥农业社会正义方面最突出的声音，他率先提出从1947年开始，在米却肯州实施自己的河谷项目。与帕帕洛阿潘委员会的庞大规模形成鲜明对比的是，卡德纳斯试图建设基础设施，以促进在20世纪30年代授予的土地的农业增长和生产力提高。很多时候，他的米却肯项目与亚瑟·摩根领导的田纳西河流域管理局的早期但经常被遗忘的愿望很相似。然而，在一个国家不惜一切代价追求工业化和增加生产，在全球舞台上吹嘘墨西哥奇迹的时代，这些努力最终被推到了政治边缘。

美国和墨西哥改革者之间关于河谷开发的对话，是1929年经济崩溃所引发的更长时段的政经交流的一部分。然而，在许多方面，同田纳西河流域管理局的交流代表了一个终点而不是一个起点。早些年，在资本主义明显失败的直接后果下，两国的土地改革和农业改革的范围都要广泛得多，也更有包容性，正是在激进的20世纪30年代，墨西哥的想法在美国政治中找到了推动力。但到了40年代末，随着经济复苏，自由资本主义的思潮日益恢复，边境两侧的政治中心思想都向右转，两国平等交流的途径变窄。主要从美国流向墨西哥的河谷流域问题交流的片面性，就是这方面的典范。50年代后，随着政治家们对有关农业变革的社会经济和文化后果的辩论置之不理，观察家越来越少将美国和墨西哥的农村作对比。对许多人来说，这两个国家似乎相距甚远，很少有人记得他们的命运曾如此紧密地交织在一起。

结语

"二战"后的几年给美国和墨西哥的许多人带来了一种令人眼花缭乱的发展可能性。政治家和媒体预言一个新时代的到来，热切地拥抱和平、经济增长和社会稳定的新感受。但对鲁本·哈拉米洛（Rubén Jaramillo）和内德·科布（Ned Cobb）来说，战后的岁月带来了失望和日益强烈的背叛感。两人都是20世纪30年代农业政治运动的资深参与者。哈拉米洛曾是一位执着的农业主义者，他与总统拉萨罗·卡德纳斯合作，领导了1938年在中南部莫雷洛斯州成立的埃米利亚诺·萨帕塔糖农合作社。科布是亚拉巴马州的一名黑人农民，他在20世纪初加入了他所在州的佃农联盟，以阻止对无地农民的驱逐——这种反抗行为使他的腿部中了一枪，并在监狱中度过了12年。在动荡的大萧条时期，两人都看到了国家权力在农村的急剧扩张，都希望这种转变能给土地耕种者带来更光明的未来。

然而，当战争年代接近尾声的时候，这种希望大部分已经破灭了。在卡德纳斯下台后，哈拉米洛痛苦地观察到，后革命时期的政府将农村贫困人口边缘化，为了追求政治稳定而不是社会正义，将农民的要求合纵连横。他在1946年大发雷霆："农民们耕作到累死，而我们的剥削者却坐在他们舒适的办公室里，毫不在意。"与此同时，科布在身陷囹圄十多年后回到亚拉巴马州，发现政府的干预已经从根本上改变了农业，但它在很大程度上有利于白人、富人和地主，他们买得起联邦代理人推广的机械和化学品。到那时，新政对农村贫困人口的承诺几乎都已失效。然而，科布拒绝像他的许多邻居那样离开土地，即使"作为曾经的棉花种植佃农，在只有一匹马的农场中谋生已成为不可能"。他紧紧抓住土壤，"我即使到生命的尽头都还是养骡子的人"，但却无法劝阻他的孩子们离开亚拉巴马州的农村，选择北方城市生活的不确定性。如果说科布屈服于低声下气的默许，哈拉米洛则选择公开对抗他认为背叛了他的领导层。在接下来的几年里，他和数以百计的追随者在选举挑战和武装起义之间交替进行，最终达到了一个高潮。1962 年，哈拉米洛与妻子和三个孩子被政府军残忍地杀害。[1]

在许多方面，科布和哈拉米洛都是杰出的人物。按照美国的标准，科布早期的激进主义是极其罕见的，就像他坚定地拒绝放弃小农场一样。哈拉米洛也是来自一个明显激进主义的州，他是一个著名的政治煽动家，他的惨死引起了民众不同寻常的震惊情绪。然而，他们两人的生活也交织着美国和墨西哥农村数百万人的生活。"二战"结束后不久，各国关于农村贫困和农业变革对人类影响的暴风雨般的公开辩论，都渐渐平息。随着保守派通过武力或妥协的方式压制了不同的声音，对生产力而不是不平等的关注，将主导下一代的农村政策制定。这种政治封闭性带来了深刻的变化。在 20 世纪后半叶，美国和墨西哥的农业成为专家和公司而不是普通人的领域，他们的骡子和犁被柴油拖拉机、六排耕作机和石油化工产品所取代。在这个过程中，数百万以前作为佃户、村社农民、雇工和佃农耕作的人被痛苦地连根拔起，被驱逐，尤其是在墨西哥中部和美国东南部的人口密集的农村定居地区。在 20 世纪 50 年代和 60 年代，这些难民将离开他们的父母和祖父母的世界，涌入繁荣发展的城市的贫民窟和棚户区，无论是在底特律、洛杉矶还是墨西哥城。在这一过程中，农村的贫困问题大部分没有得到缓解，它只是被输出到了城市。在墨西哥，这种全面的转变在很大程度上被认为是全球绿色革命的一种表现。很少有观察家采用这种模式来理解美国农村的重塑，尽管这种人为的区分所掩盖的远比它所揭示的东西要多得多。

美国和墨西哥的农业历史再次出现了惊人的平行发展。但是，如果说 20 世纪 30 年代漫长的共同轨迹引起了跨越边境的热烈对话，那么在 20 世纪的后半期，这样的交流就少得多。美国和墨西哥的小农户将在孤独中承受他们的命运，被冷战产生的民族主义与第一世界和第三世界之间的知识边界所孤立。如果任一国家的农民不再关注另一国家农民的困境，这并不会减少他们的共同点。在最后几页中，我们将讨论这些历史，包括趋同的和分歧的历史。[2]

战后时期对 20 世纪 30 年代的农业试验的退却，是因为在美国南部和墨西哥占主导地位的一党制政权中，保守势力得到了巩固。"二战"后，美国民主党在全国范围内向右转，但没有任何地方比南部各州表现得更明显，在那里，民主党长期以来一直控制着选举进程，并一直持续到 20 世纪 60 年代末。由于担心对吉姆·克罗种族隔离制度的反抗日益加剧，以及从战争中归来的黑人士兵的新战斗精神，1945 年后，南方民主党的精英们团结起来，并将内部的异议者逐出政党。佛罗里达州的克劳德·佩珀（Claude Pepper）、佐治亚州的埃利斯·阿诺尔（Ellis Arnall）或亚拉巴马州的李斯特·希尔（Lister Hill）等自由派的新政主义者要么失去政治席位，要么被强行逐出政党。战后为该地区发声的反动派，如密西西比州的詹姆斯·伊斯特兰（James Eastland）和南卡罗来纳州的斯特罗姆·瑟蒙德（Strom Thurmond）等政治家团结一致，反对任何可能威胁白人至上的联邦干预。在新生的冷战言论的武装下，南方民主党人反对新政的社会工程，认为其具有"共产主义"或"苏维埃"的性质。[3]

这种政治转型在对美国农村拥有最大权力的联邦机构——美国农业部——中感受尤为明显。1940 年至 1950 年，该机构的人员和指导思想经历了一次戏剧性的重塑。在"二战"的最后几年和战争结束后不久，美国农业部积极吸纳那些曾经制定农民新政政策的理想主义社会科学家。但此时吸纳的则是像杰米·惠顿（Jamie Whitten）这样的人物，他是密西西比州的一位种植园政治家，从 1949 年到 1994 年一直担任众议院农业应用小组委员会主席。正如《纽约时报》所说，他在这个职位上担任"影子农业部部长"。惠顿认为，如果美国南部农村要成为一个精干的、高效的粮食和经济作物的生产方，就必须削减那些不能适应时代变化的非生产性农民所代表的"脂肪"。他和他在美国农业部志同道合的同行们对战后面临边缘化的佃户和佃农毫无同情。惠顿是新兴的南方政治精英的代表，他们为经济增长寻求联邦政府援助，但倾向于区域经济发展而不是人类发展，换句话说，对地方富饶的重视高于对人类发展的重视。[4]

在墨西哥，与美国相比，执政党从农村社会改革中抽身出来的时间较长，这是因为墨西哥农民群体的政治动员能力较强，农业理想具有顽强的生命力。然而，随着时间的推移，国家走向生产主义而非再分配主义的道路已日渐明确。到1938年，卡德纳斯放慢了征用土地的步伐，将重点转向联邦政府对现有印第安人村社的信贷、灌溉和教育的投资上。阿维拉·卡马乔在1940年后进一步推动了这一调整，但也向大土地所有者提供了豁免征用土地的新承诺，希望能重振商业对国家的信心。1946年，阿维拉·卡马乔将墨西哥革命党重新命名为革命制度党，一整套政党机制已经完善，以吸收和遏制农民的不满情绪。他的继任者米格尔·阿莱曼证实了关于革命制度党已经放弃将印第安人村社经济作为墨西哥农业未来基石的传闻。在紧张的战争年代，由于农作物短缺，执政党宣布，效率、生产力和粮食安全，而不是经济平等将是农业政策的最高目标。[5]

在掌握了农村政策制定的主导权后，这两个国家的保守派都利用了联邦干预的强大力量来改变农村的政治经济。在墨西哥，从20世纪40年代到70年代，革命制度党的领导层为农业"现代化"项目注入了大量资金，但这种投资并没有均匀地流向分裂的农村地区。一些资金流入沿海热带地区，如田纳西河流域管理局式的河谷委员会，但联邦政府支出的大部分是流向沿海的西北部和北部边境各州，那里的大土地所有者为国家和国际市场种植经济作物。在北方，政府为大规模的水利工程项目提供资金，而这些项目的主要受益者是商业农民。1941年至1970年，北部的6个边境州和沿海的锡那罗亚州获得了超过55%的国家灌溉支出，尽管当地的人口占全国人口数量的比例要低得多。与水资源管理相辅相成的是向私人农民提供低息信贷，以及对农业机械和石油化工产品的补贴。联邦政府对北部各州的这种持续的慷慨援助，促成了农业综合企业部门的蓬勃发展。正是在这里，国际舞台上的观察家们开始谈论战后农业中的墨西哥奇迹；正是在这里，洛克菲勒基金会的诺曼·博洛格在小麦改良方面取得了最大的成功。[6]

当墨西哥西北部的商业农民享受着联邦的大量支持时，集中在墨西哥中部和南部、耕种面积小得多的全国绝大多数耕种者却急切地渴望着他们的那份支持。州政府持续扣留对小规模农业，特别是对印第安人村社部分的资金，这并不是偶然的。相反，它构成了冷战期间、后革命时期国家土地政策的主要内容：对革命的社会正义的例行颂扬，同时对土地改革部门经济命脉的剥夺。直到20世纪90年代，革命制度党都不敢公开背离萨帕塔和卡德纳斯等激进分子的意识形态，但实践中，党内官员却积极拆除了农业主义者项目。由于缺乏支持系统，印第安人村社土地上的耕种者的生产力停滞不前，而他们在农业综合企业中资金充裕的竞争对手却在吹嘘产量的革命，这促使经济学家进一步诋毁农业试验，认为它没有效率。[7]

联邦政府对美国南部农业的干预也同样是有选择的，它对农村的改造也是如此，始终符合土地精英的愿望。在20世纪40年代和50年代，新政政府进一步加强了对美国农业实践的控制，但那些在战争年代保守派攻击下幸存下来的政府农业项目，并没有针对农村的不平等和贫困，它们只是试图培育农业综合企业部门的规模经济。在美国南部，联邦政府的援助被证明是巩固重新设计的种植园农业的关键，它分不同阶段进行。首先，来自华盛顿的援助使种植园主能够废除佃农制的存在，支持农村雇佣劳动，采取分成制。这一转变的基础是农业调整管理局，及其继任者农业稳定和保护局（Agricultural Stabilization and Conservation）的土地分配计划。这两个机构旨在通过限制耕地面积来提高价格，最终付钱给地主，让他们放弃佃农，重新雇用他们作为季节性的小时工。县级委员会负责监督分配计划，当地精英确保联邦政府福利不会扰乱南方农村的种族和阶级等级制度。[8]

然而，仅靠雇佣劳动力并不能满足种植者对低成本、灵活和季节性的可靠劳动力的要求。随着农场工人开始抗议他们糟糕的报酬，特别是随着南方黑人要求获得政治和经济权利，南方地主的反应是寻求棉花文化的非人化。联邦政府对机械和石油化工产品的研究和补贴，使这一目标得以在不到十年的时间里实现。到 20 世纪 40 年代末，拖拉机和机械采棉机在最大的种植园里随处可见，其资金来源主要是美国农业部的土地分配资金。但是，即使棉花的种植和收获已经机械化，地主们仍然需要人力在春末夏初为作物除草或"砍伐"。随着 20 世纪 50 年代 2，4-D 等除草剂出现，在整个美国南部的联邦实验点中被率先使用并完善，最后的障碍也被消除了。农村对廉价和可靠的人类肌肉的需求——这种需求决定了南部几个世纪以来的历史进程——在短短几年内消失了，随后的转变更令人震惊。世代点缀在农村风景中的佃农小屋很快就被遗弃，逐渐衰败，取而代之的是依赖拖拉机、机械采摘机和化学品的集约化新种植园。[9]

美国和墨西哥的官僚们坚定不移地宣传他们对农业文化转型的愿景，认为这是"现代化"的中性而不可避免的副产品，但这种言论掩盖了农村政策制定所依据的鲜明的政治议程。在墨西哥，倾向于高度资本化的西北部农业的有意识的决定，削弱了农业的政治和经济基础，安抚了商业利益，阻止了对农村贫困群体继续进行再分配。联邦发展将墨西哥的经济未来托付给了农业综合企业和城市工业家，而不是印第安人村社的农民。在美国南部，蓬勃发展的黑人权利斗争也凸显了农业变革的政治意义。20 世纪 50 年代和 60 年代，在整个棉花地带，白人精英控制了当地农业部委员会，将其作为一种武器来惩罚倡导废除种族隔离和平等权利的人。白人至上主义的公民委员会、美国农业部的推广服务和美国农场联合局之间的合作并不罕见。并非巧合的是，在非裔美国人开始取得主要立法成就的同一时刻，农业的机械化和化学化将他们从土地上连根拔起，迫使他们背井离乡。[10]

佃农和农民几乎没有被官方的言辞所迷惑，他们认识到自己被排除在国家政策之外,并竭尽全力地以牙还牙进行抗争。美国南方的贫困农民给美国农业部写了无数封信,抗议"你们没有为小农做任何事情",正如一位亚拉巴马州的农民在 1956 年怒吼的那样。作为美国农业部歧视受害者的农村非裔美国人提起诉讼,要求纠正过去的错误,但这些案件很少得到及时解决,而面临丧失抵押品赎回权和被驱逐的黑人农民也没有时间等待法律官僚机构的缓慢磨合。在墨西哥,1952 年,以米格尔·恩里克·古斯曼(Miguel Henríquez Guzmán)为首的左派挑战革命制度党的总统霸权,农民的不满情绪沸腾。恩里克派声称在农村得到了强有力的支持,许多人希望他们的候选人能够恢复卡德纳斯主义的承诺,但 7 月选举的官方统计结果显示,阿莱曼钦点的继任者获得了明显的胜利。当成千上万的恩里克的支持者们聚集在墨西哥城的阿拉米达,抗议他们认为的选举舞弊时,安全部队向人群开火,造成了几十人死亡。正式的政治挑战徒劳无功,许多农业激进分子由此走向了暴力反抗。在 20 世纪 50 年代的莫雷洛斯,鲁文·哈拉米洛以萨帕塔的名义领导农村叛乱;在 60 年代和 70 年代,游击战士卢西奥·卡巴尼亚斯和他的穷人党抗议对墨西哥革命的背叛。这两个人和他们无数的追随者最终都被联邦反叛乱部队杀害。[11]

尽管美国和墨西哥的一些农民拿起笔或步枪来对抗被边缘化,但大多数人认为公开抵抗的风险太大,于是悄悄放弃了他们的土地。事实上,战后几十年的农业技术政治转型导致了一场规模和范围都空前的农村圈地运动。数十万来自墨西哥中部和南部的流离失所的农民移民到锡那罗亚州和下加利福尼亚州的新农业中心,低眉顺眼地当小时工。还有数以百万计的人逃离失败的印第安人村社,前往不断发展的大都市。墨西哥城的人口急剧膨胀——1950 年还不到 300 万,但到 21 世纪时已超过 2000 万——证明了农村人口的大规模撤离。在美国农村,自 20 世纪初以来,向外迁移和机械化就一直在进行,但没有任何地方像战后的棉花地带那样加速或突然发展。从 40 年代到 60 年代,超过 1150 万美国南部人口离开了他们的家乡,而且大多数曾经是农民。特别令人震惊的是第二次世界大战后黑人农业的迅速消亡。1940年，美国有近70万家由非裔美国人经营的农场，绝大部分位于南方；到1969年，只有8.7万家。如同在墨西哥一样，这些农村流亡者大多在工业城市的贫民窟找到了新家，无论是在洛杉矶、底特律还是波士顿。[12]

然而，单纯的统计数字不能说明这些移民的巨大影响。在美国，战后的南方移民对整个国家的社会、文化和政治结构进行了有益的重塑。黑人大迁徙的迅速加速，有效地将种族平等的斗争推向全国。随着长期被剥夺公民权利的农村难民涌入城市贫民区，他们大声疾呼，要求分享美国的富足成果。反过来，中产阶级的白人则逃离城市，搬到联邦补贴的广阔郊区，培养了新的政治意识形态，重新塑造了美国的保守主义。当最边缘化的黑人社区的挫折感增加时，20世纪60年代爆发了激烈的骚乱，这十年的"城市危机"与早年的农业危机紧密相连。然而，南方大移民的后果并非都是以冲突为标志。新的混合文化形式从农村和地区传统与城市多样性的融合中成长起来，摇滚乐、乡村音乐、节奏蓝调以及其他流行音乐形式都可以从南方移民中找到它们的根源。[13]

在墨西哥，农村包围圈使墨西哥城在20世纪末成为世界上最大的都市，用作家奥克塔维奥·帕斯（Octavio Paz）的话来说，"一个巨大的膨胀的头颅，压垮了支撑它的脆弱的身体"。由于高度现代化的绿色革命和联邦对印第安人村社经济的忽视，数百万农村人口被迫背井离乡。首都位于人口稠密、种植玉米的中央高原，也就成为他们定居的自然目的地。然而，来到墨西哥城的农民难民并没有像美国的农村移民那样在市中心生活，而是在联邦区的丘陵郊区建立了巨大的棚户区，那里由食品、商品和服务组成的非正式经济为他们提供了微薄的生计。到20世纪80年代，墨西哥城不仅是世界上最大的城市，也是最不平等的城市之一。这个城市惊人的发展和主导地位将永远改变国家政治和墨西哥文化认同。音乐、电影和文学作品反映了农村人口进入快速扩张的城市空间的心酸但又充满希望的过渡。演员马里奥·莫雷诺（Mario Moreno）深入人心的坎丁弗拉斯角色（Cantinflas）和佩德罗·因凡特（Pedro Infante）的农场歌曲，让这些移民被迁移、被迷惑的困境变得不朽。[14]

对墨西哥农村的人口清洗也为墨西哥人向美国的大规模移民奠定了基础——这是对美国人的一种挑战。这个问题将两国两极分化，也使两国进一步纠缠在一起。在战后的几年里，墨西哥国家规划者放弃了卡德纳斯式的农业试验，转而支持有补贴的农业综合企业，他们预见到了大量人口从乡村流向城市，并制定了安全阀以尽量减少政治动荡。1943年启动的劳动者计划（The bracero program）是一项紧急战时措施，旨在将墨西哥农业劳动力送往美国，这一计划的适用时长在战后被无限期延长。在革命制度党领导人的眼中，劳动者计划享有者在美国工作后会将现代农业技术带回墨西哥，也有助于让失业的农村人口远离墨西哥城市。当美国在1964年结束劳动者计划时，越来越多的非法移民将沿着政府资助的移民路线前进。革命制度党试图通过邀请美国公司在墨西哥扎根，在北部边境划定自由贸易加工区，让美国公司在墨西哥雇佣墨西哥工人，来抵消向美国移民的吸引力。然而，这些机会本身并不足以劝阻越境行为。在20世纪60年代和70年代，随着农村移民意识到墨西哥城市的机会有限，他们每年越来越多地逃往加利福尼亚州和得克萨斯州的城市和工业农场。[15]

20世纪70至80年代的美国和墨西哥农村包围圈情况并不是孤立的现象，而是未来全球变革的先兆。美国和墨西哥农民的迁徙路线和边缘生活，预示着学者迈克·戴维斯（Mike Davis）所称的"贫民窟星球"的形成，因为亚洲、非洲和拉丁美洲的大部分地区都遵循着类似的道路，走向快速和摇摇晃晃的城市化。1950年，全球有86个城市的居民人数超过100万；到21世纪的第二个十年，已有500多个城市达到这一标准。1950年，29%的人类居住在城市；2008年，联合国宣布，世界人口的天平已经倾斜，地球上的大部分人都住在城市。这一增长的大部分发生在所谓的第三世界，特别是在那些积极推行全球绿色革命模式的"农业现代化"项目的国家。因此，美国和墨西哥都在绿色革命模式的完善中发挥了重要作用，人们将美墨两国当作范例学习并不令人惊讶。[16]

目睹了20世纪全球范围内史无前例的小型农场的大规模消亡，许多观察家得出结论，认为这种转变是不可避免的，这是人类走向城市和工业现代化的必然结果或不可避免的路标。这样的结论为那些在这一艰难变革中收获成果的人提供了安慰，也为批评者提供了方便。但是，正如本书所表明的，农民农业的毁灭是政治选择的产物，而不是自由市场经济或技术决定论。事实证明，国家干预和有计划地扣留政府的支持是机械化、依赖化学品的单一作物种植的成功的关键。然而，这种模式未来在为世界提供衣服和食物方面的成功远非板上钉钉。不可否认，绿色革命及其意识形态的表亲在生产廉价食物和纤维作物方面取得了成功，但在人类活动引起气候变化的时代，化石燃料和淡水供应每年都在减少，这种收益可能是短暂的。同样，我们在大规模城市化方面的冒险试验的可行性，由数十亿农村人口被暴力赶出家门而引发，现在才刚刚开始确定。

然而，完全可以肯定的是，过去和未来关于土地、食物、水和人口的困境，没有也不会被全球北方和全球南方、第一世界和第三世界的人为二分法所隔离。美国和墨西哥长期以来被理解为二元框架下的对立面，但在整个20世纪，它们经历了惊人的类似的农业变革。面对国家的剥夺和不平等，前所未有的社会运动深深震撼了这两个国家。两国的统治政权都不时地拥抱农业革命者，但在政治上合适的时候又抛弃了他们。随着时间的推移，两个国家都出现了一个技术专家阶层，他们试图利用社会和生物科学来重塑农业和农村生活。不过，美国和墨西哥农村的变化并不仅仅是平行的，它们经常交错在一起。在新千年，很少有人记得那个交汇融合的时代。然而，为了应对下个世纪的环境和人口挑战，我们可能必须这样做。

注释

（扫码查阅。读者邮箱：zkacademy@163.com）